全国工会工作指导用书

依据**中国工会十八大文件精神**组织编写

中国工会
入会流程与
会籍管理实务

张安顺◎编著

人民日报出版社

图书在版编目（CIP）数据

中国工会入会流程与会籍管理实务／张安顺
编著. --北京：人民日报出版社，2023.10
　　ISBN 978-7-5115-8007-8

　　Ⅰ.①中… Ⅱ.①张… Ⅲ.①工会工作–基本知识–
中国 Ⅳ.①D412.6

　　中国国家版本馆CIP数据核字（2023）第193151号

书　　　名：**中国工会入会流程与会籍管理实务**
　　　　　　ZHONGGUO GONGHUI RUHUI LIUCHENG YU HUIJI GUANLI SHIWU

作　　　者：张安顺

出 版 人：刘华新
责任编辑：刘天一　　周昕阳
封面设计：陈国风

出版发行：人民日报出版社
地　　　址：北京金台西路2号
邮政编码：100733
发行热线：（010）65369527　65369846　65369509　65369510
邮购热线：（010）65369530　65363527
编辑热线：（010）65363105
网　　　址：www.peopledailypress.com
经　　　销　新华书店
印　　　刷　北京柯蓝博泰印务有限公司

开　　　本：170mm×240mm　　　1/16
字　　　数：260千字
印　　　张：16.25
版次印次：2024年5月第1版　　　2024年5月第1次印刷

书　　　号：ISBN 978-7-5115-8007-8
定　　　价：69.80元

前 言

工会是由工会会员组成的。工会会员是工会的主体，没有会员，就没有工会。工会是会员利益的代表者和维护者，是为工会会员服务的，工会组织机构是根据会员的需要而设立的，工会的活动是根据会员的意愿而开展的。依法组织职工加入工会，最大限度地把职工组织到工会中来，并切实做好会员会籍管理工作，是维护职工参加和组织工会权利的需要，也是推动工会工作开展和工运事业发展的基础性工作。为了加强工会组织建设，进一步做好发展会员和会员会籍管理工作，根据《工会法》《中国工会章程》《基层工会会员代表大会条例》《工会基层组织选举工作条例》《工会会员会籍管理办法》等有关规定，结合各地工会工作的实践经验，我们编写了此书。本书介绍了工会基础知识、工会组织原则与组织结构、基层工会组织建设、基层工会换届选举工作，重点阐述了职工入会和会员会籍管理的知识与相关规定，具有较强的针对性、实用性，是基层工会发展工会会员、开展会员会籍管理工作的理想读物。

本书在编写过程中参阅了有关书籍和文献资料，在此向有关作者表示衷心感谢。

目 录

第一章　工会基础知识

第一节 工会的性质、地位和作用

一、工会的性质

工会的性质，是指工会的本质属性或本质特征，是工会组织区别于其他社会组织的根本标志。工会的性质决定了工会的地位、作用、职能、任务以及工会的权利与义务等。正确认识工会的性质，对于更好地履行工会的职责、发挥工会的作用、推动工会工作的开展、促进工运事业的发展有着非常重要的意义。

工会，也称劳工总会、工人联合会。工会原意是指基于共同利益而自发组织的社会团体。工会是工人阶级的群众组织，是在工人阶级和资产阶级的斗争过程中产生和发展起来的。工人阶级同资产阶级的利益是对立的，工人阶级在反抗资本家压迫和剥削的斗争中，认识到必须团结起来，联合起来，才能适应同资产阶级斗争的需要，才能维护自身的利益，取得斗争的胜利。因为工人阶级斗争的需要，便产生了工会。

关于我国工会的性质，《工会法》第2条规定："工会是中国共产党领导的职工自愿结合的工人阶级群众组织，是中国共产党联系职工群众的桥梁和纽带。中华全国总工会及其各工会组织代表职工的利益，依法维护职工的合法权益。"《中国工会章程》开宗明义规定："中国工会是中国共产党领导的职工自愿结合的工人阶级群众组织，是党联系职工群众的桥梁和纽带，是国家政权的重要社会支柱，是会员和职工利益的代表。"这一规定表明，中国工会的本质属性是阶级性、群众性和政治性的相互统一。

（一）工会的阶级性

工会的阶级性，是指工会是真正的工人阶级组织，并以工人阶级作为自己的阶级基础。工会的阶级性主要体现在以下两个方面。

第一，工会会员必须是工人阶级成员。《工会法》第 3 条第 1 款规定："在中国境内的企业、事业单位、机关、社会组织（以下统称用人单位）中以工资收入为主要生活来源的劳动者，不分民族、种族、性别、职业、宗教信仰、教育程度，都有依法参加和组织工会的权利。任何组织和个人不得阻挠和限制。"《中国工会章程》也明确规定了这一点。由此可见，确定是否可以成为工会会员的标准只有一个，即以工资收入为主要生活来源的劳动者。这就把工会成员的构成限于工人阶级范围之内，把工人阶级作为工会的阶级基础，充分说明工会具有鲜明的阶级性。

第二，工会必须维护工人阶级利益。工会是工人阶级利益的代表者和维护者，工会的成立和发展体现了工人阶级的利益要求，工会是为工人阶级的利益而奋斗的，工会要把维护职工合法权益、竭诚服务职工群众作为自己的基本职责。

（二）工会的群众性

工会的群众性，是指工会是工人阶级在本阶级范围内最广泛的组织。工会的群众性主要体现在以下几个方面。

首先，工会的群众性体现在工会的会员构成具有工人阶级范围内的广泛性。工会并不是个别行业或者个别部门内职工的组织，它最大限度地团结、联合了广大职工群众。工会始终是工人阶级实现阶级联合的最广泛的组织。

其次，工会的群众性体现在工会代表广大会员和职工群众的正当利益，维护职工群众的合法权益方面。工会代表广大会员和职工群众的正当利益、维护职工群众的合法权益是工会群众性的核心问题。职工群众是工会组织的主体，是工会赖以存在和发展的基础，广大会员和职工群众对工会的信赖和支持是工会最基本的力量源泉。如果工会不能切实代表和维护职工群众的合法权益，就会失去本阶级群众，那也就谈不上工会的群众性。

再次，工会的群众性还体现在工会组织内部的民主性方面。工会内部生活的民主性是工会群众性的必然要求和具体体现。工会内部生活的民主性，一般包括以下几个方面。一是工会组织内部成员之间的地位和权利是平等的，工会内部的事务应当由会员群众当家作主，实行会员群众办工会。二是工会内部应该有更充分、更广泛的民主生活。工会工作要依靠广大的积极分子和会员群众，工会的活动要从会员群众的意愿和要求出发。工会的一切问题都要经过民主程序，工会的一切工作和活动都要置于会员和职工群众的参与、监督之中。三是工会在工作方法上必须采取和国家机关、行政部门不同的工作方法，即采用吸引的方法、说服的方法和群众自我教育的方法。

最后，工会的群众性还体现在工会组织的自愿性方面。工会不是按照某种指令组织起来的，而是职工群众为了谋求共同利益、实现共同愿望，自觉自愿地组织起来的群众团体。工会组织的自愿性包括两个方面：一是坚持职工自愿入会的原则，只要是工人阶级成员，都可以自愿加入工会组织；二是工会组织或者开展的一切活动，必须适合大多数群众的觉悟，建立在群众自觉自愿的基础上。

（三）工会的政治性

政治性是工会组织的灵魂，是第一位的。工会作为党领导的群团组织，必须始终把政治性放在首要位置，引导广大职工群众坚定不移听党话、跟党走，巩固党执政的阶级基础和群众基础。

中国共产党是中国特色社会主义事业的领导核心，中国共产党的领导是中国特色社会主义最本质特征，是中国特色社会主义制度的最大优势。工会自觉接受中国共产党的领导，鲜明地体现了我国工会具有高度的政治性。习近平总书记强调："工会工作做得好不好、有没有取得明显成效，关键看有没有坚持正确政治方向。"正确政治方向，核心就是要坚持中国共产党领导和社会主义制度。坚持正确政治方向，是工会做好工作、发挥作用的根本，也是工会作为党领导下的工人阶级群众组织的历史使命。

党和工会的关系，本质上是工人阶级的先锋队和本阶级群众之间的关系。这种关系是由党和工会的自身性质决定的。中国共产党是中国工人阶级的先锋队，是我国社会主义革命、建设和改革事业的领导核心。中国工会是党领导的工人阶级群众组织，是党联系本阶级群众的桥梁与纽带。工会工作是党的群团工作、群众工作的重要组成部分，是党治国理政的一项经常性、基础性工作，通过工会的桥梁和纽带作用并通过工会各项职能的全面履行，组织、动员和团结广大工人阶级群众，投身和服务于党和国家的中心工作，为全面建成社会主义现代化强国而奋斗。因此，自觉接受党的领导是中国工会不可动摇的政治原则，也是中国工运事业和工会工作从胜利走向胜利的根本保证。

中国工会接受中国共产党的领导，是历史的选择，也是中国工会的优良传统和政治优势。中国工会是在中国共产党直接领导下的中国工人运动蓬勃发展的基础上诞生的。一部中国工会运动史，就是一部中国共产党领导中国工会运动的历史，党的领导是贯穿于中国工会运动始终的一条主线，并赋予中国工会运动以鲜明的时代特征。历史经验表明，党的正确领导是工运事业和工会工作胜利前进的根本法宝，只有坚持党的领导，工运事业和工会工作才能始终坚持正确的政治方向，才能不断发展壮大，才能永葆生机和活力。

各级工会组织必须增强接受党的领导的自觉性，将自觉接受党的领导作为工会根本政治原则，把党的政治建设摆在首位，在思想上政治上行动上始终同党中央保持高度一致，自觉维护党中央权威，严守政治纪律和政治规矩，全面贯彻党的基本理论、基本路线、基本方略，不折不扣将党中央决策部署贯彻到工会各项工作中去，将党的意志主张落实到广大职工中去，充分发挥党联系职工群众的桥梁纽带作用，团结引导广大职工坚定不移听党话、矢志不渝跟党走，始终做党执政的坚实依靠力量。

（四）工会是阶级性、群众性和政治性的有机统一

工会的阶级性、群众性和政治性不是分割的，而是辩证地统一在一起的。阶级性离不开群众性，以群众性为基础；群众性也离不开阶级性，受阶级性的制约；工会的阶级性和群众性以政治性为方向和保障。始终坚持党的领导，坚持走中国特色社会主义工会发展道路，这是中国工会的显著特点。

二、工会的地位

工会地位是指工会在国家政治、经济、社会生活中所处的位置，它是

由工人阶级的地位决定的，是由国家法律所确认和保障的。我国《工会法》开宗明义规定："为保障工会在国家政治、经济和社会生活中的地位，确定工会的权利与义务，发挥工会在社会主义现代化建设事业中的作用，根据宪法，制定本法。"由此可见，工会的地位在法律上得到了明确与保障。工会的地位主要表现在政治地位、经济地位、法律地位。

（一）工会的政治地位

工会的政治地位是工会在国家政治结构中所处的位置，主要表现在工会与党和政府的相互关系中。工会与党的关系，实质上是工人阶级先锋队组织与本阶级大多数群众之间的关系。工会是中国共产党领导的职工自愿结合的工人阶级群众组织，自觉接受党的领导是工会的政治原则和政治保障，是我国工会特有的政治优势。工会要在党的领导下依法独立自主地开展工作。党组织要牢固树立全心全意依靠工人阶级的思想，高度重视工会工作，不断加强和改善党对工会工作的领导，研究解决工会工作中的重大问题，推动建设一支高素质专业化的工会干部队伍，支持工会依法依章程创造性开展工作。工会是中国共产党联系职工群众的桥梁和纽带，党通过工会把党的路线、方针、政策传达到职工群众中去；同时，职工群众的意见、建议和要求通过工会组织反馈上来，作为党的决策依据。工会与政府的关系，实质上是工人阶级的政权组织与工人阶级的群众组织之间的关系。人民政府要高度重视工会工作，加强与工会组织的合作，加大对工会工作的支持力度，依法保护工会的合法权益不受侵犯。工会作为工人阶级最为广泛的群众组织，是国家政权的重要社会支柱，要组织和教育职工依照宪法和法律的规定行使民主权利，发挥国家主人翁的作用，通过各种途径和形式，参与管理国家事务、管理经济和文化事业、管理社会事务；协助人民政府开展工作，维护工人阶级领导的、以工农联盟为基础的人民民主专政的社会主义国家政权。

（二）工会的经济地位

工会的经济地位主要体现在劳动关系领域。工会是会员和职工利益的代表者、维护者。工会通过动员和组织职工积极参加经济建设，努力完成生产任务和工作任务，组织职工群众开展劳动和技能竞赛、技术革新、技术攻关、技术协作、合理化建议、节能减排等群众性经济技术活动，认真实施职工经济技术创新工程，促进企业经济效益的提高和高质量发展，从根本上维护职工合法权益；工会通过平等协商和集体合同制度等，将企事业发展的整体利益与职工的具体利益有机结合起来，实现互利共赢，推动健全劳动关系协调机制，构建和谐劳动关系；工会依照法律规定，通过职工代表大会或者其他形式，组织职工参与本单位的民主选举、民主协商、民主决策、民主管理和民主监督，主持职工代表大会的日常工作，落实职工代表大会的各项职权，维护职工的民主权利。随着我国劳动关系市场化程度的不断提高，工会在协调劳动关系、维护职工合法权益、服务职工群众方面的作用将越来越明显，社会地位也越来越突出，成为构建和谐劳动关系、维护社会稳定的重要力量。

（三）工会的法律地位

工会的法律地位是指工会在法律关系中所处的位置，是工会政治地位和经济地位在法律上的确认和保障。工会的法律地位集中体现在工会的法定权利与义务以及工会的法人资格等方面。

1. 工会的法定权利与义务

工会的法定权利主要如下。

（1）代表权。如《工会法》第 2 条第 2 款规定："中华全国总工会及其各工会组织代表职工的利益，依法维护职工的合法权益。"第 23 条规定："企业、事业单位、社会组织违反劳动法律法规规定，有下列侵犯职工劳动权益情形，工会应当代表职工与企业、事业单位、社会组织交涉，要求企业、事业单位、社会组织采取措施予以改正；企业、事业单位、社会组织应当予以研究处理，并向工会作出答复；企业、事业单位、社会组织拒不改正的，工会可以提请当地人民政府依法作出处理：（一）克扣、拖欠职工工资的；（二）不提供劳动安全卫生条件的；（三）随意延长劳动时间的；（四）侵犯女职工和未成年工特殊权益的；（五）其他严重侵犯职工劳动权益的。"

（2）维护权。如《工会法》第 6 条第 1、2 款规定："维护职工合法权益、竭诚服务职工群众是工会的基本职责。工会在维护全国人民总体利益的同时，代表和维护职工的合法权益。工会通过平等协商和集体合同制度等，推动健全劳动关系协调机制，维护职工劳动权益，构建和谐劳动关系。"第20条规定："企业、事业单位、社会组织违反职工代表大会制度和其他民主管理制度，工会有权要求纠正，保障职工依法行使民主管理的权利。法律、法规规定应当提交职工大会或者职工代表大会审议、通过、决定的事项，企业、事业单位、社会组织应当依法办理。"第26条规定："工会有权对企业、事业单位、社会组织侵犯职工合法权益的问题进行调查，有关单位应当予以协助。"

（3）参与权。如《工会法》第6条第3款规定："工会依照法律规定通过职工代表大会或者其他形式，组织职工参与本单位的民主选举、民主协商、民主决策、民主管理和民主监督。"第27条规定："职工因工伤亡事故和其他严重危害职工健康问题的调查处理，必须有工会参加。工会应当向有关部门提出处理意见，并有权要求追究直接负责的主管人员和有关责任人员的责任。对工会提出的意见，应当及时研究，给予答复。"第29条规定："工会参加企业的劳动争议调解工作。地方劳动争议仲裁组织应当有同级工会代表参加。"

（4）协商谈判权。如《工会法》第21条第2、3、4款规定："工会代表职工与企业、实行企业化管理的事业单位、社会组织进行平等协商，依法签订集体合同。集体合同草案应当提交职工代表大会或者全体职工讨论通过。工会签订集体合同，上级工会应当给予支持和帮助。企业、事业单位、社会组织违反集体合同，侵犯职工劳动权益的，工会可以依法要求企业、事业单位、社会组织予以改正并承担责任；因履行集体合同发生争议，经协商解决不成的，工会可以向劳动争议仲裁机构提请仲裁，仲裁机构不予受理或者对仲裁裁决不服的，可以向人民法院提起诉讼。"第28条规定："企业、事业单位、社会组织发生停工、怠工事件，工会应当代表职工同企业、事业单位、社会组织或者有关方面协商，反映职工的意见和要求并提出解决意见。对于职工的合理要求，企业、事业单位、社会组织应当予以解决。工会协助企业、事业单位、社会组织做好工作，尽快恢复生产、工作秩序。"

（5）监督权。如《工会法》第 22 条第 1、2 款规定："企业、事业单位、社会组织处分职工，工会认为不适当的，有权提出意见。用人单位单方面解除职工劳动合同时，应当事先将理由通知工会，工会认为用人单位违反法律、法规和有关合同，要求重新研究处理时，用人单位应当研究工会的意见，并将处理结果书面通知工会。"第 24 条规定："工会依照国家规定对新建、扩建企业和技术改造工程中的劳动条件和安全卫生设施与主体工程同时设计、同时施工、同时投产使用进行监督。对工会提出的意见，企业或者主管部门应当认真处理，并将处理结果书面通知工会。"第 25 条规定："工会发现企业违章指挥、强令工人冒险作业，或者生产过程中发现明显重大事故隐患和职业危害，有权提出解决的建议，企业应当及时研究答复；发现危及职工生命安全的情况时，工会有权向企业建议组织职工撤离危险现场，企业必须及时作出处理决定。"

工会的法定义务主要如下。

（1）工会动员和组织职工积极参加经济建设，努力完成生产任务和工作任务。

（2）教育职工不断提高思想道德、技术业务和科学文化素质，建设有理想、有道德、有文化、有纪律的职工队伍。

（3）协助人民政府开展工作，维护工人阶级领导的、以工农联盟为基础的人民民主专政的社会主义国家政权。

（4）工会推动产业工人队伍建设改革，提高产业工人队伍整体素质，发挥产业工人骨干作用，维护产业工人合法权益，保障产业工人主人翁地位，造就一支有理想守信念、懂技术会创新、敢担当讲奉献的宏大产业工人队伍。

（5）工会协助用人单位办好职工集体福利事业，做好工资、劳动安全卫生和社会保险工作。

（6）工会会同用人单位加强对职工的思想政治引领，教育职工以国家主人翁态度对待劳动，爱护国家和单位的财产；组织职工开展群众性的合理化建议、技术革新、劳动和技能竞赛活动，进行业余文化技术学习和职工培训，参加职业教育和文化体育活动，推进职业安全健康教育和劳动保护工作。

（7）根据政府委托，工会与有关部门共同做好劳动模范和先进生产（工作）者的评选、表彰、培养和管理工作。

2. 工会的法人资格

（1）法人的概念

法人是具有民事权利能力和民事行为能力，依法独立享有民事权利和承担民事义务的组织。《民法典》第 58 条规定："法人应当依法成立。法人应当有自己的名称、组织机构、住所、财产或者经费。法人成立的具体条件和程序，依照法律、行政法规的规定。设立法人，法律、行政法规规定须经有关机关批准的，依照其规定。"

（2）工会法人资格的规定

工会取得法人资格，可以使工会以独立民事主体的资格参与民事活动，有利于工会规范化建设，更好地发挥工会作用，推动工运事业发展。《工会法》规定，中华全国总工会、地方总工会、产业工会具有社会团体法人资格。基层工会组织具备民法典规定的法人条件的，依法取得社会团体法人资格。

三、工会的作用

我国工会的作用是由我国工会的性质和地位具体体现的。根据《工会法》和《中国工会章程》的规定，我国工会主要有以下 4 个方面的作用。

（一）工会是党联系职工群众的桥梁和纽带

工会是工人阶级先锋队和本阶级群众之间的中间环节。工会发挥桥梁纽带作用就是通过沟通的方式，不断沟通政党、政府与职工群众之间的联系。一方面，工会自上而下地把党的主张和路线、方针、政策贯彻到职工群众中去，并使之变为职工群众的自觉行动；另一方面，工会自下而上地把职工群众的意见和要求及时真实地反映给党，以完善修正党的决策及政策。采取双向信息传递的方式，把党的主张与职工的愿望要求有机结合起来，把执行党的政策的坚定性与为职工群众服务的实效性有机结合起来，使工会真正成为职工群众信赖的职工之家。

(二) 工会是国家政权重要的社会支柱

在我国，工会是国家政权的重要社会支柱和推动社会主义市场经济发展的重要力量。充分发挥国家政权重要社会支柱作用，维护工人阶级领导的、以工农联盟为基础的人民民主专政的社会主义国家政权，是历史和时代赋予工会的职责，也是工会推动社会主义和谐社会建设的着力点。工会作为国家政权的支柱，主要包括两个方面的含义。一是社会主义国家政权需要通过工会联系广大职工群众。工会把广大职工组织起来，开展各种活动，其目的是为维护和巩固国家政权，从而使人民民主专政建立在坚实的群众基础上。二是工会要通过自己的工作把广大职工群众团结在党的周围，引导职工群众听党话、跟党走，巩固党执政的阶级基础和群众基础；工会要坚决支持国家政权的活动，社会主义国家的各项工作，都要代表广大人民群众的意愿，要由全体人民共同来完成。这就要求工会必须通过行使国家赋予的参与权利，协助人民政府开展工作，在政府行使国家行政权力过程中，组织并代表职工参与国家和社会事务的管理，组织职工参与企事业民主管理、民主监督，充分发挥参政议政的民主渠道作用，使人民民主专政建立在更加坚实的群众基础之上。促进社会主义经济社会的协调发展，成为国家政权的重要社会支柱和推动企事业经济发展的重要力量。

(三) 工会是教育和提高职工素质的"大学校"

发挥工会"大学校"作用，提高职工队伍整体素质，充分发挥工人阶级主力军作用，是贯彻实施科教兴国战略、人才强国战略、可持续发展战略，提高自主创新能力，建设创新型国家的迫切需要；是巩固党的阶级基础，扩大党的群众基础，保持和发展工人阶级先进性的关键所在；是全面建成社会主义现代化强国的重要举措。《工会法》第7条中规定："教育职工不断提高思想道德、技术业务和科学文化素质，建设有理想、有道德、有文化、有纪律的职工队伍。"

工会要始终把社会主义核心价值体系建设作为主线，贯穿于职工思想政治工作和精神文明建设的全过程，用中国梦凝聚职工，用以爱国主义为核心的民族精神和以改革创新为核心的时代精神鼓舞职工，不断巩固广大职工团结奋斗的共同思想基础。大力开展职工教育培训工作，推进职工文化、企业文化建设，推进"职工书屋"建设和职工读书活动。不断激发职工创造活力，广泛开展职工经济技术创新、技术革新和发明创造活动，积极推进职工技术交流和技术协作，在创新实践中，培养更多的掌握新知识、新技能、新本领的知识型职工和一线创新人才，为建设创新型国家和创新型企业充分施展才华，在经济社会发展中进一步发挥好学校的作用。

（四）工会是劳动关系的协调者

劳动关系领域是工会活动的主要领域，协调劳动关系是工会的重要任务。工会作为劳动关系的协调者，就要及时解决劳动过程中出现的矛盾和问题，协调处理劳动争议，通过依法维护劳动者权益进而调动和激发劳动者的积极性，建立和谐稳定的劳动关系，促进企业发展和社会长期和谐稳定。因此，工会在参与协调劳动关系和处理劳动争议过程中具有非常重要的、其他任何组织无法替代的作用。工会通过集体协商集体合同制度和职工代表大会制度，切实代表和维护劳动者的合法权益，从而保护和激发劳动者的积极性，使企业劳动关系和谐有序，存在的矛盾得以及时通过法治化的渠道化解和处理。同时，在宏观层面上，借助劳动关系三方协商机制，从源头上表达劳动者的愿望和要求、维护劳动者的权益，促进整个劳动关系的协调发展。可以说，在这个意义上，工会是劳动关系的稳衡器。

第二节　工会的根本活动准则和指导思想

《工会法》第 4 条第 1 款规定："工会必须遵守和维护宪法，以宪法为根本的活动准则，以经济建设为中心，坚持社会主义道路，坚持人民民主专政，坚持中国共产党的领导，坚持马克思列宁主义、毛泽东思想、邓小平理论、'三个代表'重要思想、科学发展观、习近平新时代中国特色社会主义思想，坚持改革开放，保持和增强政治性、先进性、群众性，依照工会章程独立自主地开展工作。"这一规定，明确了工会活动的根本准则和指导思想。

一、工会的根本活动准则

根据工会法的规定，工会的根本活动准则是宪法。

宪法是我国的根本大法，它集中体现了我国绝大多数人民的意志，在我国法律体系中具有最高的权威性和法律效力。全国各族人民、一切国家机关和武装力量，各政党和各社会团体、各企业事业组织，都必须以宪法为根本的活动准则，并且负有维护宪法尊严、保证宪法实施的职责。作为执政党和国家政权阶级基础的工人阶级的群众组织，工会也必须以宪法为根本活动准则，以宪法原则、精神和具体规定来指导和规范工会的一切活动。

工会遵守和维护宪法，在宪法和法律的范围内开展活动，才能保证工会工作有明确的方向。同时，宪法体现了广大人民的意志和对人民利益的保障，工会只有遵守宪法、维护宪法的尊严，才能真正维护职工群众的根本利益。

二、工会工作的指导思想

工会工作指导思想是工会工作的理论指南、精神旗帜和行动遵循。《工会法》明确将习近平新时代中国特色社会主义思想同马克思列宁主义、毛泽东思想、邓小平理论、"三个代表"重要思想、科学发展观一道，确立为工会法和工会工作的指导思想，成为各级工会组织和广大工会干部的强大思想武器，为推进新时代党的工运事业和工会工作提供了根本遵循。

三、保持和增强工会组织和工会工作的政治性、先进性、群众性

政治性是工会组织的灵魂，是第一位的。离开了政治性，工会组织就会混同于一般社会组织。工会组织必须旗帜鲜明讲政治，把加强政治建设

作为首要任务。保持和增强政治性，关键是要始终坚持中国共产党的领导，增强"四个意识"、坚定"四个自信"、做到"两个维护"，在思想上政治上行动上同以习近平同志为核心的党中央保持高度一致；要把系统掌握马克思主义理论作为看家本领，把深入学习贯彻习近平新时代中国特色社会主义思想作为首要政治任务，深刻领会习近平总书记关于工人阶级和工会工作重要论述的精神实质，进而转化为政治自觉、思想自觉和行动自觉，结合实际落实到工会工作全过程和各方面；要坚决承担起引导职工群众听党话、跟党走的政治任务，加强对职工的思想政治引领，最大限度地把职工群众团结和凝聚在党的周围，把党对工会组织的领导转化为广大职工的政治自觉、思想自觉和行动自觉，不断夯实党的阶级基础，巩固党的执政地位；要提高政治站位，自觉服从服务党和国家工作大局，把工会工作放到大局中去思考、去把握、去部署、去推进，找准工作的结合点和着力点，团结动员广大职工群众为完成党的中心任务贡献力量；要把执行党的意志的坚定性和为职工服务的实效性统一起来，把党的路线方针政策和决策部署落实到工会各项工作中去，把党的意志和主张落实到广大职工中去；要坚决贯彻党的意志和主张，严肃党内政治生活，严守党的政治纪律和政治规矩，维护职工队伍稳定和工会组织团结统一。

先进性是工会组织的力量之源。没有先进性，工会怎么能组织、动员、带领职工群众？要把保持和增强先进性作为重要着力点，牢牢把握为实现中华民族伟大复兴的中国梦而奋斗的工人运动时代主题，并不断丰富其内涵，紧紧围绕党和国家工作大局，把亿万职工群众组织起来、动员起来、团结起来，始终作党执政的深厚阶级基础和群众基础、改革发展稳定的坚实依靠力量、实现中国梦的主力军；要紧紧围绕党和国家工作大局，组织动员广大职工群众走在时代前列，在改革发展稳定第一线建功立业；要以先进引领后进，以文明进步代替蒙昧落后，以真善美抑制假恶丑，教育引导职工群众不断提高思想觉悟和道德水平，坚定不移走中国特色社会主义道路，自觉践行社会主义核心价值观。工会要做到不忘初心、牢记使命，就要固守先进性这一力量源泉，最广泛地团结动员广大职工为全面建成社会主义现代化强国贡献智慧和力量。

　　群众性是工会组织的根本特点。离开群众性，工会组织就容易走向官僚化、空壳化。要把党的群众路线作为工会的生命线和根本工作路线，牢记宗旨、不忘职责，密切联系职工群众，全心全意服务职工群众，带着对职工群众的深厚感情履行工会组织的法定职责，采取有力的改革措施，更多地关注、关心、关爱普通职工群众，突出维护好职工劳动就业、收入分配、社会保障、安全卫生等基本权益，把职工权益实现好、维护好、发展好；要建立健全联系职工群众的长效机制，按照职工群众需求提供精准周到的服务，始终亮明中国工会服务职工群众、维护职工群众合法权益这面旗帜，不断增强贴近群众、联系群众、融入群众、动员群众的本领，切实打通服务职工的"最后一公里"；要深入开展和谐劳动关系创建活动，努力把劳动关系的建立、运行、监督、调处纳入法治化轨道，化解劳动关系矛盾，构建和谐稳定的劳动关系；要健全服务职工群众工作体系，做好生活保障工作，重点帮助职工群众解决最关心、最直接、最现实的利益问题；要切实做好新就业形态劳动者服务工作，不断增强职工群众的获得感、幸福感、安全感。

　　工会组织要从巩固党执政的阶级基础、群众基础的战略高度，从党和国家事业长远发展的全局高度，深化对工会组织政治性、先进性、群众性的认识，深化对坚持党的领导、坚持正确道路的认识，坚定不移走中国特色社会主义工会发展道路。要增强责任意识和主动精神，积极作为，主动担当，满腔热情做好维权服务工作。要突出任务重点，坚持问题导向，全面深化工会改革，切实保持和增强工会组织政治性、先进性、群众性。要坚持眼睛向下、面向基层，加强基层工会建设，增强基层工会活力。要加强思想建设、组织建设、作风建设和工会干部队伍建设，解放思想，与时俱进，努力开创工会工作新局面。

四、依照工会章程独立自主地开展工作

　　工会章程是依据法律和党的路线、方针、政策，依据工人阶级群众组织的特点和广大职工的愿望、要求制定的。"依照工会章程独立自主地开展工作"，就是工会在遵守宪法、法律的前提下，依照工会章程，根据广

大职工的愿望和要求，独立自主地、创造性地开展工作。这样，工会才能更好地体现工人阶级群众组织的特点，广泛吸引和团结广大职工群众。

作为党领导下的工人阶级的群众组织，一方面，工会必须坚持党的领导，自觉贯彻执行党的基本路线和纲领；另一方面，作为一个工人阶级的群众组织，工会又应该按照自身的性质、基本职责和特点，依照法律和工会章程独立自主地开展工作。工会接受党的领导与独立自主地开展工作，辩证地统一在工会工作的各个方面和全部活动之中。只有这样，才能充分调动和发挥工会组织的积极性、主动性和创造性，才能更好地密切联系职工群众，在全面建成社会主义现代化强国中充分发挥工会组织应有的作用。

第三节　工会的社会职能和基本职责

一、工会的社会职能

工会的社会职能，是指由工会性质、地位所决定，并在其社会活动中体现出来的职责和功能，它反映了工会活动、工会工作的基本内容。根据《工会法》《中国工会章程》的规定，归纳起来，工会的社会职能有以下4项。

（一）维权服务职能

维权服务职能，是指工会维护职工合法权益、竭诚服务职工群众的职能。维护职工合法权益、竭诚服务职工群众是由我国工会的性质决定的，是工会服务于党和国家中心任务的主要手段，是工会一切工作的出发点和落脚点。工会要赢得职工群众信任和支持，必须高举维护职工合法权益、竭诚服务职工群众的旗帜，切切实实维护好职工合法权益，扎扎实实解决好职工群众最忧虑最急迫的实际问题，使改革发展成果更多、更公平地惠及职工群众。从本质上讲，工会做好了维护和服务工作，就是维护了党与职工群众的血肉联系，就是维护了改革发展稳定的大局，就是维护了执政党的执政地位和执政基础。工会必须建立健全维权机制，积极参与协调劳动关系，切实把职工群众合法权益实现好、维护好、发展好；工会必须建立联系广泛、服务职工的工会工作体系，密切联系职工群众，听取和反映职工的意见和要求，关心职工的生活，帮助职工解决困难，全心全意为职工服务。

（二）建设职能

工会的建设职能，是指工会吸引和组织职工群众参加建设与改革，努力完成经济和社会发展任务的职能。《工会法》规定："工会动员和组织职工积极参加经济建设，努力完成生产任务和工作任务。"工会的建设职能不仅是在生产领域，而且要不断地深入交换、分配、消费的各个领域；工会履行建设职能的目的，不仅要促进生产力的发展和技术进步，而且要促进生产关系的变革。工会要围绕立足新发展阶段、贯彻新发展理念、构建新发展格局，围绕推动高质量发展，深入开展以劳动创造幸福为主题的宣传教育，弘扬社会主义核心价值观，组织开展"建功'十四五'、奋进新征程"主题劳动和技能竞赛，大力开展合理化建议、职工技术协作、技术革新活动，拓展"五小"竞赛活动，大力弘扬工人阶级伟大品格和劳模精神、劳动精神、工匠精神，充分调动广大职工的积极性、主动性、创造性，为全面建成社会主义现代化强国贡献力量。

（三）参与职能

工会的参与职能，是指工会代表和组织职工参与国家和社会事务管理，参与企事业单位的民主管理的职能。《工会法》规定："工会组织和教育职工依照宪法和法律的规定行使民主权利，发挥国家主人翁的作用，通过各种途径和形式，参与管理国家事务、管理经济和文化事业、管理社会事务；协助人民政府开展工作，维护工人阶级领导的、以工农联盟为基础的人民民主专政的社会主义国家政权。"工会履行参与职能有两层含义：一是各级工会机构成为职工群众有组织地参政议政的民主渠道；二是基层工会要做好以职工代表大会或职工大会为基本形式的职工民主管理日常工作机构的工作。工会履行参与职能的主要形式和途径有：参与立法和政策的制定；工会与政府及其有关部门召开联席会议；发挥工会界代表和委员在各级人大、政协中的作用；加强基层职工民主管理，完善基层协调劳动关系的机制；参加协调劳动关系三方会议；畅通信息渠道；民主监督等。

（四）教育职能

工会的教育职能，是指工会帮助职工不断提高思想政治觉悟和文化技术素质，成为职工群众在实践中学习共产主义的学校的职能。《工会法》规定工会"教育职工不断提高思想道德、技术业务和科学文化素质，建设有理想、有道德、有文化、有纪律的职工队伍"。工会履行教育职能的主要内容有：牢固树立社会主义核心价值观；提高职工思想道德素质；提高职工技术业务素质；提高职工科学文化素质。履行教育职能的主要途径有：大力开展职工素质工程活动；深入开展社会主义核心价值观教育；协助政府和行政部门不断加强对职工职业培训，促进和完善继续教育制度，为职工素质的提高创造良好的条件；继续在职工中深入开展读书自学活动、群众性经济技术创新活动和建设职工之家活动。工会教育职能的目标是建设有理想、有道德、有文化、有纪律的"四有"职工队伍，建设知识型、技能型、创新型劳动者大军。

二、工会的基本职责

《工会法》规定："维护职工合法权益、竭诚服务职工群众是工会的基本职责。工会在维护全国人民总体利益的同时，代表和维护职工的合法权益。"

维护职工合法权益、竭诚服务职工群众是工会组织的基本职责，也是发挥广大职工积极性、主动性、创造性最重要最基础的工作。维护职工合法权益、竭诚服务职工群众体现了中国工会的性质和特点，反映了党的要求和职工群众的愿望，是坚持党的"全心全意为人民服务"宗旨的重要体现，是协调劳动关系、推动构建社会主义和谐社会的必然途径，是法律赋予工会的神圣职责。工会要赢得职工群众信任和支持，必须高举维权服务的旗帜，扎扎实实解决好职工群众最操心最忧虑最急迫的实际问题，使改革发展成果更多更公平惠及职工群众；要坚持职工利益无小事的理念，顺应职工对美好生活的新期待，把工作重心放在广大职工身上，从大处着眼、小处着手，满腔热情做好服务职工工作，不断提升维权服务的质量和水平，切实提升职工群众的获得感、幸福感、安全感。2018 年 10 月 29 日，习近平同志在同中华全国总工会新一届领导班子成员集体谈话时指出，工会要坚持以职工为中心的工作导向，抓住职工群众最关心最直接最现实的利益问题，认真履行维护职工合法权益、竭诚服务职工群众的基本职责，把群众观念牢牢根植于心中，哪里的职工合法权益受到侵害，哪里的工会就要站出来说话。我国工会始终将维护职工合法权益的大旗牢牢掌握在手中，把竭诚服务职工群众作为一切工作的出发点和落脚点。事实证明，只有竭诚服务职工群众，工会才能密切联系职工群众，把广大职工群众团结、凝聚在党的周围。

根据有关规定，工会维权的主要内容如下。（1）劳动经济权益。这是劳动关系的核心内容。主要包括劳动就业权、工资分配权、休息休假权、劳动安全卫生保护权、社会保障权等。（2）民主政治权利。主要包括民主管理权、依法参加和组织工会的权利等。（3）精神文化权利。精神文化权利是指职工依法在接受教育培训，不断丰富精神文化生活，努力提高自身思想道德和科学文化素质，增强创业能力和竞争能力等方面享有的权益。各级工会要全面实施职工素质建设工程，广泛开展职工文化体育活动，保障职工的学习权、教育培训权和发展权。（4）社会权利。工会组织和代表职工参与社会事务管理和社会利益关系协调的各项活动，保障职工在社会生活领域拥有的各项权益，享受社会公共事业服务与保障。（5）生态文明权益。工会要大力推进生态文明建设，维护环境权益，弘扬环境文化，促进人与人、人与自然和谐。还要关注和维护女职工与未成年工的特殊利益。

服务职工群众的主要内容如下。要认真总结城市困难职工解困脱困工作经验，建立健全困难职工家庭常态化帮扶机制，防止相对困难、意外致困职工家庭返贫。推进送温暖常态化，强化工会职工服务中心（困难职工帮扶中心）服务功能，培育一批职工群众受益面广、改善职工生活品质明显的工会品牌服务项目和社会资源。深入实施送温暖工程、金秋助学、农民工平安返乡、职工法律援助等品牌；继续实施职工健康促进工程。积极开展劳模和职工疗休养工作。支持开展职工互助保障活动。推进工会联系引导社会组织为职工提供专业化服务。开展创建学习型组织、争当知识型职工活动，开展健康活泼的职工文体活动。加强女职工休息哺乳室建设、工会爱心托管服务、"会聚良缘"工会婚恋服务、爱心驿站等工作。

当前，要特别关注、维护新就业形态劳动者的合法权益。维护新就业形态劳动者劳动保障权益的重点如下。（1）落实公平就业制度，消除就业歧视。（2）健全最低工资和支付保障制度，推动将不完全符合确立劳动关系情形的新就业形态劳动者纳入制度保障范围。（3）完善休息制度，推动行业明确劳动定员定额标准，科学确定劳动者工作量和劳动强度。督促企业按规定合理确定休息办法，在法定节假日支付高于正常工作时间劳动报酬的合理报酬。（4）健全并落实劳动安全卫生责任制，严格执行国家劳动安全卫生保护标准。（5）完善基本养老保险、医疗保险相关政策。组织未参加职工基本养老、职工基本医疗保险的灵活就业人员，按规定参加城乡居民基本养老、城乡居民基本医疗保险，做到应保尽保。（6）强化职业伤害保障，以出行、外卖、即时配送、同城货运等行业的平台企业为重点，组织开展平台灵活就业人员职业伤害保障试点，平台企业应当按规定参加。（7）督促企业制定修订平台进入退出、订单分配、计件单价、抽成比例、报酬构成及支付、工作时间、奖惩等直接涉及劳动者权益的制度规则和平台算法，充分听取工会或劳动者代表的意见建议，将结果公示并告知劳动者。

工会要履行好基本职责，必须不断完善工作机制。根据《工会法》规定，工会维护职工合法权益、竭诚服务职工群众的相关制度和工作机制主要内容如下。（1）劳动合同制度。劳动合同是确立劳动关系的依据，是劳动者权利义务主要载体。工会应当帮助、指导职工与用人单位签订劳动合同。用人单位单方面解除职工劳动合同时，应当事先将理由通知工会，工会认为用人单位违反法律、法规和有关合同，要求重新研究处理时，用人单位应当研究工会的意见，并将处理结果书面通知工会。（2）平等协商与集体合同制度。《工会法》第 6 条第 3 款规定："工会通过平等协商和集体合同制度等，推动健全劳动关系协调机制，维护职工劳动权益，构建和谐劳动关系。"（3）职工民主管理制度。工会要依照法律规定通过职工代表大会或者其他形式，组织职工参与本单位的民主选举、民主协商、民主决策、民主管理和民主监督。（4）劳动法律监督制度。工会要依法对用人单位执行劳动法律法规的情况进行监督，用人单位违反劳动法律法规规定，侵犯职工劳动权益的，工会应当代表职工与用人单位进行交涉，要求采取措施予以改正。（5）劳动争议调处制度。工会要积极参加企业的劳动争议调解工作。地方劳动争议仲裁组织应当有同级工会代表参加。职工认为用人单位侵犯其劳动权益而申请劳动争议仲裁或者向人民法院提起诉讼的，工会应当给予支持和帮助。（6）建立联系广泛、服务职工的工会工作体系。《工会法》第 6 条第 4 款规定："工会建立联系广泛、服务职工的工会工作体系，密切联系职工，听取和反映职工的意见和要求，关心职工的生活，帮助职工解决困难，全心全意为职工服务。"

新时代新起点，工会维权服务的途径、平台、形式、内容可能在变，但用心用情、担当作为的底色不变。只有忠诚履职、奋力作为，切实加大对职工群众的维权服务力度，工会组织才能成为名副其实的职工之家，工会干部才能真正成为职工群众信赖的"娘家人"、贴心人。

第四节 工会的政治责任和工作方针

一、工会的政治责任

加强职工思想政治工作，团结引导广大职工坚定不移听党话、跟党走，巩固党执政的阶级基础和群众基础，是工会组织的重要政治责任。

思想政治工作是党的优良传统、鲜明特色和突出政治优势，是一切工作的生命线。加强和改进思想政治工作，事关党的前途命运，事关国家长治久安，事关民族凝聚力和向心力。各级工会组织要切实提高政治站位，以习近平新时代中国特色社会主义思想为指导，充分认识职工思想政治工作的极端重要性，把职工思想政治工作摆在突出位置、贯穿于各种活动之中，进一步深化对党中央关于思想政治工作理论方针政策的学习理解，坚持党的领导，坚持理论武装，坚持党性原则，坚持理论与实践相统一，推动职工思想政治工作再上新台阶。

做好新时代职工思想政治工作，要以习近平新时代中国特色社会主义思想武装职工。建立健全职工思想政治工作的领导体制和工作机制，完善党的创新理论和工会理论下基层长效机制，落实基层联系点、送教到基层等制度，组织专家、学者、先进人物等广泛开展有特色、接地气、入人心的宣传宣讲活动，推动习近平新时代中国特色社会主义思想进企业、进车间、进班组、进学校、进教材、进头脑，巩固亿万职工团结奋斗的共同思想基础。

做好新时代职工思想政治工作，必须牢牢把握我国工人运动的时代主题，紧紧围绕开启全面建设社会主义现代化国家新征程、向第二个百年奋斗目标进军的目标任务，围绕立足新发展阶段、贯彻新发展理念、构建新发展格局、推动高质量发展，广泛深入持久开展劳动和技能竞赛，大力弘扬劳模精神、劳动精神、工匠精神，充分调动职工群众积极性主动性创造性，发挥工人阶级在全面建设社会主义现代化国家中的主力军作用，以劳动和实干托起中国梦。

做好新时代职工思想政治工作，要以理想信念教育职工。人民有信仰、国家有力量、民族有希望。要推动理想信念教育常态化制度化，深化"中国梦·劳动美"主题宣传教育，加强爱国主义、集体主义、社会主义教育。在广大职工中唱响共产党好、社会主义好、改革开放好、伟大祖国好、各族人民好的时代主旋律。深化党史、新中国史、改革开放史、社会主义发展史宣传教育，引导职工群众了解党团结带领人民在百年奋斗中开辟的伟大道路、建立的伟大功业、铸就的伟大精神、积累的宝贵经验，深刻认识中国共产党为什么能、马克思主义为什么行、中国特色社会主义为什么好，自觉传承红色基因，赓续红色血脉，汲取不懈奋斗的强大精神力量，增强职工群众听党话、跟党走的思想自觉和行动自觉，不断巩固党执政的阶级基础和群众基础。

做好新时代职工思想政治工作，要加强职工文化建设，以先进职工文化感染职工。用中华优秀传统文化、革命文化和社会主义先进文化滋养职工心灵，打造"工"字系列职工文化特色品牌，广泛开展职工群众喜闻乐见、寓教于乐的文化体育活动，把思想引领融入职工文化建设中。社会主义核心价值体系是文化的核心要素，核心价值观是加强社会主义核心价值体系建设的重点内容。要加强社会主义核心价值观教育，坚持把社会主义核心价值观融入职工生产生活，深化以职业道德为重点的社会公德、职业道德、家庭美德、个人品德等"四德"建设。积极参与群众性精神文明创建活动，推进家庭、家教、家风建设。要推动建立健全党委领导、行政支持、工会运作、职工参与的职工文化共建共享机制，丰富职工文化产品供给。建好、管好、用好职工书屋；搭建"互联网＋职工文化"平台，推动职工文化网络化传播，为职工提供"菜单式""订单式"文化服务；加强职工文化人才队伍建设，打造健康文明、昂扬向上、全员参与的职工文化。

做好新时代职工思想政治工作，要切实做好维权服务工作。要认真履行维权服务的基本职责，不断完善维权机制，强化维权手段，提高维权效果，把职工合法权益实现好、维护好、发展好。要坚持以职工为中心的工作导向，着力健全联系广泛、服务职工的工会工作体系，努力为广大职工提供普惠性、常态性、精准性服务，以真诚服务赢得职工，在解决实际问题中解决思想问题。把思想政治工作同"我为群众办实事"实践活动结合起来，在有效服务职工中提升思想政治引领能力。更加注重人文关怀和心理疏导，把心理健康服务与困难帮扶、法律援助、志愿服务等结合起来，使职工思想政治工作更有情感、更有温度、更有力量。更加注重夯实思想政治工作的组织基础，健全组织体系、完善动员机制，把广大职工吸纳到工会组织中来，扩大工会思想政治工作的有效覆盖。

职工思想政治工作是一项方向性、长远性、战略性、系统性工作，要坚持党对职工思想政治工作的领导，建立党委统一领导、党政工齐抓共管、有关部门各负其责、全社会协同配合的工作格局，推动形成全党全社会努力加强对职工思想政治引领的良好氛围。要努力创新职工思想政治工作方式方法，更加注重传统工作方式与新媒介、线上等思政宣传工作的有机融合。职工思想政治工作要更加注重与我国优秀传统文化的结合，坚持以文化引领人、文化教育人，着力增强思想文化软实力，充分发挥先进典型示范引领作用，深化"时代楷模"、道德模范、最美人物、身边好人等学习宣传，持续讲好不同时期先进模范人物的光辉故事。要坚持以人为本，解放思想，更新观念，把培养人、造就人、激发人、成就人，作为职工思想政治工作的基本定位。要遵循为改革发展稳定大局服务，从职工队伍的实际出发，从社会发展的实际出发，既坚持先进性，又体现层次性，及时丰富有利于社会改革发展，有利于职工群众思想道德素质和科学文化素质提高的内容。要把职工思想政治工作与其他工作结合起来，把解决职工群众思想问题同解决实际问题结合起来，多办得人心、暖人心、稳人心的好事实事。要创新职工思想政治工作机制，研究新规律、新特点，着力思考和研究职工思想政治工作科学化、大众化、时代化、社会化、生活化、现代化的问题，不断完善新时代职工思想政治工作的运行机制、竞争机制、激励机制、保障机制、反馈机制。运用现代信息手段开展职工思想政治工作，通过生动活泼、灵活多样、喜闻乐见的方式，潜移默化地做好职工思想政治工作，增强时代性和实效性，推动新时代职工思想政治工作创新发展。

二、工会的工作方针

《中国工会章程》总则中规定，中国工会"坚持组织起来、切实维权的工作方针"。"组织起来、切实维权"工作方针是新时代工会工作总的要求和发展方向，体现了习近平总书记关于工人阶级和工会工作重要论述精神的本质要求，是工会组织坚持政治性、先进性、群众性的重要保障，是党的路线、方针、政策在工会组织的具体化，是对工会的社会职能和基本职责的理论化，紧紧抓住了为实现中华民族伟大复兴中国梦而奋斗的工人运动时代主题，集中反映了工会组织生存与发展的内在要求，突出了工会组织在新时代的神圣使命和历史作用。

"组织起来"，就是要把职工群众最广泛地组织到党领导的工会中来，把工会组织的活力最充分地激发出来，维护职工队伍的团结和工会组织的统一，把广大职工群众更加紧密地团结在党的周围，增强党的阶级基础，扩大党的群众基础，巩固党的执政地位。要不断创新组织形式，理顺组织体制，构建纵横交织、覆盖广泛的工会组织体系。坚持以党建带工建为引领，完善党委领导、政府支持、工会主导、社会力量参与的建会入会工作格局，着力扩大工会组织覆盖面，实现组建工会和发展会员工作持续稳步发展。在巩固传统领域建会入会基础上，重点加强"三新"领域工会组织建设，不断拓展建会入会新的增长点。着力推进规模较大的非公有制企业和社会组织依法规范建立工会组织。要切实加强区域性、行业性工会联合会建设，健全乡镇（街道）—村（社区）—企业"小三级"工会组织体系，不断扩大对小微企业的有效覆盖。要持续深化"八大群体"入会工作，聚焦货车司机、网约车司机、快递员、外卖配送员等重点群体，开展新就业形态劳动者入会集中行动。要探索单独建会、联合建会、行业建会、区域建会等建会方式，创新方式、优化程序，推行网上申请入会、集中入会仪式等做法，最大限度吸引新就业形态劳动者加入工会组织。要着力破解建会入会难题，最大限度地把农民工、灵活就业者、新就业形态劳动者组织到工会中来。要不断提高基层工会组织的建设质量，更好地发挥工会组织的作用。

"切实维权"，就是要认真履行"维护职工合法权益、竭诚服务职工群众"的基本职责，切实把职工合法权益实现好、维护好、发展好，增强职工群众获得感、幸福感、安全感。工会要协助党和政府解决劳动就业、收入分配、社会保障和劳动安全卫生等涉及职工切身利益的重大问题，积极参与涉及职工利益的法律法规政策的制定，不断完善工会维权机制，强化工会维权手段，提高工会维权的科学化水平。要把竭诚服务职工群众作为工会一切工作的出发点和落脚点，顺应职工对美好生活的新期待，健全服务职工体系，拓宽服务职工领域，提高服务职工能力，满腔热情地做好服务职工工作。要建立联系广泛、服务职工的工会工作体系，密切联系职工群众，听取和反映职工的意见和要求，关心职工的生活，帮助职工解决困难，全心全意为职工服务，不断提升职工生活品质。要加大新就业形态劳动者合法权益维护力度，聚焦新就业形态劳动者"急难愁盼"问题，从思想政治引领、建会入会、权益维护、强化服务、素质提升等方面加强工作，为新就业形态劳动者体面劳动、舒心工作保驾护航。要积极推动新就业形态劳动者参加社会保险制度，推动研究出台新就业形态劳动者职业伤害保障办法等相关政策措施。推动灵活用工集中的行业制定劳动定额指导标准。加强平台网约劳动者收入保障，推动平台企业、关联企业与劳动者就劳动报酬、支付周期、休息休假和职业安全保障等事项开展集体协商。推动平台网约劳动者民主参与，督促平台运营企业建立争议处理、投诉机制。各级工会特别是地方工会、行业工会，要注重通过集体协商、民主管理、相关争议联合处置、工会劳动法律监督、平台企业社会责任宣传等途径，更好地履行工会的职责，从根本上保障新就业形态劳动者合法权益。

"组织起来、切实维权"是相互联系、相互依存、互相补充、不可分割的统一整体。"组织起来"是"切实维权"的前提和基础，"切实维权"是"组织起来"的目标和宗旨，通过组织起来不断壮大力量，通过切实维权，不断凝聚人心。只有实现两者的有机统一，才能全面、准确地把握"组织起来、切实维权"的科学内涵。各级工会必须把全面贯彻工会工作方针与推动新时代中国特色社会主义工会事业发展紧密结合起来，进一步厘清工作思路，坚定正确的政治方向，不断深化工会改革创新，进一步增强工会工作和工会组织的政治性、先进性、群众性，推动工会工作的创新发展。

思考题

1.如何理解我国工会的性质？

2.工会的法定权利与义务有哪些？

3.我国工会的作用是什么？

4.我国工会的根本活动准则是什么？

5.我国工会工作的指导思想是什么？

6.工会的社会职能有哪些？

7.如何理解工会的基本职责？

8.如何理解工会的政治责任？

案例1

漯河市总工会打造指尖上的"职工之家"

2022年5月16日　　来源：中工网《工人日报》

网上建会、入会转会、婚恋交友、法律援助……如今，一打开漯河"智慧工会"手机端，就能快速便捷地在线上办理相关业务，找到工会发布的各类活动信息。这得益于河南省漯河市总工会"网上工会"建设。

近年来，漯河市总工会持续推动"网上工会"建设，已连续3年被评为全国"互联网+工会普惠服务创新型平台"。今年，漯河市总工会投入近百万元资金升级"网上工会"系统，推动工会工作全流程上网、精准化帮扶、普惠化服务，着力打造指尖上的"职工之家"。

漯河市总工会聚焦职工高频使用的业务项目，重点打造市总门户网站、OA协同办公系统和手机端服务平台、消费惠农商城，45项功能模块整体推进、分项部署、逐一上线，逐步实现"一网通全市、一屏览全局"。与此同时，建立"互联网+H5服务端+微信公众号"相结合的工会系统资讯发布机制，通过多种传播载体的覆盖，将工会服务内容、各类普惠活动、基层一线动态第一时间传递给职工群众。

同时，漯河市总工会将"网上工会"运用到新就业形态劳动者入会和服务工作中。针对新就业形态劳动者分布散、组织难的特点，漯河市总工会采取"打开门、纳进来、有服务"的模式，发展会员23528人；依托"智慧工会"设计线上"一站式"注册完成建会申请审批及法人证办理；深入开展"新就业形态劳动者温暖行动"服务月系列活动等，直接带动新就业形态劳动者入会4000人以上。

如今，职工通过漯河"智慧工会"手机端，可随时随地找组织、找服务、找援助、找活动、找岗位、找专家、找培训，同时通过工会导航系统，实现户外劳动者爱心驿站、爱心母婴室等600余处各类活动场所的查询、展示及实时导航。（通讯员葛慧君　李静静　陈鸿飞）

📖 **案例 2**

甘肃肃北县总工会推动基层工会组织建设提质增效

2022 年 7 月 26 日　　来源：中工网

近年来，甘肃省酒泉市肃北县总工会主动适应经济社会发展新常态，主动顺应职工群众新期盼，注重在"优化组织建设、强化职工服务、加强队伍建设"方面做文章，全面加强工会服务和规范化管理，不断推动基层工会组织建设提质增效。

优化组织设置，扩大工会建设"覆盖面"。紧紧以基层工会组建为抓手，将建会、建站、建家、建制同步向基层工会全面推进，采取"摸底子、严考核、强责任"等一系列行之有效的措施，统筹推进基层工会组织建设。截至目前，肃北县新建基层工会 13 家，新增会员 112 人，涵盖快递、外卖、货车司机、家政服务、保安等 5 个新就业形态群体 77 人；选树"甘肃省五一巾帼奖集体"1 家。同时，全面推进基层工会规范化建设，县总工会自筹资金 20 万元购置图书，帮助 4 家基层工会建立职工书屋，创建模范职工之家、规范化职工之家 10 个，新建创新型班组、劳模创新工作室、爱心母婴室 3 个，落实奖补资金 22.5 万元。指导全县 86 家基层工会组织完成换届，完成全县 143 家工会 4900 余名工会会员实名制信息采集工作，不断完善基层工会组织体系，使肃北县各领域工会组织全覆盖。

强化服务意识，甘当职工群众"解铃人"。积极开展集体协商"要约季"行动，全面推进工资集体协商合同、女职工特殊权益保护合同、劳动安全保护专项集体合同的签订，全年县内各企业集体合同共续签 40 份，签订率达到了 80%，覆盖职工 800 余人。广泛组织全县职工开展多种形式的劳动竞赛、技能比武等活动 12 场，参加职工 600 人次，持续树牢"四送"品牌，为 88 名环卫工会员赠送每人 650 元的免费健康体检服务和健康教育服务，为 77 名新就业形态群体会员赠送"爱心卡"和职工意外伤害互助保障；加大职工互助保障参保率，截至目前，发放医疗赔付金 47 人 99 次 14.49 万元，为 5 名大病职工赔付 11.6 万元。同时，协助相关部门依法、规范、公正地调处突发性、群体性劳动争议，努力把劳动关系矛盾化解在基层、解决在萌芽状态。截至目前，协助人社局、应急管理局处理拖欠农民工工资等案件 11 起。

加强队伍建设，打造工会组织"生力军"。以打造服务型工会组织为着力点，紧密结合"学红旗渠精神、建高素质队伍"专题教育，切实转变工作作风。组织全县基层工会负责人或分管领导，定期邀请党校教师或上级工会业务骨干，围绕《工会法》、《劳动法》、《甘肃省工会劳动法律监督条例》、《甘肃省女职工劳动保护特别规定》、基层组织建设等内容进行全面培训，不断提升基层工会工作人员业务水平。广泛组织全县基层工会会员参加《民法典》线上学习竞答活动，全县参与线上学习人次达 3000。同时，注重加强工会自身建设，努力把工会建设成为学习型、服务型、创新型的职工群众组织，紧紧围绕目标任务，全面布局、突出重点、深化调研、创新体制，研究新情况，总结新经验，解决新问题，努力开创工会事业的新局面。（张丽琼）

第二章　工会的组织原则与组织结构

第一节　工会的组织原则

一、工会的组织原则是民主集中制

工会组织工作是工会工作的重要组成部分，是做好工会工作的基础和基本保障。工会的组织原则是指工会在组织方式、领导体制及内部组织关系处理等方面的基本准则。确立和实行科学的工会组织原则，是我国工会组织遵循客观规律、坚持正确发展方向、依照法律和工会章程加强组织建设的重要条件，是不断改革、创新、完善我国工会组织体系、优化工会领导体制、更好地实现工会组织目标、充分发挥工会作用的重要保证。

《工会法》第10条第1款规定："工会各级组织按照民主集中制原则建立。"可见，我国工会的组织原则是民主集中制。这一原则体现了中国工会作为工人阶级的群众组织的性质，体现了中国共产党领导下的中国工会的根本特征。民主集中制是民主基础上的集中和集中指导下的民主相结合的制度，它既是党的根本组织原则，是群众路线在党的生活中的运用，也是工会的组织原则，工会的一切组织和会员都必须按照这个根本原则进行活动。

二、民主集中制原则的主要内容

（一）各级工会委员会都要由会员大会或者会员代表大会民主选举产生

会员大会由同级工会的全体会员组成；会员代表大会由全体会员通过民主选举的代表组成。工会代表大会的代表和工会委员会的产生，必须充分体现选举人的意志，候选人的名单，要反复酝酿讨论。选举采用无记名投票的方式进行，可以直接采用候选人数多于应选人数的差额选举办法进行选举，也可以采用差额选举办法先进行预选，产生候选人名单，然后进行选举。任何组织和个人，不得以任何方式强迫选举人选举或者不选举某个人。

工会的各级领导机关都由选举产生，这是工会的一项重要的组织原则。主要原因如下。第一，工会的各级领导机关由选举产生，是实现民主集中制的重要保证。只有选举产生的领导机关，才能充分体现会员的意志，才能建立起领导与被领导的正确关系。第二，工会各级领导机关由选举产生，是建立一个有一定威信、强有力领导班子的关键。真正经过民主选举，就会把真正为职工群众服务，敢于为职工说话，深受群众拥护的人选进工会的领导机构。当选的人，由于切身感受到职工群众的信任，也会更加努力工作，为职工服务。第三，工会各级领导机关由选举产生，是调动广大会员积极性的重要措施。由会员民主选举工会干部并对工会干部实行监督，体现了会员在工会内的民主权利，必然增强会员的责任感、发挥他们的积极性、主动性和创造性。民主选举工会干部，可以让广大职工群众或工会各级组织的代表充分发表意见，选择工人阶级的先进分子进入工会各级领导班子，并对其实行监督，防止各种腐败的行为。

（二）各级工会委员会向会员大会或者会员代表大会负责并报告工作，接受其监督

这一规定明确了工会委员会与同级会员大会或者会员代表大会的关系。工会的全国代表大会是工会的最高领导机关，它代表全体工会会员的意志，享有最高的决策权、选举权和监督权。工会的地方各级代表大会则代表该地区工会会员的意志，享有相应的决策权、选举权和监督权；产业工会代表大会则代表该产业工会会员的意志，享有决策权、选举权和监督权。各级工会委员会由同级会员大会或者会员代表大会民主选举产生，各级工会委员会要定期向同级会员大会或者会员代表大会负责并报告工作，会员或者会员代表有权就工作报告的有关问题提出质询，会员大会或者会员代表大会有权对工作报告进行审议，并就是否同意该工作报告进行民主表决。各级工会委员会必须认真汇报工作，回答有关质询，接受会员大会或者会员代表大会的审议及表决结果。这是民主集中制原则的基本要求，

它对于充分保障会员民主权利，加强工会自身民主监督，增强各级工会领导机关的责任意识和民主意识具有重要作用。

（三）工会会员大会或者会员代表大会有权撤换或者罢免其所选举的代表或者工会委员会组成人员

罢免权是监督权的重要内容，行使撤换和罢免权是工会会员对会员代表和工会委员会委员实施监督的有效形式之一。当工会会员认为经其选举产生的会员代表和工会委员会组成人员有违法、违反章程或者失职、不称职以及违背工会会员意志的行为，有权要求召开会员大会或者会员代表大会，撤换或者罢免他们的代表资格和工会职务。对于工会主席、副主席的罢免，按照《工会法》规定，必须召开会员大会或者会员代表大会讨论，并经会员大会全体会员或者会员代表大会全体代表过半数通过。不论是要求撤换还是要求罢免代表或者工会委员，都要严格依照民主集中制的活动原则办事，坚持少数服从多数的原则，按照严格的程序办事，做到监督规范化。

（四）上级工会组织领导下级工会组织

工会的最高领导机关，是工会的全国代表大会和它产生的中华全国总工会执行委员会。工会的地方各级领导机关，是工会的地方各级代表大会和它们产生的总工会委员会。"上级工会组织领导下级工会组织"中的"领导"，主要是指由工会的全国代表大会讨论决定的全国工会的工作方针和一定时期的全国工会的任务，在代表大会闭会期间由全国总工会执行委员会负责其贯彻执行，领导全国各级工会按代表大会的决议开展工作。地方各级工会的工作方针和一定时期的工作任务，也要在上级工会的领导下，按照这个原则确定和执行。此外，工会各级领导机关，加强对下级组织的领导和服务，经常向下级组织通报情况，听取下级组织和会员的意见，研究和解决他们提出的问题；下级组织要向上级组织请示报告工作，以保证建立正常的工作制度，加强工会上下级之间的联系，密切上下级间的关系，形成工会的统一意志。

第二节 工会组织结构

一、工会组织结构概述

（一）工会组织结构

组织结构是表明组织各部分排列顺序、空间位置、聚散状态、联系方式以及各要素之间相互关系的一种模式，是整个管理系统的"框架"。组织结构反映的是组织成员之间的分工协作关系，因此，组织结构并不是一成不变的，它也会随着组织的重大战略调整而进行调整。

工会组织结构是指各级工会组织的内部组织机构的设置和工会组织领导关系确定的总称。不同层次的工会组织，其工作机构的设置和人员配备的要求不同，形成的工会组织形式和组织结构也有所不同。

（二）我国工会的组织结构

我国工会的组织结构，总体上是"两大系统五大层次"。"两大系统"是指在中华全国总工会的统一领导下，分别建立地方工会和产业工会两大组织系统。"五大层次"具体包括：中华全国总工会，省（自治区、直辖市）总工会，市（地、州）总工会，县（市、区、旗）总工会，基层工会，共5级。产业系统是中华全国总工会领导下的各全国产业工会及其不同层次的地方产业工会。产业工会全国组织和各级地方产业工会组织分别是中华全国总工会和各级地方总工会的组成部分。

我国工会的组织结构集中充分体现了联合制、代表制的基本组织制度，产业和地方相结合以及民主集中制的基本组织原则，充分体现了上级工会代表下级工会、全国所有的工会代表职工的工会本质，科学地实现了我国工人阶级和工会组织的团结统一，为坚持走中国特色社会主义工会发展道路提供了坚实的组织保障。

二、中华全国总工会

（一）全国建立统一的中华全国总工会

《工会法》第 11 条第 5 款规定："全国建立统一的中华全国总工会。"《中国工会章程》第 11 条规定："全国建立统一的中华全国总工会。中华全国总工会是各级地方总工会和各产业工会全国组织的领导机关。"由此可见，中华全国总工会是中国工会唯一合法的全国性的工会组织，是各级地方总工会和各产业工会全国组织的领导机关。

（二）工会的最高领导机关

《中国工会章程》第 9 条中规定：工会的最高领导机关，是工会的全国代表大会和它所产生的中华全国总工会执行委员会。

中国工会全国代表大会，每 5 年举行 1 次，由中华全国总工会执行委员会召集。在特殊情况下，由中华全国总工会执行委员会主席团提议，经执行委员会全体会议通过，可以提前或者延期举行。代表名额和代表选举办法由中华全国总工会决定。

根据《中国工会章程》第 18 条规定，中国工会全国代表大会的职权如下。

1.审议和批准中华全国总工会执行委员会的工作报告。

2.审议和批准中华全国总工会执行委员会的经费收支情况报告和经费审查委员会的工作报告。

3.修改中国工会章程。

4.选举中华全国总工会执行委员会和经费审查委员会。

中华全国总工会执行委员会由中国工会全国代表大会选举产生，是中国工会代表大会的执行机构。《中国工会章程》第 19 条规定，中华全国总工会执行委员会，在全国代表大会闭会期间，负责贯彻执行全国代表大会的决议，领导全国工会工作。执行委员会全体会议选举主席 1 人、副主席若干人、主席团委员若干人，组成主席团。执行委员会全体会议由主席团召集，每年至少举行 1 次。由此可见，从领导工会全国代表大会闭会期间全国工会工作的角度来看，中华全国总工会执行委员会仍是工会的最高领导机关。中华全国总工会执行委员会的任期与中国工会全国代表大会的届期相同，每届任期 5 年。

（三）中华全国总工会执行委员会主席团

中华全国总工会执行委员会主席团，由中华全国总工会执行委员会选举产生。在执行委员会会议闭会期间，由主席团行使执行委员会的职权。主席团由主席 1 人、副主席若干人、主席团委员若干人组成。执行委员会全体会议由主席团召集，每年至少举行 1 次。中华全国总工会执行委员会全体会议闭会期间，由主席团行使执行委员会的职权。主席团全体会议，由主席召集。主席团闭会期间，由主席、副主席组成的主席会议行使主席团职权。主席会议由中华全国总工会主席召集并主持。中华全国总工会执行委员会主席团的任期，与中国工会全国代表大会届期相同，每届任期 5 年。

（四）中华全国总工会书记处

《中国工会章程》第 20 条第 3 款规定："主席团下设书记处，由主席团在主席团成员中推选第一书记 1 人，书记若干人组成。书记处在主席团领导下，主持中华全国总工会的日常工作。"主席、副主席，主席团委员和书记处书记的任期与中国工会全国代表大会届期相同，每届任期 5 年。

三、地方总工会

（一）地方总工会的建立

地方总工会是依据以行政区划建立的地方工会组织或产业工会地方组织的领导机关。《工会法》第 11 条第 3 款规定："县级以上地方建立地方各级总工会。"《中国工会章程》第 11 条中规定："省、自治区、直辖市，设区的市和自治州，县（旗）、自治县、不设区的市建立地方总工会。地方总工会是当地地方工会组织和产业工会地方组织的领导机关。"第 22 条第 3 款规定："根据工作需要，省、自治区总工会可在地区设派出代表机关。直辖市和设区的市总工会在区一级建立总工会。"第 22 条第 4 款规定：

"县和城市的区可在乡镇和街道建立乡镇工会和街道工会组织，具备条件的，建立总工会。"

（二）工会的地方各级代表大会

《中国工会章程》第22条第1、2款规定，省、自治区、直辖市，设区的市和自治州，县（旗）、自治县、不设区的市的工会代表大会，由同级总工会委员会召集，每5年举行1次。在特殊情况下，由同级总工会委员会提议，经上一级工会批准，可以提前或者延期举行。工会的地方各级代表大会的职权如下。

1.审议和批准同级总工会委员会的工作报告。

2.审议和批准同级总工会委员会的经费收支情况报告和经费审查委员会的工作报告。

3.选举同级总工会委员会和经费审查委员会。

各级地方总工会委员会，在代表大会闭会期间，执行上级工会的决定和同级工会代表大会的决议，领导本地区的工会工作，定期向上级总工会委员会报告工作。

（三）工会代表大会与工会代表会议的区别

《中国工会章程》第12条第2款规定："县和县以上各级工会委员会，在两次代表大会之间，认为有必要时，可以召集代表会议，讨论和决定需要及时解决的重大问题。代表会议代表的名额和产生办法，由召集代表会议的总工会决定。"工会代表大会与工会代表会议，都是工会体现民主集中制原则的重要方式，但它们的职权、期限和代表产生的方式等都有不同。主要表现在以下方面。

一是职权、任务不同。根据《中国工会章程》的规定，工会的地方各级代表大会和它所产生的总工会委员会是同级工会组织的领导机关，一般具有以下职权：（1）审议和批准同级总工会委员会的工作报告；（2）审议和批准同级总工会委员会的经费收支情况报告和经费审查委员会的工作报告；（3）选举同级总工会委员会和经费审查委员会。工会代表会议是在两次代表大会之间、为讨论和决定需要及时解决的重大问题或选举出席上级工会代表大会或代表会议的代表，在各级工会委员会领导下召开的重要会议。

二是开会期限、次数不同。各级工会代表大会有任期的限制，必须按中国工会章程规定的期限定期举行。根据《中国工会章程》的规定，中国工会全国代表大会和地方工会代表大会，一般每5年举行1次。基层工会组织的会员大会或者会员代表大会，每年至少召开1次。而工会代表会议，是在两次代表大会之间根据工作需要由工会委员会临时决定召开的重要会议，它没有任期的限制，也没有召开次数的限制。

三是代表产生的方式、名额不同。工会各级代表大会的代表，是根据会员人数和分布情况确定名额、条件，是由下级工会会员大会、会员代表大会或者工会代表会议选举产生的。而工会代表会议的代表名额和产生方式，是由召开代表会议的总工会根据任务需要确定代表名额，出席会议的代表一部分是该级委员会委员，下级工会领导机关负责人，另一部分是由下级工会会员代表会议或委员会扩大会议选举产生的各方面会员代表。

四是批准程序不同。工会各级代表大会的召开，必须报上一级工会审批，经上一级工会批准后，方可召开。而工会代表会议的召开，则由同级工会委员会决定和领导，无须报上一级工会批准。

（四）地方总工会的任务

各级地方总工会的任期与地方工会代表大会届期相同，每届任期5年。在代表大会闭会期间，执行上级工会的决定和同级工会代表大会的决议，领导本地区的工会工作，定期向上级总工会委员会报告工作。各级地方总工会委员会全体会议，每年至少举行1次。其主要任务如下：

1.根据工会代表大会确定的工作任务，审议通过每年的工会工作报告、财务工作报告和经费审查委员会的报告；

2.研究和决定工会工作的重大问题；

3.研究和决定有关人事变动事宜；

4.选举主席、副主席和常务委员会委员等。

（五）地方总工会的组成

根据《中国工会章程》第23条规定，各级地方总工会委员会选举主席1人、副主席若干人、常务委员若干人，组成常务委员会。工会委员会、常务委员会和主席、副主席以及经费审查委员会的选举结果，报上一级总工会批准。各级地方总工会委员会全体会议，每年至少举行 1 次，由常务委员会召集。各级地方总工会常务委员会，在委员会全体会议闭会期间，行使委员会的职权。

各级地方总工会常务委员会的任期与地方工会代表大会届期相同，每届任期 5 年。

各级地方总工会主席办公会由同级总工会主席、副主席组成。在总工会常务委员会闭会期间，由主席办公会行使常务委员会的职权。根据工作需要，由主席提议可以随时召开主席办公会。

四、产业工会

(一) 产业工会的概念

产业工会是根据产业原则建立起来的工会组织，是我国工会的重要组成部分。产业原则是指，凡在同一用人单位内的所有职工，都组织在同一产业工会内。产业工会是在职业工会的基础上，克服了职业工会的弱点发展起来的。其优点是加强了同一用人单位内职工的团结和统一领导，能充分发挥和利用职工集体的力量。相同或相近的产业工会联合起来，就形成了产业工会的地方组织和全国组织。

《工会法》第 11 条第 4 款规定："同一行业或者性质相近的几个行业，可以根据需要建立全国的或者地方的产业工会。"

(二) 产业工会的领导体制

《中国工会章程》第 11 条规定：中国工会实行产业和地方相结合的组织领导原则。同一企业、事业单位、机关、社会组织中的会员，组织在一个基层工会组织中；同一行业或者性质相近的几个行业，根据需要建立全国的或者地方的产业工会组织。除少数行政管理体制实行垂直管理的产业，其产业工会实行产业工会和地方工会双重领导，以产业工会领导为主外，其他产业工会均实行以地方工会领导为主，同时接受上级产业工会领导的体制。各产业工会的领导体制，由中华全国总工会确定。目前，实行全国产业工会垂直领导体制的产业工会主要有：中华全国铁路总工会、中国民航工会全国委员会、中国金融工会全国委员会。

（三）产业工会的职责定位和工作重点

1.产业工会的职责定位

产业工会是我国工会全面履行各项社会职能、突出维护服务职能的重要组织力量，是工会在党和国家工作大局中充分发挥作用的组织平台，是产业职工合法权益的代表者和维护者、产业劳动关系的协调者、产业经济持续健康发展的促进者，在维护产业职工合法权益、竭诚服务产业职工、协调产业劳动关系、加强产业工人队伍建设改革、促进产业改革发展中具有重要地位和不可替代的作用。

2.产业工会的工作重点

产业工会的工作重点主要是：调查研究和反映本产业改革发展重大问题和职工特殊利益问题，参与涉及本产业职工切身利益的法律法规和政策的制定，维护本产业职工合法权益，竭诚服务本产业职工群众；推动建立科学合理的产业（行业）劳动标准，开展行业工资集体协商，推动建立企业职工工资决定机制、正常增长机制和支付保障机制，构建和谐劳动关系；推动建立健全以职工代表大会为基本形式的企事业单位民主管理制度，推进厂务公开、业务公开，落实职工群众的知情权、参与权、表达权、监督权，坚持和完善职工董事制度、职工监事制度；围绕产业经济发展，组织开展具有产业特点的示范性、引领性劳动和技能竞赛、安全生产等建功立业活动，积极推荐和评选本产业的先进典型和劳动模范；加强职工思想政治工作，以社会主义核心价值观为引领，深入实施产业职工素质建设工程，培养产业大国工匠，提高产业职工队伍素质，造就一支有理想守信念、懂技术会创新、敢担当讲奉献的宏大产业工人队伍；总结经验，推广典型，指导产业所属基层工会工作。

全国产业工会、省级产业工会、城市产业工会、县级产业（行业）工会应立足实际、突出重点，有所侧重开展工作，体现层次性、差异性和灵活性。

（四）全国产业工会

根据《中国工会章程》第 21 条规定，产业工会全国组织的设置，由中华全国总工会根据需要确定。

产业工会全国委员会的建立，经中华全国总工会批准，可以按照联合制、代表制原则组成，也可以由产业工会全国代表大会选举产生。全国委员会每届任期 5 年。任期届满，应当如期召开会议，进行换届选举。在特殊情况下，经中华全国总工会批准，可以提前或者延期举行。

产业工会全国代表大会和按照联合制、代表制原则组成的产业工会全国委员会全体会议的职权是：审议和批准产业工会全国委员会的工作报告；选举产业工会全国委员会或者产业工会全国委员会常务委员会。独立管理经费的产业工会，选举经费审查委员会，并向产业工会全国代表大会或者委员会全体会议报告工作。产业工会全国委员会常务委员会由主席 1 人、副主席若干人、常务委员若干人组成。

（五）地方产业工会

《中国工会章程》第 24 条规定："各级地方产业工会组织的设置，由同级地方总工会根据本地区的实际情况确定。"

根据《中华全国总工会关于深入推进产业工会工作创新发展的意见》，省级产业工会根据省（区、市）产业经济发展和产业职工队伍变化的实际，可以建立驻会产业工会，也可以依托行政主管部门或骨干企业集团等设立产业工会。结合省级工会改革，逐步规范理顺省级产业工会组织。城市产业工会应根据城市产业结构变化，及时调整产业工会设置，重点在产业特征明显、职工集聚度高的产业建立产业工会组织，扩大产业工会覆盖面。在市级总工会的领导下，可以在行业协会组织健全、发育成熟的行业，已经形成以骨干企业为龙头的上下游产业链、企业联系紧密的行业，政府行政约束力强、管理规范的行业开展建立市级行业工会联合会试点工作，已经建立的要注重加强规范性建设。在县级以下产业经济发展较好、产业职工较多的地方，按照地域相近、行业相同、管理服务便捷的原则，采取联合制、代表制方式，积极推进建立县（区）、乡镇（街道）或工业园区等行业工会联合会，接长产业工会手臂、延伸工作触角，覆盖不同所有制企事业单位和相关社会组织。覆盖的企事业单位社会组织工会组织领导关系、经费收缴渠道保持不变。地方工会要加强对行业工会联合会的领导，给予人力、物力、财力等支持保障。

五、基层工会

（一）基层工会概念

基层工会是根据《工会法》和《中国工会章程》的规定，经上级工会批准，在企业、事业单位、机关、社会组织以及社区和行政村建立的工会组织。基层工会是工会组织体系中重要的组成部分和最基本的组织单位，是落实工会各项工作的组织者、推动者和实践者，是工会系统的"神经末梢"。

基层工会离职工最近，联系职工最直接，服务职工最具体，是工会的组织基础和工作基础。基础不牢，地动山摇。做实做强基层工会是全部工会工作的根本，只有把基层工会真正做实做强，把工作落实到基层，把工作做到职工群众之中，进一步增强基层工会活力，工会才能更好地行使法定权利和履行法定义务，才能真正发挥作用、体现价值，才能真正赢得职工群众的信赖和支持。各级工会要统一思想，坚定信念，充分认识加强基层工会组织建设的重要性和紧迫性，切实增强责任感和使命感，以职工为中心，树立大抓基层的鲜明导向，以职工满意不满意、工会作用发挥充分不充分为标尺，全面加强基层工会建设，努力开创基层工会工作新局面。

（二）基层工会的建立

《工会法》第11条第1款规定："用人单位有会员25人以上的，应当建立基层工会委员会；不足25人的，可以单独建立基层工会委员会，也可以由两个以上单位的会员联合建立基层工会委员会，也可以选举组织员1人，组织会员开展活动。女职工人数较多的，可以建立工会女职工委员会，在同级工会领导下开展工作；女职工人数较少的，可以在工会委员会中设女职工委员。"《中国工会章程》第25条第1、2款规定："企业、事业单位、机关、社会组织等基层单位，应当依法建立工会组织。社区和行政村可以建立工会组织。从实际出发，建立区域性、行业性工会联合会，推进新经济组织、新社会组织工会组织建设。有会员 25 人以上的，应当成立基层工会委员会；不足 25 人的，可以单独建立基层工会委员会，也可以由两个以上单位的会员联合建立基层工会委员会，也可以选举组织员或者工会主席 1 人，主持基层工会工作。基层工会委员会有女会员 10 人以上的建立女职工委员会，不足 10 人的设女职工委员。"

(三) 基层工会委员会的任务

根据《中国工会章程》第 28 条规定，基层工会委员会的基本任务如下。

1.执行会员大会或者会员代表大会的决议和上级工会的决定，主持基层工会的日常工作。

2.代表和组织职工依照法律规定，通过职工代表大会、厂务公开和其他形式，参与本单位民主选举、民主协商、民主决策、民主管理和民主监督，保障职工知情权、参与权、表达权和监督权，在公司制企业落实职工董事、职工监事制度。企业、事业单位工会委员会是职工代表大会工作机构，负责职工代表大会的日常工作，检查、督促职工代表大会决议的执行。

3.参与协调劳动关系和调解劳动争议，与企业、事业单位、社会组织行政方面建立协商制度，协商解决涉及职工切身利益问题。帮助和指导职工与企业、事业单位、社会组织行政方面签订和履行劳动合同，代表职工与企业、事业单位、社会组织行政方面签订集体合同或者其他专项协议，并监督执行。

4.组织职工开展劳动和技能竞赛、合理化建议、技能培训、技术革新和技术协作等活动，培育工匠、高技能人才，总结推广先进经验。做好劳动模范和先进生产（工作）者的评选、表彰、培养和管理服务工作。

5.加强对职工的政治引领和思想教育，开展法治宣传教育，重视人文关怀和心理疏导，鼓励支持职工学习文化科学技术和管理知识，开展健康的文化体育活动。推进企业文化职工文化建设，办好工会文化、教育、体育事业。

6.监督有关法律、法规的贯彻执行。协助和督促行政方面做好工资、安全生产、职业病防治和社会保险等方面的工作，推动落实职工福利待遇。办好职工集体福利事业，改善职工生活，对困难职工开展帮扶。依法参与生产安全事故和职业病危害事故的调查处理。

7.维护女职工的特殊利益，同歧视、虐待、摧残、迫害女职工的现象作斗争。

8.搞好工会组织建设，健全民主制度和民主生活。建立和发展工会积极分子队伍。做好会员的发展、接收、教育和会籍管理工作。加强职工之家建设。

9.收好、管好、用好工会经费，管理好工会资产和工会的企业、事业。

（四）社会组织工会建设

随着改革开放不断深入，以社会团体、基金会和社会服务机构为主体的社会组织快速发展，已成为社会主义现代化建设的重要力量、党的工作和群众工作的重要阵地。为了推动社会组织依法建立工会，促进工会和社会组织在构建基层社会治理新格局中发挥重要作用，全国总工会、民政部2021年联合印发《关于加强社会组织工会建设的意见（试行）》（以下简称《意见》），《意见》从加强社会组织工会建设的重要意义和总体要求、主要职责、扩大覆盖、规范建设、组织领导等5方面，对社会组织工会建设作出规范。

1.总体要求。坚持以习近平新时代中国特色社会主义思想为指导，深入学习贯彻习近平总书记关于工人阶级和工会工作的重要论述，积极探索符合社会组织实际的工会建设方式方法，着力破解社会组织中工会组织覆盖不够全面、作用发挥不够充分等问题，不断扩大工会对社会组织的有效覆盖，激发社会组织工会活力，加大工会联系引导社会组织工作力度，在促进社会组织有序参与社会治理、提供社会服务、承担社会责任等方面充分发挥工会的重要作用。

2.社会组织工会的主要职责：（1）密切联系职工，强化政治引领；（2）团结凝聚职工，汇集发展力量；（3）建立健全机制，维护职工权益；（4）创新方式方法，竭诚服务职工。

3.扩大工会对社会组织的有效覆盖。（1）推动社会组织依法建立工会。

(2)合理确定建会方式。坚持从社会组织特点出发，采取灵活多样的组织形式，扩大工会组织有效覆盖。(3)广泛吸收职工入会。加强宣传动员和服务吸引，最大限度地把社会组织职工吸收到工会中来。

4.规范社会组织工会建设。(1)理顺工会组织领导关系。社会组织工会受同级党组织和上一级工会双重领导，以同级党组织领导为主。未建立党组织的，由上一级工会领导。(2)依法选举工会主席、副主席。按照《工会基层组织选举工作条例》《基层工会会员代表大会条例》等规定，规范选举工会委员会、经费审查委员会及女职工委员会。社会组织负责人、法定代表人及他们的近亲属不得作为工会主席、副主席和委员候选人。(3)努力建设职工之家。社会组织工会要按照"六有"标准，加强工会组织和工会工作规范化建设，努力做到建起来、转起来、活起来。

六、工会经费审查委员会

(一) 工会经费审查委员会概述

工会经费审查委员会是代表会员群众对工会各项经费的收支和财产管理的真实、完整、合法及效益进行审查监督的组织。加强各级工会经费审查委员会组织建设，对加强工会经费审查监督工作、促进工运事业发展有着非常重要的意义。

《工会法》第45条第2款规定："各级工会建立经费审查委员会。"

(二) 经费审查委员会的建立

《中国工会章程》第13条中规定："各级工会代表大会选举产生同级经费审查委员会。"《中国工会审计条例》第10条规定："经审会应当与同级工会委员会同时考察、同时报批、同时选举产生。"经审会向同级工会会员大会或者会员代表大会负责并报告工作；大会闭会期间，向同级工会委员会负责并报告工作。上级经审会对下级经审会进行业务指导和监督考核。经审会定期向同级工会党组织报告审计工作。

(三) 经费审查委员会的组成

经费审查委员会委员由政治素质高、业务能力强、具有相关专业知识的工会干部和会员担任并经民主选举产生。县级以上工会经审会委员人数不少于同级工会委员会委员人数的20%，最低不少于5人；基层工会经审会委员人数一般3至11人。经审会委员中具有审计、财会专业知识的人员不少于2/3。工会主席、分管财务和资产的副主席、工会财务人员和资产管理人员，不得担任同级工会经审会委员。

《中国工会章程》第13条中规定："中华全国总工会经费审查委员会设常务委员会，省、自治区、直辖市总工会经费审查委员会和独立管理经费的全国产业工会经费审查委员会，应当设常务委员会。"

中华全国总工会经费审查委员会委员实行替补制，各级地方总工会经费审查委员会委员和独立管理经费的产业工会经费审查委员会委员，也可以实行替补制。

（四）工会经审办

《中国工会审计条例》第16条规定："全国总工会、各级地方总工会、独立管理经费的产业工会和机关工会联合会的经费审查委员会办公室（以下简称经审办），作为经审会的日常工作机构，承担工会经费审查审计监督工作。"

工会应当建设信念坚定、为民服务、业务精通、作风务实、敢于担当、清正廉洁的高素质专业化审计队伍。经审会应当加强对审计人员遵守法律法规和履行职责情况的监督，督促审计人员依法履职尽责。

工会审计人员应当具备与其从事审计业务相适应的专业知识和职业能力。

《中国工会审计条例》第19条规定："经审会根据工作需要，可以委托具有相应资质的社会中介机构对有关事项进行审计；可以聘请具有审计、财会等专业资格和职业能力的人员参与审计工作。经审会应当加强对外聘社会中介机构和人员的指导检查、监督评价和质量控制，对审计方案、审计工作底稿、审计报告等进行审核，根据审计工作完成情况，建立考评和退出机制。"

工会审计人员不得从事可能影响独立、客观履行审计职责的工作，不得参与、干预、插手被审计单位及其相关单位的经济管理活动；在办理审计事项中，与被审计单位或者审计事项有利害关系的应当回避；对在履行职责中知悉的国家秘密、工作秘密、商业秘密、个人隐私和个人信息，应当予以保密，不得泄露或者向他人非法提供。

（五）工会审计职责

根据《中国工会章程》第13条中规定，经费审查委员会负责审查同级工会组织及其直属企业、事业单位的经费收支和资产管理情况，监督财经法纪的贯彻执行和工会经费的使用，并接受上级工会经费审查委员会的指导和监督。上级经费审查委员会应当对下一级工会及其直属企业、事业单位的经费收支和资产管理情况进行审查。具体来说，根据《中国工会审计条例》第21条规定，经审会对本级工会及其所属企事业单位和下一级工会的下列事项进行审计：

1.贯彻落实党和国家相关重大经济社会政策措施以及全国总工会决策部署情况；

2.与经济活动有关的发展规划、战略决策、重大措施以及年度业务计划执行情况；

3.经费预算编制和调整、预算执行、决算草案以及其他财务收支情况；

4.经费计提和拨缴情况；

5.专项资金物资的筹措、拨付、管理和使用情况；

6.资产的管理、使用和处置情况；

7.本级工会及其所属企事业单位建设项目情况；

8.本级工会及其所属企事业单位对外投资情况；

9.内部控制及风险管理情况；

10.经费使用效益和资产经营效益情况；

11.撤并时的财务清算情况；

12.工会管理和委托其他单位管理的社会捐赠资金、各类基金的收支情况；

13.其他需要审计的有关事项。

以上事项，必要时可以进行延伸审计。

七、工会女职工委员会

（一）工会女职工委员会概述

工会女职工委员会是在同级工会委员会领导下和上一级工会女职工委员会指导下的女职工组织，根据女职工的特点和意愿开展工作。

《工会法》第 11 条中规定："女职工人数较多的，可以建立工会女职工委员会，在同级工会领导下开展工作；女职工人数较少的，可以在工会委员会中设女职工委员。"《中国工会章程》第 14 条中规定："各级工会建立女职工委员会，表达和维护女职工的合法权益。"

（二）工会女职工委员会的建立

《中国工会章程》第 14 条中规定："女职工委员会由同级工会委员会提名，在充分协商的基础上组成或者选举产生，女职工委员会与工会委员会同时建立，在同级工会委员会领导下开展工作。企业工会女职工委员会是县或者县以上妇联的团体会员，通过县以上地方工会接受妇联的业务指导。"《工会女职工委员会工作条例》第 12 条规定："各级工会建立女职工委员会。女职工委员会与工会委员会同时建立。企业、事业单位、机关和其他社会组织等工会基层委员会有女会员 10 人以上的建立女职工委员会，不足 10 人的设女职工委员。基层工会女职工委员会主任、副主任与工会委员会同时报上级工会审批。"

省、自治区、直辖市、地（市、州）总工会女职工委员会，实行垂直领导的产业工会女职工委员会，大型企业、事业单位、机关和其他社会组织等工会女职工委员会应设立办公室（女职工部），负责女职工委员会的日常工作；县级、乡镇（街道）、村（社区）工会和中、小企事业单位、机关等工会女职工委员会根据工作需要设专职或兼职工作人员，也可以设立办公室（女职工部）。

女职工委员会委员由同级工会委员会提名，在充分协商的基础上产生，也可召开女职工大会或女职工代表大会选举产生。注重提高女劳动模范、一线女职工和基层工会女职工工作者在工会女职工委员会委员中的比例。县以上工会女职工委员会根据工作需要可聘请顾问若干人。

县以上工会女职工委员会常务委员会由主任 1 人、副主任若干人、常委若干人组成。

（三）工会女职工委员会的基本任务

根据《工会女职工委员会工作条例》，工会女职工委员会的基本任务如下。

1.加强思想政治引领。组织女职工认真学习习近平新时代中国特色社会主义思想，开展理想信念教育，承担团结引导女职工听党话、跟党走的政治责任。教育女职工践行社会主义核心价值观，树立自尊、自信、自立、自强精神，不断提高思想道德素质、科学文化素质、技术技能素质和身心健康素质，建设有理想、有道德、有文化、有纪律的女职工队伍。

2.按照"五位一体"总体布局和"四个全面"战略布局要求，践行新发展理念，把握为实现中华民族伟大复兴的中国梦而奋斗的工人运动时代主题，弘扬劳模精神、劳动精神、工匠精神，动员和组织广大女职工在改革发展稳定第一线建功立业。

3.依法维护女职工在政治、经济、文化、社会和家庭等方面的合法权益和特殊利益，同一切歧视、虐待、摧残、迫害女职工的行为作斗争。

4.参与有关保护女职工权益的法律、法规、规章、政策的制定和完善，监督、协助有关部门贯彻实施。代表和组织女职工依法依规参加本单位的民主管理和民主监督。参与平等协商、签订集体合同和女职工权益保护等专项集体合同工作，并参与监督执行。指导和帮助女职工与用人单位签订并履行劳动合同。参与涉及女职工特殊利益的劳动关系协调和劳动争议调解，及时反映侵害女职工权益问题，督促和参与侵权案件的调查处理。做好对女职工的关爱服务，加强对困难女职工的帮扶救助。

5.开展家庭文明建设工作，围绕尊老爱幼、男女平等、夫妻和睦、勤俭持家、邻里团结等内容，充分发挥女职工在弘扬中华民族家庭美德、树立良好家风方面的独特作用。

6.推动营造有利于女职工全面发展的社会环境，发现、培养、宣传和推荐优秀女性人才，组织开展五一巾帼奖等评选表彰。

7.会同工会有关部门和社会有关方面共同做好女职工工作。在有关方面研究决定涉及女职工利益问题时，积极提出意见建议。

8.与国际组织开展交流活动，为促进妇女事业发展作出贡献。

（四）工会女职工工作的基本原则

1.坚持党的领导。切实把党的意志和主张贯彻到工会女职工工作的全过程、各方面，牢牢把握工会女职工工作正确政治方向。

2.坚持服务大局。把握新发展阶段，贯彻新发展理念，构建新发展格局，推动高质量发展，在全面建设社会主义现代化国家新征程中充分发挥"半边天"作用。

3.坚持需求导向。坚持以职工为本，适应职工队伍深刻变化和劳动关系深刻调整，聚焦广大女职工急难愁盼问题，增强维权服务工作的针对性和实效性。

4.坚持大抓基层。树立落实到基层、落实靠基层理念，加强基层工会女职工组织建设，强化上级工会与基层工会女职工组织的联系和工作指导，使基层工会女职工组织建起来、转起来、活起来。

5.坚持改革创新。紧紧围绕保持和增强政治性、先进性、群众性，着力健全推动工会女职工工作创新发展的制度机制，激发工会女职工组织的内生动力。

6.坚持系统观念。加强统筹谋划，广泛汇聚资源，强化保障落实，努力构建全会重视、上下联动、各方支持、合力推进的工会女职工工作格局。

八、工会的派出代表机关

《中国工会章程》第12条第1款规定："县和县以上各级地方总工会委员会，根据工作需要可以派出代表机关。"第22条中规定："根据工作需要，省、自治区总工会可在地区设派出代表机关。"这些代表机关不是一级工会组织，而是上级工会派出的工会办事处或工会工作委员会。工会办事处一般是在地区设立，工会工作委员会一般由上一级工会在下一级组织设立。办事处和工作委员会都是上级工会的派出机关，按照上级工会的要求，代表上级工会行使职权、履行职责。办事处和工作委员会设主任 1 人，副主任若干人，组成领导机构。

（一）　工会的派出代表机关不是一级工会组织

《中国工会章程》第 9 条中规定"工会的各级领导机关，除它们派出的代表机关外，都由民主选举产生"。工会派出代表机关并非按照民主集中制原则建立，未设立会员大会或会员代表大会等权力机构，也不具备通过民主选举程序产生的组织机构，因此不是一级工会组织。

（二）　工会的派出代表机关依法不能取得法人资格

工会派出代表机关既然不是一级工会组织，不能归类于地方工会、产业工会和基层工会中的任何一种，也就不能依照《工会法》第 15 条的规定单独成为社会团体法人。而按照《民法典》对法人的分类，工会派出代表机关显然也不属于营利法人和非营利法人中的事业单位、基金会、社会服务机构，更不属于特别法人，因此也不能划归到这些组织类别而取得法人资格。

（三）　工会工作委员会的性质

工会工作委员会是同级地方工会的派出机构。工会工作委员会简称"工委"。工会工作委员会负责人为主任，工会工作委员会主任由干部主管部门委派，不用选举。

（四）　工会委员会与工会工作委员会的区别

工会委员会与工会工作委员会的区别主要有以下几点：一是作为一级工会委员会的领导成员必须依法经过一定的民主程序，由会员大会或者会员代表大会民主选举产生，而工会工作委员会的领导成员由上级工会指派；二是工会委员会必须向同级会员大会或者会员代表大会负责并报告工作，接受其监督，而工会工作委员会是对派出机关负责并报告工作；三是工会委员会应当依照《中国工会章程》的规定组织召开会员大会或者会员代表大会，审议和批准同级工会委员会和工会经费审查委员会的工作报告，选举新一届工会委员会和工会经费审查委员会，而工会工作委员会则不能召开会员大会或者会员代表大会。

九、乡镇（街道）工会

随着我国推进城乡统筹发展战略的实施，乡镇（街道）区域内非公有制企业、小微企业日益增多，职工队伍不断发展壮大，劳动关系更加复杂多样，组建乡镇（街道）工会组织，是最大限度地把包括农民工在内的广大职工吸引到工会组织中来的必由之路，在健全工会组织领导体制中处于十分重要的地位。

（一）乡镇（街道）工会的主要工作职责

根据 2019 年 12 月 27 日中华全国总工会办公厅发布的《关于加强乡镇（街道）工会建设的若干意见》的规定，乡镇（街道）工会在同级党（工）委和上级工会领导下，依据《中华人民共和国工会法》和《中国工会章程》独立自主地开展工作。主要工作职责是：积极推动企事业单位依法建立工会组织，广泛吸收职工入会；加强职工思想政治引领；深化劳动和技能竞赛；维护职工合法权益，指导开展集体协商、签订集体合同，健全以职工代表大会为基本形式的企事业单位民主管理制度，健全协调劳动关系机制；推动落实职工福利待遇，开展困难职工帮扶，建设职工信赖的"职工之家"。

（二）乡镇（街道）工会的组织形式

乡镇（街道）工会组织应依据《中华人民共和国工会法》和《中国工会章程》建立，不得随意撤销、合并，具备法人条件的，依法取得社会团体法人资格。

乡镇（街道）工会组织形式有工会委员会、工会联合会和总工会。

乡镇（街道）工会委员会是适应乡镇（街道）发展的需要，各地在乡镇（街道）建立的工会组织。乡镇（街道）工会委员会由会员（代表）大会选举产生。乡镇（街道）工会委员会具有地方工会和基层工会双重职能，起承上启下的作用。

乡镇（街道）工会联合会委员会是乡镇（街道）工会的重要组织形式

之一。乡镇（街道）工会联合会委员会实质上是一级区域性的基层工会联合会。《工会法》第 11 条第 2 款规定："企业职工较多的乡镇、城市街道，可以建立基层工会的联合会。"乡镇（街道）工会联合会委员会可以由会员（代表）大会选举产生，也可以按照联合制、代表制原则，由下一级工会组织民主选举的主要负责人和适当比例的有关方面代表组成。乡镇（街道）工会联合会委员会履行上级工会组织和基层工会组织的双重职能，对乡镇（街道）工会联合会下属的各个基层工会委员会而言，工会联合会是其上级工会，联合会对其行使指导、服务的职能，同时工会联合会还承担履行下属基层工会难以承担的维权服务职能。

乡镇（街道）辖区内有企业 100 家以上、职工 5000 人以上，能够配备专职工会主席（副主席）和专职工作人员的，可以建立乡镇（街道）总工会，其委员会换届和选举工作参照《关于地方工会召开代表大会及组成工会委员会、经费审查委员会的若干规定》执行。乡镇（街道）总工会属一级地方工会组织，是所辖区域内基层工会组织的领导机关。乡镇（街道）总工会，接受同级党（工）委和上级工会领导，以同级党（工）委领导为主，依法独立自主地开展工作。

建立乡镇（街道）工会组织，应同时建立经费审查委员会和女职工委员会。

乡镇（街道）工会领导辖区内有隶属关系的各类基层工会组织（含区域性、行业性工会联合会）。

根据工作需要，县（市、区）总工会可以在不具备建立工会组织条件的乡镇（街道）设派出代表机关，即乡镇（街道）工会工作委员会。

（三）健全乡镇（街道）工会的制度机制

推动乡镇（街道）工会建设纳入党建带工建机制，推动建立乡镇（街道）党（工）委定期听取工会工作汇报、乡镇（街道）工会主席列席党（工）委有关会议制度，落实重大事项向乡镇（街道）党（工）委和上级工会请示报告制度。健全乡镇（街道）工会（会员）代表大会、委员（常委）会议、工作例会等制度；落实基层工会会员代表大会代表常任制，充分发挥会员代表、委员的作用。探索建立乡镇（街道）工会工作权责清单，健全工作评价制度。

（四）乡镇（街道）工会的干部配备

县级以上地方工会应与党委组织部门、编制部门协商，推动把乡镇（街道）工会干部纳入编制内统筹解决，纳入各级党委组织人事工作总体安排进行培养、使用，推动落实工会党员负责人作为同级党（工）委委员候选人提名人选制度。在推荐乡镇（街道）工会主席、副主席人选时，上级工会应积极争取工会主席按党政同级副职配备，专职副主席按中层正职配备。优化乡镇（街道）工会干部队伍结构，保持任期内相对稳定。建立乡镇（街道）总工会的，应设立专职主席（或副主席）和专职工作人员。积极推动乡镇（街道）党（工）委副书记兼任总工会主席。通过"专兼挂"等方式配强乡镇（街道）工会领导班子成员，充分发挥兼职、挂职副主席作用。

（五）建设乡镇（街道）社会化工会工作者队伍

落实《中华全国总工会 民政部 人力资源社会保障部关于加强工会社会工作专业人才队伍建设的指导意见》，巩固发展社会化工会工作者队伍，将其作为乡镇（街道）工会专职人员的重要来源。地方工会要通过争取公益性岗位、直接聘用、购买服务等方式，积极发展社会化工会工作者队伍，建立健全选聘、管理、使用等制度。职工2000人以下的乡镇（街道）工会，可配备1名社会化工会工作者；职工2000人以上的，每3000人可配备1名社会化工会工作者。社会化工会工作者可以作为区域性、行业性工会联合会主席（副主席）候选人。各级工会要加大培育工会积极分子和志愿者队伍力度，引导社会力量参与工会工作。

（六）加强乡镇（街道）工会干部培训

各级工会应高度重视乡镇（街道）工会干部培训工作。省级工会要制定培训规划，市、县级工会根据规划认真组织实施。新任乡镇（街道）工会主席、专职副主席在上岗1年内应参加上级工会组织的脱产培训，并达到合格；其他干部可通过脱产培训、以会代训、交流研讨、网上学习等多种途径，提高理论政策水平和业务工作能力，以适应岗位需求。社会化工会工作者应进行岗前培训。

（七）乡镇（街道）工会工作经费

各级工会要保障乡镇（街道）工会的工作经费，通过经费留成、上级工会补助、财政支持等方式，保障乡镇（街道）工会正常运行。全国总工会每年从对下补助经费中，安排专项资金用于乡镇（街道）工会的工作经费，专款专用。地方工会综合考虑乡镇（街道）辖区内企业、职工数量和工作实际情况，确定一定比例的经费留成，或在本级经费预算中通过转移支付、项目化管理和定额补助等方式给予一定数量的专项经费。开展各种群众性、普惠性服务项目和活动，要积极争取地方政府和社会的支持。

县以上各级工会要在年度本级经费预算中安排专项资金，解决乡镇（街道）社会化工会工作者的经费，并逐步提高其待遇。有条件的地方，上级工会可以向乡镇（街道）工会的非公职人员发放兼职补贴。

（八）严格乡镇（街道）工会财务监管

乡镇（街道）工会全部收支都要纳入预算管理，按照上级工会的要求编制年度收支预算和决算，严格按照工会财务管理规定所确定的范围使用工会经费，确保工会经费用于服务工会工作和用在职工身上，让工会经费真正惠及职工群众和工会会员。具有社会团体法人资格的乡镇（街道）工会，应按规定开设独立的银行账户，实行财务独立核算；不具备开设独立银行账户或不具备独立核算条件的乡镇（街道）工会，其经费由所在县（市、区）总工会代管。有条件的乡镇（街道）工会可以建立会计核算中心，对所辖小型企业工会实行集中核算，分户管理。乡镇（街道）工会应严格执行工会财务管理的相关规定，强化内部会计监督，实行工会委员会集体领导下的主席负责制，重大收支集体研究决定。强化工会经费的审查监督。

（九）建好乡镇（街道）工会服务阵地

各级工会要推动乡镇政府、街道办事处帮助解决乡镇（街道）工会办公和会员职工开展活动所必要的场所和设施等。按照"会、站、家"一体化的要求，统筹建好、用好、管好职工服务和活动阵地。乡镇（街道）工会可单独建设服务阵地，也可与党政机构、其他群团组织、辖区内机关、事业单位、企业等共建共享阵地，实现资源有效配置。积极推进"互联网+"工会普惠性服务，建设线上线下融合的区域服务职工平台。引导社会组织为职工提供专业化服务，延伸工作手臂，提升服务质量。

（十）加强乡镇（街道）工会组织领导

各级工会要提高政治站位，引导乡镇（街道）工会积极参与加强和创新基层社会治理。将乡镇（街道）工会建设作为夯实基层基础的重点，列入重要议事日程，加大资金和力量投入，及时研究解决乡镇（街道）工会建设中的重要问题。加强分类指导，引导乡镇（街道）工会按照"六好"标准因地制宜开展工作，不断提升工作水平。鼓励和支持乡镇（街道）工会探索创新，及时总结推广典型经验。加强舆论宣传，为乡镇（街道）工会工作营造良好氛围。

十、区域性、行业性工会联合会

（一）什么是区域性、行业性工会联合会

区域性、行业性工会联合会是基层工会的一种组织形式，是由若干个单位在各自成立基层工会组织（基层工会委员会、联合基层工会委员会或基层工会联合会）的基础上，在一定的区域或行业范围内，按照联合制、代表制原则建立的区域性、行业性的基层工会的联合体。

区域性、行业性工会联合会是近年来各级工会在扩大组织覆盖、扩大工作覆盖探索实践中形成的一种有效形式。实践证明，加强区域性、行业性工会联合会建设，对于基层工会组织围绕中心服务大局、促进区域、行业经济持续健康发展，参与基层社会治理、积极发挥作用，加强维权服务、构建和谐劳动关系，树立以职工为中心的工作导向、夯实工会基层基础，确保职工队伍和工会组织团结统一具有重要意义。为进一步加强和规范区域性、行业性工会联合会建设，充分发挥区域性、行业性工会联合会作用，深入推进新时代工会工作创新发展，中华全国总工会办公厅于2020年1月发布了《中华全国总工会关于加强和规范区域性、行业性工会联合

会建设的意见》，对区域性、行业性工会联合会的建立、职责任务、工作保障等作了明确规定。

　　加强和规范区域性、行业性工会联合会建设，要深入学习贯彻习近平总书记关于工人阶级和工会工作的重要论述特别是关于加强工会基层组织建设的重要指示精神，聚焦保持和增强政治性、先进性、群众性，坚持正确政治方向，在党组织领导、政府支持下，通过党建带工建等机制方法有序有力推进。坚持依法依规，做到依法建会、依法管会、依法履职、依法维权，健全完善制度，严格落实制度；坚持产业和地方相结合的工会组织领导原则，着眼组织健全、职责明确、关系顺畅的目标，推动形成自下而上、工作贯通、覆盖不同所有制企业和相关社会组织的组织体系；坚持从实际出发，积极稳妥推进，立足区域、行业所辖基层单位的分布、数量以及职工人数等实际，按照规模适度、便于管理、科学合理的原则进行组建，并确定覆盖范围。

　　（二）区域性、行业性工会联合会的建立

　　1.区域性、行业性工会联合会一般建立在县（市、区、旗）及以下范围内。城市工会可根据本地区域、行业发展情况，从实际出发，探索在市级建立行业性工会联合会。

　　2.建立区域性、行业性工会联合会，必须坚持在同级党组织和上一级工会的领导下进行。上一级工会及时有效跟踪指导服务，严把组建前置环节，严格规范组建程序，积极稳妥推进组建工作。在广泛征求各方面意见特别是覆盖单位意见、进行充分酝酿协商的基础上，经同级党组织同意并报上一级工会批准后成立工会筹备组。筹备组依法依规做好筹备工作。未建立党组织的，在上一级工会领导下进行。

　　3.区域性、行业性工会联合会委员会按照联合制、代表制的原则建立。坚持广泛性和代表性，委员由本区域或行业内所覆盖基层工会的主席和适当比例的有关方面代表等组成，所覆盖基层工会数量较多的，区域性、行业性工会联合会委员会委员可以由所覆盖基层工会主席民主推选代表担任；根据工作需要，可吸收政府有关部门代表参加。

　　4.区域性、行业性工会联合会委员会的产生适用《工会基层组织选举工作条例》《基层工会会员代表大会条例》等规定。担任区域性、行业性工会联合会主席、副主席职务，必须履行民主程序。区域性、行业性工会联合会主席、副主席可以由全体委员选举产生，也可以由区域性、行业性工会联合会所覆盖基层工会联合组成会员（代表）大会选举产生。区域、行业内的基层单位行政主要负责人不得作为区域性、行业性工会联合会委员会委员人选，行业协会（商会）会长、副会长等不得担任区域性、行业性工会联合会主席、副主席。上级工会派出的工会干部、社会化工会工作者或者区域、行业龙头骨干企业工会主席、社区工作者等可以作为区域性、行业性工会联合会主席、副主席人选。区域性、行业性工会联合会主席、副主席可以专职，也可以兼职，其任期与区域性、行业性工会联合会委员会相同。

5.区域性、行业性工会联合会委员会委员实行替补、增补制。区域性、行业性工会联合会委员会委员，当其不再担任原工会组织的主要负责人时，其委员职务由其原单位工会新当选的主要负责人经履行民主程序后予以替补。新覆盖基层工会的主要负责人，经履行民主程序，可以增补为区域性、行业性工会联合会委员会委员。

6.区域性、行业性工会联合会可结合区域、行业实际，制定工会联合会组织办法等。区域性、行业性工会联合会委员会每届任期 3 年至 5 年，任期届满应按时换届。特殊情况需提前或延期换届的，应报上一级工会批准。

7.建立区域性、行业性工会联合会，原则上所覆盖基层工会的组织领导关系、经费拨缴关系和会员会籍关系保持不变。确需调整的，须经县级以上地方工会批准。

8.区域性、行业性工会联合会所覆盖区域、行业内的基层单位，应当分别单独建立基层工会组织（基层工会委员会、联合基层工会委员会或基层工会联合会）。

9.区域性、行业性工会联合会的名称应根据区域、行业、单位等情况确定，一般为"××（行政区划名称）+××（区域或行业名称）+工会联合会"，不能以职业名称或基层工会名称等作为区域性、行业性工会联合会的名称。

10.具备条件的区域性、行业性工会联合会，要在上级工会的指导下，及时登记，取得社团法人资格，开设独立工会经费账户。

11.独立管理经费的区域性、行业性工会联合会，应同时成立工会经费审查委员会。区域性、行业性工会联合会所覆盖基层工会女职工较多的，建立女职工委员会，在工会联合会委员会领导下开展工作。

12.建立区域性、行业性工会联合会的，应采取有效措施，逐步实现对区域、行业内的基层工会以及不具备单独建会条件的小微企业和零散就业人员全覆盖。实际履行联合会职能但不规范的，应在上级工会指导下，按照联合制、代表制原则，逐步规范为工会联合会。

（三）区域性、行业性工会联合会的主要职责任务

根据《中华全国总工会关于加强和规范区域性、行业性工会联合会建设的意见》，区域性、行业性工会联合会的主要职责任务如下。

1.加强对职工的思想政治引领，承担团结引导职工群众听党话、跟党走的政治责任，推动习近平新时代中国特色社会主义思想进社区、进企业、进车间，深化理想信念教育，教育职工践行社会主义核心价值观，恪守社会公德、职业道德、家庭美德、个人品德，遵守劳动纪律。

2.在同级党组织和上级工会的领导下，推动和指导区域、行业内基层单位的工会组建、发展会员等工作，夯实工会基层基础。承担本区域、行业职工代表大会工作机构的职责。

3.大力弘扬劳模精神、劳动精神、工匠精神，组织开展具有区域特点、行业特色的劳动和技能竞赛、经济技术创新等活动，建设知识型、技能型、创新型的高素质职工队伍。

4.代表和组织职工依照法律规定，通过职工代表大会或其他形式参与本区域、行业民主管理和民主监督。调查研究和反映本区域、行业中涉及职工切身利益的重大问题。

5.参与制订本区域、本行业涉及劳动和职工权益的政策、标准等。积

极推进区域、行业集体协商，推动建立区域、行业集体合同制度。

6.参与协调劳动关系和调解劳动争议，协商解决涉及职工切身利益问题，为所覆盖区域、行业的基层工会和职工提供法律服务和法律援助。

7.突出行业特色、区域特点、职工需求，强化服务意识、健全服务体系、建立服务机制，精准化、精细化开展服务工作。

（四）区域性、行业性工会联合会的工作保障

根据《中华全国总工会关于加强和规范区域性、行业性工会联合会建设的意见》的规定，区域性、行业性工会联合会的工作保障主要包括如下。

1.加强区域性、行业性工会联合会工作经费保障，建立区域性、行业性工会联合会建设专项经费，并列入本级工会年度预算，保障工会联合会正常运转。各地工会结合实际，可建立项目补贴办法，实行一事一补。区域性、行业性工会联合会可以争取行政支持，也可在所覆盖基层工会自愿的基础上，由基层工会按照一定比例承担部分工作经费。上级工会要加强对区域性、行业性工会联合会经费使用的指导监督。区域性、行业性工会联合会的经费要做到专款专用。

2.加强区域性、行业性工会联合会办公场地、活动场所、服务阵地建设，根据《基层工会经费收支管理办法》等有关规定，争取多方面、多渠道为区域性、行业性工会联合会办公和开展活动提供必要的设施和活动场所等。

3.各地工会可结合实际，建立区域性、行业性工会联合会工会干部日常性工作补贴制度，对非国家工作人员担任的工会主席、副主席及其他工会干部，可给予适当的工作补贴。

（五）加强对区域性、行业性工会联合会建设的领导

1.充分认识加强和规范区域性、行业性工会联合会建设的紧迫性和必要性，把加强对区域性、行业性工会联合会建设摆上重要位置，加强统筹协调、形成工作合力，解决好区域性、行业性工会联合会规范和建设中遇到的矛盾和困难，为区域性、行业性工会联合会作用发挥创造有利条件、

提供有力保障，努力把工会联合会建设成深受职工群众信赖的学习型、服务型、创新型职工之家，工会干部努力成为职工群众信赖的娘家人、贴心人。

2.积极探索符合区域性、行业性工会联合会特点的工会干部管理使用方式，拓宽来源渠道，采取专职、兼职、挂职相结合的方式，配备区域性、行业性工会联合会干部。加强教育培训，切实提高工会干部适应岗位需要的能力素质。

3.加强分类指导，注重对已建立的区域性、行业性工会联合会加强规范，立足区域、行业实际，适应职工需求，指导区域性、行业性工会联合会突出工作重点，发挥优势作用；加强调查研究，及时总结推广好典型、好经验，发挥示范引领作用；加强监督检查，严格考核考评，坚持问题导向，督促整改解决，不断提升区域性、行业性工会联合会整体建设水平。

思考题

1.如何理解工会的组织原则？

2.中国工会全国代表大会的职权是什么？

3.工会地方各级代表大会的职权是什么？

4.地方总工会的任务是什么？

5.产业工会的领导体制、职责定位、工作重点是什么？

6.基层工会委员会的任务有哪些？

7.工会经费审查委员如何建立？如何组成？

8.工会经费审查委员会对哪些事项进行审查？

9.工会女职工委员会的基本任务是什么？

10.乡镇（街道）工会的主要工作职责是什么？其组织形式有哪些？

11.区域性、行业性工会联合会怎样建立？

12.区域性、行业性工会联合会的主要职责任务是什么？

案例1

重庆九龙坡区总工会：多措并举推动工会组织建设取得实效

2023年3月9日　　来源：中工网《工人日报》

重庆市九龙坡区总工会以"县级工会加强年"为契机，重心下沉、服务前移，推进工会组织建设，夯实工会基层基础。去年全年新建工会组织81个，新增工会会员3577人。

扩大组织覆盖。以非公经济组织和社会组织建会工作为重点，通过落实责任压苴建、党建引领推动建、干部蹲点帮带建等举措，新建工会组织81个，新增工会会员3577人。全区现有工会组织1582个，工会会员12.4万余人，工会组织数和会员人数居全市前列。

强化阵地建设。优化"工会户外劳动者服务站点"，投入67万元打造49个站点，新增全国"最美工会户外劳动者服务站点"1个。联合区城市管理局建成10个"劳动者港湾"示范点。高品质高标准打造二郎片区户外劳动者服务圈。投入99万元，按照"六有""五家""四化"新模式推进职工之家规范化建设，新增市级模范职工之家3家、职工小家1家；区级先进职工之家6家、职工小家4家。

关注重点群体。按照"企业重点建、行业覆盖建、社区兜底建"模式，重点关注新就业形态劳动者群体，开展了新就业形态劳动者入会试点3个，投入专项资金20万元，发放建会入会宣传书籍手册2万余份、宣传品3500余份，吸纳外卖送餐员、快递员、网约车司机等灵活就业人员800余人入会，参加专属职工互助保障400余人。

激发基层干部活力。在全市率先推行非公企业工会主席工作补贴制度，为符合条件的21家非公企业工会主席发放工作津贴共计4.92万元。修订完善全区社会化工会工作者管理办法，调增工作补助标准6000元/人/年，在各镇、街道、园区（商圈）选聘社会化工会工作者共21名。根据基层工会干部不同的角色开设各种线上线下特色培训班，参培人次达2700余人次。（记者李国　通讯员王孝强）

📖 案例2

江西九江市柴桑区总工会着力增强基层工会活力

2023年2月20日　　来源：工人日报客户端

自"县级工会加强年"专项工作在江西省九江市柴桑区开展以来，该县总工会根据省、市总工会有关部署要求，聚焦阵地建设、工会组织覆盖等方面，多措并举扎实推动专项工作走实走深。

在阵地建设方面，该区总工会开展"职工之家"建设，以"党工共建"的理念，坚持完善"职工之家"的功能空间，创新"职工之家"的服务模式，增强"职工之家"的凝聚特性，让职工群众切实感受到工会组织的关怀与温暖。

据统计，该区总工会去年向基层工会累计投入33万余元，对辖区"职工之家"进行升级改造，并且推进"爱心驿站"建设，通过辖区化建设、公共区域覆盖和特色服务，积极引入爱心企业、单位等社会力量，提升"爱心驿站"服务能力。

该区总工会聚焦"组建攻坚"积极推动工会组织覆盖面。加强对未建工会小微企业的摸底、排查、督促、指导力度，以党政支持、部门配合、区域联动、反向制约等为抓手，做到建会与经费返还工作相结合。组织好组宣部干部入户开展工作，动态梳理已建会企业、待入会企业、倒闭企业，针对企业规模和建会形式的差异化，"一对一"解读好、宣传好建会入会政策，提高工会组建实效。目前，全区所有乡镇和社区均已建立工会组织，真正实现"哪里有职工，哪里就有工会组织"。

此外，联合区直机关工委组建羽毛球、乒乓球、足球、瑜伽等十个文体活动兴趣班开展多场文体活动，通过一系列的比赛和培训，增强工会组织的凝聚力、向心力，提升职工群众的获得感、幸福感和安全感。（记者王晓颖　通讯员周楠）

案例 3

新乡市牧野区总工会：夯实基层基础　创新焕发活力

2023 年 2 月 21 日　　来源：中工网

自"县级工会加强年"专项工作启动以来，新乡市牧野区总工会根据省总、市总关于"县级工会加强年"专项工作的部署要求，紧扣"政治引领强、组织功能强、服务阵地强、制度机制强、作用发挥强"五大目标，深入调查研究，推动资源下沉，夯实基层基础，真正使基层工会建起来、转起来、活起来、强起来，把县级工会这个"桥头堡"建设得更加充满活力、更加坚强有力。

坚持党建带工建，完善工会向党委定期汇报制度，成立牧野区非公企业和社会组织工作委员会，明确各成员单位职责，配备专职人员，强化对非公有制经济组织党建工作的统一领导和管理。同时，根据非公企业的党员人数、行业相近、地域相邻等实际情况，按照"一企一策"要求和属地管理的原则，优化组织设置，全面推进组建工作。目前，全区共建立 61 个党组织覆盖 92 家企业，对于其他无党员的非公企业选派党建指导员完成全覆盖。

在推进产业工人队伍建设改革工作中，新乡市牧野区成立 24 个相关部门为成员单位的协调小组，坚持把加强思想政治引领作为首要任务，引领广大产业工人坚定不移听党话、感党恩、跟党走；紧扣工运时代主题，积极开展建功立业活动，组织全区 3 项重点工程建设、9 家绿色发展企业、全区企事业单位职工开展"安康杯"等竞赛活动；加强职业教育和技能培训，推动技能体系持续创新发展，产业工人技术技能水平显著提升。目前，已完成培训 502 人，新增技能人才认证 118 人、高技能人才认证 188 人，超额完成市定目标任务。

"县级工会加强年"专项活动开展以来，牧野区总工会加快智慧工会建设，完善"互联网+"服务模式，开展具有工会特色的线上普惠性活动，为广大职工群众提供个性化、精准化、专业化的服务。

目前，全区共建有基层工会组织 1566 家，有工会会员 34720 人、产业工人5万余人。牧野区总工会成立了3个区域性、行业性工会联合会，分别是新乡市牧野区新业态工会联合会工作委员会、新乡市牧野区养老服务行业工会联合会和新乡市牧野区民办教育行业工会联合会，吸纳会员1056名，行业工会依托局机关成立，能够很好地服务职工群众，效果明显。

（据河南工人日报消息　河南工人日报记者　王静）

第三章　基层工会组织建设

第一节　基层工会概述

一、基层工会概述

（一）基层工会

基层工会是根据《工会法》和《中国工会章程》的规定，经上级工会批准，在企业、事业单位、机关、社会组织以及社区和行政村建立的工会组织。基层工会是工会组织体系中重要的组成部分和最基本的组织单位，是工会的组织基础和工作基础。基层工会直接联系和服务职工群众，是工会全部工作的基础，是落实工会各项工作的组织者、推动者和实践者。加强基层工会建设，是巩固党执政的阶级基础和群众基础的必然要求，是动员广大职工积极投身改革、实现中国梦的迫切需要，是服务职工、维护职工合法权益、构建和谐劳动关系的重要保障，是加强工会自身建设、增强工会组织活力、推进国家治理体系和治理能力现代化的客观需要。

（二）基层工会组织的形式

基层工会组织的形式主要有以下几种：

1.基层工会委员会，一般是指企业、事业单位、机关、社会组织有会员25人以上，经上一级工会批准，会员大会或者会员代表大会选举产生的工会组织；

2.基层工会联合委员会，是指由企业、事业单位、机关、社会组织，在各自成立基层工会组织并民主选举产生本单位工会委员会的基础上，在一定的区域或行业范围内，按联合制、代表制原则，建立的区域或行业性基层工会组织；

3.联合基层工会委员会，一般是指两个以上单位由于各自会员人数少，不能单独建立基层工会委员会，而就近按地域或行业联合建立的基层工会委员会。

近年来，一些地方积极推进工会组织形式的创新，探索建立了楼宇工会、市场工会、施工项目工会、社区工会、一条街工会等新的基层工会组织形式。

二、加强基层工会建设的重要意义

基层工会是工会组织的细胞，是我国工会组织体系重要的组成部分。基层工会离职工最近，联系职工最直接，服务职工最具体，是工会工作的基础和关键，是落实工会各项工作的组织者、推动者和实践者。只有把基层工会真正做实做强，把工作落实到基层，把工作做到职工群众之中，工会才能切实履行法定职责，真正发挥作用、体现价值。

加强基层工会建设，是巩固党执政的阶级基础和群众基础的必然要求；是动员广大职工积极投身社会主义现代化建设，实现中华民族伟大复兴中国梦的迫切需要；是维护职工合法权益、竭诚服务职工群众，构建和谐劳动关系的重要保障；是深化工会改革创新，加强工会自身建设，增强工会政治性、先进性、群众性，推进国家治理体系和治理能力现代化的客观需要。

工会要从巩固党执政的阶级基础和群众基础的高度出发，牢固树立落实到基层、落实靠基层理念，推动工会改革向基层延伸，着力夯实基层基础；要始终坚持正确方向，不断创新工作方法，着力扩大覆盖面、增强代表性，着力强化服务意识、提高维权能力，着力加强队伍建设、提升保障水平，切实增强基层工会组织活力。

三、努力建设"六有"工会

根据《中华全国总工会关于新形势下加强基层工会建设的意见》，要坚持从工会组织的性质和特点出发，努力建设"六有"工会：一是有依法选举的工会主席，建设心系职工、善于维权、开拓进取的骨干队伍；二是有独立健全的组织机构，完善工会委员会、经费审查委员会、女职工委员会等组织；三是有服务职工的活动载体，满足职工的多样化需求；四是有健全完善的制度机制，实现工会工作的群众化、民主化、制度化、法治化；五是有自主管理的工会经费，真正用于服务职工和工会活动；六是有会员满意的工作绩效，切实让职工群众感受到工会是"职工之家"。"六有"目标的内容是相互联系的，其核心是工会主席和工会干部，基础是组织机构，抓手是活动载体，保障是制度机制，关键是经费保障，标准是职工满意。

第二节　基层工会组织建设

一、建立基层工会应遵循的原则

（一）坚持党的领导的原则

工会是中国共产党领导的职工自愿结合的工人阶级群众组织。工会工作是党的群团工作、群众工作的重要组成部分。建立基层工会组织是党的群众工作的重要内容，是与党建工作紧密联系的，必须在党的领导下进行。只有坚持党的领导，坚持党建带工建的原则，才能保证基层工会组建工作的正确方向，才能保证基层工会组建工作的顺利开展。

（二）坚持哪里有职工哪里就要建立工会组织的原则

根据《工会法》规定，在中国境内的企业、事业单位、机关、社会组织中以工资收入为主要生活来源的劳动者，不分民族、种族、性别、职业、宗教信仰、教育程度，都有依法参加和组织工会的权利。任何组织和个人不得阻挠和限制。不论用人单位所有制性质如何、规模大小、职工人数多少，只要开业投产、开始从事业务活动就要依法建立工会组织；不管职工在用人单位工作时间长短、身份如何，都有加入工会的资格，都应及时把他们吸收到工会组织中来。要认真落实"组织起来、切实维权"的工会工作方针，坚持哪里有职工哪里就要建立工会的原则，不断提高工会组建率和职工入会率，切实维护和保障广大职工参加和组织工会的权利。

（三）坚持依法建会的原则

依法建会是推进工会组建的基本原则。要严格按照《工会法》和《中国工会章程》的有关规定，依法建立基层工会组织，不断提高职工入会率和建会质量。未按照《工会法》《中国工会章程》的规定成立的组织，不得称为工会组织。只有依法建立的工会，才能受到法律的保护。

（四）坚持依靠职工群众组建工会的原则

群众路线是工会工作的生命线和根本工作路线。建立基层工会组织，必须牢固树立群众观念，坚持开门办会，依靠职工群众组建工会，不得依靠某种行政指令。基层工会组建过程中，要加强对职工群众的宣传教育，提高他们的工会意识、法律意识和依法维护自身政治权益的意识，只有在职工自愿基础上建立的工会，才能发挥工会应有的作用。上级工会有支持和指导帮助职工组建工会的权利和责任，但只能是支持、帮助而绝不是包办、代替。还要进一步推进会务公开，切实保障职工的知情权，使职工群众共同参与、共同协商、共同决策、共同管理工会事务。

（五）坚持报上一级工会批准的原则

《工会法》第 12 条第 1 款规定："基层工会、地方各级总工会、全国或者地方产业工会组织的建立，必须报上一级工会批准。"按照《中国工会章程》的有关规定，组建基层工会以及各级工会委员会的选举结果必须报上一级工会批准。选举结果经上一级工会批准以后才能够宣布工会组织正式成立。

二、建立基层工会的条件

《工会法》第 11 条中规定："用人单位有会员 25 人以上的，应当建立基层工会委员会；不足 25 人的，可以单独建立基层工会委员会，也可以由两个以上单位的会员联合建立基层工会委员会，也可以选举组织员 1 人，组织会员开展活动。"《中国工会章程》第 25 条规定："企业、事业单位、机关、社会组织等基层单位，应当依法建立工会组织。社区和行政村可以建立工会组织。从实际出发，建立区域性、行业性工会联合会，推进新经济组织、新社会组织工会组织建设。有会员25人以上的，应当成立基层工会委员会；不足25人的，可以单独建立基层工会委员会，也可以由两个以上单位的会员联合建立基层工会委员会，也可以选举组织员或者工会主席1人，主持基层工会工作。基层工会委员会有女会员10人以上的建立女职工委员会，不足10人的设女职工委员。"这一款明确规定了基层工会委员会设立的条件。为了解决一些用人单位工会组建困难的问题，加快工会组建步伐，《工会法》对基层工会委员会设立的条件作了较宽泛的规定，即有工会会员25人以上的用人单位，应当建立基层工会委员会；不足25人的可以单独建立基层工会委员会，也可以由两个以上单位的会员联合组建基层工会委员会，还可以依选举组织员1人，组织会员开展活动。即工会会员不足25人的基层单位，在建立工会组织时可以有多种选择，既可以单独建立基层工会委员会，也可以由几个单位会员联合组建基层工会委员会，还可以选举组织员1人，组织会员开展活动。在实践中，一般有会员10人以上的，就可以单独建立基层工会委员会，不足10人的可考虑由两个以上用人单位的会员联合建立基层工会委员会。用人单位职工人数较少，确实难以建立基层工会委员会，而又未与其他单位联合建立工会委员会的，可以选举组织员1人，由其组织会员开展工会活动。

这里需要注意联合基层工会委员会与基层工会联合委员会的区别。联合基层工会委员会一般是指两个以上单位由于各自会员人数少，不足25人，不能单独建立基层工会委员会，而就近按地域或行业联合建立的基层工会委员会。而基层工会联合委员会是指由若干个用人单位，在各自成立基层工会组织并民主选举产生本单位工会委员会的基础上，在一定的区域或行业范围内，按联合制、代表制原则，建立的区域或行业性基层工会组织。

近年来，各地工会积极推进工会组织形式的创新，探索行业性、区域性、商务楼宇型、商圈市场型等工会组建形式，以便把大量分散、流动的职工特别是农民工组织到工会中来，为维护职工群众合法权益提供组织保证。

基层工会委员会的委员，应当在会员或者会员代表充分酝酿协商的基础上选举产生；主席、副主席，可以由会员大会或者会员代表大会直接选举产生，也可以由基层工会委员会选举产生。大型企业、事业单位、社会组织的工会委员会，根据工作需要，经上级工会委员会批准，可以设立常务委员会。基层工会委员会、常务委员会和主席、副主席以及经费审查委员会的选举结果，报上一级工会批准。

基层工会委员会根据工作需要，可以在分厂、车间（科室）建立分厂、车间（科室）工会委员会。分厂、车间（科室）工会委员会由分厂、车间（科室）会员大会或者会员代表大会选举产生，任期和基层工会委员会相同。分厂、车间（科室）工会委员会在基层工会委员会领导下开展工作。基层工会委员会和分厂、车间（科室）委员会，可以根据需要设若干专门委员会或者专门小组。按照生产（行政）班组建立工会小组，民主选举工会小组长，积极开展工会小组活动。

三、建立基层工会的基本程序

（一）提出建会申请，成立建会筹备组

建立基层工会，必须报请同级党组织同意。党组织同意后，向上一级工会以书面形式提出建立工会组织的请示报告。在报告中应说明以下几项内容：（1）本基层单位的基本情况（企业成立时间、性质、职工人数、注册资本、流动资本、生产经营项目、党政领导人员的配备等）；（2）所在单位的职工人数；（3）职工群众对于组建工会的意愿。申请落款应当写单位全称，加盖单位党组织印章；未建立党组织，不能盖章的，或拟建立联合基层工会的，可以由牵头建立工会筹备组的所在地方党组织或者工会组织或其上一级工会组织予以盖章。

上一级工会对建立工会请示报告批复后，应立即成立建会筹备组，在同级党组织领导和上级工会组织指导下，选派公道正派、热心工会工作、在职工群众中有一定威信、工作能力强、符合工会干部条件的人员组成工

会筹备组。根据基层单位职工数量、集中程度，一般由3—7人组成，规模较大、职工人数较多和工作场所较分散的，可以适当增加筹备组人数。根据各地实践情况，基层单位党组织健全的，由党组织牵头建立工会筹备组。基层单位未建立党组织的，可以由该单位所在地方的党组织或工会组织，或者其上一级工会组织牵头建立工会筹备组。

对于规模小、职工人数较少的基层单位，可以由两个或者两个以上单位共同建立联合工会组织，其工会筹备组由联合建立工会单位的职工（会员）协商产生，也可以由所在地党组织或工会组织与联合建立工会单位的职工（会员）协商产生。

工会筹备组具体负责建会筹备期间的工作，在工会委员会选举产生之前暂时代行工会委员会职责。筹备组成员原来不是会员的，应先向上级工会申请入会，办理入会手续。工会筹备组经上一级工会审查同意后，即可开展工会组织的筹建工作。其主要任务包括：做好组建工会的宣传发动工作、发展工会会员（包括转入已是会员的会籍、恢复会籍）、建立工会小组或工会分会并选举会员代表、组织工会委员会和经费审查委员会委员候选人推荐以及大会筹备工作等。

（二）发展工会会员，建立工会小组

工会筹备组成立以后，首先要认真学习《工会法》和《中国工会章程》以及有关法律法规和工会知识，向职工群众广泛宣传工会组织的性质、职能、作用、任务以及工会会员的权利、义务，使职工进一步了解和熟悉工会组织，提高职工群众对工会组织的认识，增强工会意识，营造一个组建工会的良好氛围。在此基础上，做好发展会员工作，具体程序如下。对在原工作单位已经加入工会组织的，应恢复其关系，认真细致地做好会员登记、会员证核查、会员关系转接等工作。没有加入工会组织的职工，由个人口头或者书面提出加入工会组织的申请，并填写《中华全国总工会入会申请书》和《工会会员登记表》。按照规定，经上级工会批准建立的工会筹备组可代行发展新会员的职权，待工会委员会正式选举产生后完备入会手续。因此，在严格把握入会条件和自愿入会的前提下，入会方式要方便职工，简单快捷，灵活机动。在此基础上，应做好单位内已有会

员情况的统计，登记造册。工会筹备组应当采取多种形式公布会员名单。

发展会员后，可根据本单位会员人数的多少和分布情况，以行政班组或者科室为单位建立工会小组。人数较多的，在车间或者部门可以建立分工会组织，并按照有关规定，民主选举产生工会小组长或分工会委员会委员及主席、副主席，在工会筹备组的领导下开展建会相关工作，其任职期限待基层工会委员会正式成立后确认。

（三）召开会员大会或者会员代表大会，进行民主选举

《工会法》第 10 条中规定："各级工会委员会由会员大会或者会员代表大会民主选举产生。"《中国工会章程》第 10 条中规定："工会各级代表大会的代表和委员会的产生，要充分体现选举人的意志。"在各项筹备工作基本就绪后，工会筹备组应积极准备召开基层工会会员大会或者会员代表大会。经同级党组织和上一级工会批准后，召开会员大会或者会员代表大会，按照民主程序选举产生首届工会委员会、经费审查委员会和女职工委员会，选举工会主席、副主席，经费审查委员会主任、副主任，女职工委员会主任、副主任。

（四）履行报批手续

工会会员大会或者会员代表大会召开后，对整个大会召开情况和选举产生的基层工会主席、副主席以及经费审查委员会和女职工委员会主任、副主任名单，工会各工作委员会分工情况等，应及时向上一级工会报告。在向上一级工会报告的同时，要向同级党组织报告，没有建立党组织的单位，只向上一级工会报告。

（五）公布工会成立

工会组建完成后，应向单位全体工会会员和全体职工正式公布本单位工会的成立，并公布工会主席、副主席以及经费审查委员会和女职工委员会的主任、副主任名单，工会各工作委员会的组成和分工等情况。

（六）刻制印章、制作标牌

基层工会组织建立后，应及时从上一级工会开具该单位建立工会组织的介绍信，到单位所在地公安部门登记，刻制工会印章，到银行申请建立

工会经费账号。工会正式建立时，要挂工会标牌。

第三节　基层工会会员大会或会员代表大会

一、基层工会会员大会或会员代表大会概述

《工会法》第 17 条规定："基层工会委员会定期召开会员大会或者会员代表大会，讨论决定工会工作的重大问题。经基层工会委员会或者 1/3 以上的工会会员提议，可以临时召开会员大会或者会员代表大会。"《中国工会章程》第 26 条中规定："基层工会会员大会或者会员代表大会，每年至少召开 1 次。经基层工会委员会或者 1/3 以上的工会会员提议，可以临时召开会员大会或者会员代表大会。工会会员在 100 人以下的基层工会应当召开会员大会。"为完善基层工会会员代表大会制度，推进基层工会民主化、规范化、法治化建设，增强基层工会政治性、先进性、群众性，激发基层工会活力，发挥基层工会作用，2019 年 1 月 15 日中华全国总工会发布了《基层工会会员代表大会条例》，对会员代表大会的组成和职权、会员代表的条件及职责、会员代表大会的召开等作了明确规定。

（一）召开会员代表大会的人数规定

《基层工会会员代表大会条例》第 3 条规定："会员不足 100 人的基层工会组织，应召开会员大会；会员 100 人以上的基层工会组织，应召开会员大会或会员代表大会。"

会员大会或会员代表大会的不同之处在于，实行会员大会制度的工会，其会员的民主权利是由全体工会会员直接行使的；实行会员代表大会制度的工会，其会员的民主权利是通过会员选出的代表来实现的。规定会员大会和会员代表大会这两种形式，主要在于基层工会会员人数和生产工

作岗位分布情况差别较大，采用一种方式行使民主权利有诸多不便。有些基层单位会员多、分布广，召开会员大会比较困难，所以就需要通过会员代表大会的方式来行使会员的民主权利。基层工会是召开会员大会还是会员代表大会，主要根据本单位会员人数多少和分布情况来定。

（二）会员大会或会员代表大会的性质

基层工会会员大会或会员代表大会是基层工会的最高领导机构，讨论决定基层工会重大事项，选举基层工会领导机构，并对其进行监督。

（三）会员大会或会员代表大会的任期

会员代表大会实行届期制，每届任期 3 年或 5 年，具体任期由会员代表大会决定。会员代表大会任期届满，应按期换届。遇有特殊情况，经上一级工会批准，可以提前或延期换届，延期时间一般不超过半年。会员代表大会每年至少召开 1 次，经基层工会委员会、1/3 以上的会员或 1/3 以上的会员代表提议，可以临时召开会员代表大会。

二、会员代表大会的代表

《中国工会章程》第 10 条规定："工会各级代表大会的代表和委员会的产生，要充分体现选举人的意志。候选人名单，要反复酝酿，充分讨论。选举采用无记名投票方式，可以直接采用候选人数多于应选人数的差额选举办法进行正式选举，也可以先采用差额选举办法进行预选，产生候选人名单，然后进行正式选举。任何组织和个人，不得以任何方式强迫选举人选举或不选举某个人。"《基层工会会员代表大会条例》第 13 条规定："会员代表应由会员民主选举产生，不得指定会员代表。劳务派遣工会员民主权利的行使，如用人单位工会与用工单位工会有约定的，依照约定执行；如没有约定或约定不明确的，在劳务派遣工会员会籍所在工会行使。"

（一）会员代表的条件

根据全国总工会颁发的《基层工会会员代表大会条例》的规定，会员代表应具备以下条件：

1.工会会员，遵守工会章程，按期缴纳会费；

2.拥护党的领导，有较强的政治觉悟；

3.在生产、工作中起骨干作用，有议事能力；

4.热爱工会工作，密切联系职工群众，热心为职工群众说话办事；

5.在职工群众中有一定的威信，受到职工群众信赖。

在实践中，各基层单位结合本单位的实际情况，经过协商，还可以提出会员代表应当具备的其他条件。

（二）会员代表的名额

根据全国总工会颁发的《基层工会会员代表大会条例》的规定，会员代表名额，按会员人数确定：

会员 100 至 200 人的，设代表 30 至 40 人；

会员 201 至 1000 人的，设代表 40 至 60 人；

会员 1001 至 5000 人的，设代表 60 至 90 人；

会员 5001 至 10000 人的，设代表 90 至 130 人；

会员 10001 至 50000 人的，设代表 130 至 180 人；

会员 50001 人以上的，设代表 180 至 240 人。

（三）会员代表的组成

基层工会会员代表大会会员代表的组成应以一线职工为主，体现广泛性和代表性。中层正职以上管理人员和领导人员一般不得超过会员代表总数的20%。女职工、青年职工、劳动模范（先进工作者）等会员代表应占一定比例。

（四）选举会员代表的程序

选举会员代表的程序一般如下。

1.代表名额的分配。由工会筹备组按照代表比例和会员构成情况，讨论确定各工会小组（车间、班组、科室）代表名额的数量。初步确定代表名额分配方案后，应当及时同各工会小组（车间、班组、科室）沟通，并向同级党组织和上一级工会组织汇报。

2.候选人提出。工会筹备组下达各工会小组会员代表名额数量后，由各工会小组长组织会员，按照代表条件讨论提出候选人名单；候选人名单应当报工会筹备组进行平衡。

3.民主选举。会员代表的选举，一般以下一级工会或工会小组为选举单位进行，两个以上会员人数较少的下一级工会或工会小组可作为一个选举单位。会员代表由选举单位会员大会选举产生。规模较大、管理层级较多的单位，会员代表可由下一级会员代表大会选举产生。选举单位按照基层工会确定的代表候选人名额和条件，组织会员讨论提出会员代表候选人，召开有2/3以上会员或会员代表参加的大会，采取无记名投票方式差额选举产生会员代表，差额率不低于15%。会员代表候选人，获得选举单位全体会员过半数赞成票时，方能当选；由下一级会员代表大会选举时，其代表候选人获得应到会代表人数过半数赞成票时，方能当选。

4.审查公布。各工会小组（车间、班组、科室）选举产生会员代表后，应当呈报基层工会委员会或工会筹备组，由基层工会委员会或工会筹备组，对会员代表人数及人员结构进行审核，并对会员代表进行资格审查。审查的内容包括：会员代表酝酿提名、选举产生的程序和方法是否符合规定；会员代表是否符合规定的条件。如发现不符合规定的，应当让原工会小组（车间、班组、科室）重新选举。符合条件的会员代表人数少于原定代表人数的，可以把剩余的名额再分配，进行补选，也可以在符合规定人数情况下减少代表名额。审查合格后，各工会小组应当张榜公布会员代表名单。

（五）会员代表的任期

会员代表实行常任制，任期与会员代表大会届期一致，会员代表可以连选连任。

（六）会员代表的职责

根据全国总工会颁发的《基层工会会员代表大会条例》的规定，会员代表的职责如下。

1.带头执行党的路线、方针、政策，自觉遵守国家法律法规和本单位的规章制度，努力完成生产、工作任务。

2.在广泛听取会员意见和建议的基础上，向会员代表大会提出提案。

3.参加会员代表大会，听取基层工会委员会和经费审查委员会的工作报告，讨论和审议代表大会的各项议题，提出审议意见和建议。

4.对基层工会委员会及代表大会各专门委员会（小组）的工作进行评议，提出批评、建议；对基层工会主席、副主席进行民主评议和民主测评，提出奖惩和任免建议。

5.保持与选举单位会员群众的密切联系，热心为会员说话办事，积极为做好工会各项工作献计献策。

6.积极宣传贯彻会员代表大会的决议精神，对工会委员会落实会员代表大会决议情况进行监督检查，团结和带动会员群众完成会员代表大会提出的各项任务。

（七）会员代表团（组）

选举单位可单独或联合组成代表团（组），推选团（组）长。团（组）长根据会员代表大会议程，组织会员代表参加大会各项活动；在会员代表大会闭会期间，按照基层工会的安排，组织会员代表开展日常工作。

基层工会讨论决定重要事项，可事先召开代表团（组）长会议征求意见，也可根据需要，邀请代表团（组）长列席会议。

（八）会员代表身份自然终止和罢免

1.会员代表身份自然终止。

有下列情形之一的，会员代表身份自然终止：

（1）在任期内工作岗位跨选举单位变动的；

（2）与用人单位解除、终止劳动（工作）关系的；

（3）停薪留职、长期病事假、内退、外派超过1年，不能履行会员代表职责的。

2.会员代表的罢免。

会员代表对选举单位会员负责，接受选举单位会员的监督。根据全国总工会颁发的《基层工会会员代表大会条例》的规定，会员代表有下列情形之一的，可以罢免：

（1）不履行会员代表职责的；

（2）严重违反劳动纪律或单位规章制度，对单位利益造成严重损害的；

（3）被依法追究刑事责任的；

（4）其他需要罢免的情形。

选举单位工会或1/3以上会员或会员代表有权提出罢免会员代表。会员或会员代表联名提出罢免的，选举单位工会应及时召开会员代表大会进行表决。

罢免会员代表，应经过选举单位全体会员过半数通过；由会员代表大会选举产生的代表，应经过会员代表大会应到会代表的过半数通过。

（九）会员代表的补选

会员代表出现缺额，原选举单位应及时补选。缺额超过会员代表总数1/4时，应在3个月内进行补选。补选会员代表应依照选举会员代表的程序，进行差额选举，差额率应按照《基层工会会员代表大会条例》第16条的规定执行。补选的会员代表应报基层工会委员会进行资格审查。

三、会员代表大会的职权

根据全国总工会颁发的《基层工会会员代表大会条例》的规定，会员代表大会的职权是以下几方面。

（一）审议和批准基层工会委员会的工作报告。

（二）审议和批准基层工会委员会经费收支预算决算情况报告、经费审查委员会工作报告。

（三）开展会员评家，评议基层工会开展工作、建设职工之家情况，评议基层工会主席、副主席履行职责情况。

根据《基层工会会员代表大会条例》第39条规定："会员代表大会应每年对基层工会开展工作、建设职工之家和工会主席、副主席履行职责等情况进行民主评议，在民主评议的基础上，以无记名投票方式进行测评，测评分为满意、基本满意、不满意3个等次。测评结果应及时公开，并书面报告同级党组织和上一级工会。基层工会主席、副主席测评办法应由会员代表大会表决通过，并报上一级工会备案。"

（四）选举和补选基层工会委员会和经费审查委员会组成人员。

（五）选举和补选出席上一级工会代表大会的代表。

（六）罢免其所选举的代表、基层工会委员会组成人员。

（七）讨论决定基层工会其他重大事项。

四、会员代表大会的召开

会员代表大会召开的基本程序和要求如下。

（一）向上一级工会组织报告

工会筹备组在征得同级党组织同意，并与行政方面进行沟通后，应向上一级工会组织提出书面报告。根据《基层工会会员代表大会条例》第31条规定，每届会员代表大会第一次会议召开前，应将会员代表大会的组织机构、会员代表的构成、会员代表大会主要议程等重要事项，向同级党组织和上一级工会书面报告。书面报告一般包括如下内容。（1）单位基本情况。包括单位成立时间和性质、机构设置、职工人数及构成、上级主管单位、经营（主管）范围、地址、法人代表等。（2）组建基层工会组织的依据。主要是法律和政策依据以及职工建会的要求；对规模小、职工人数少，拟建立联合基层工会的，要说明情况。（3）筹备工作基本情况。包括已有会员情况、建立工会小组情况、会员代表选举情况、工会委员会和经费审查委员会、女职工委员会候选人协商情况等。

上一级工会接到报告后应于15日内批复。

（二）会员代表培训

为了保障会员代表大会质量，每届会员代表大会第一次会议召开前，基层工会委员会或工会筹备组应对会员代表进行专门培训，培训内容应包括工会基本知识、会员代表大会的性质和职能、会员代表的权利和义务、大会选举办法等。

（三）会员代表大会的会务准备工作

单位工会筹备组在接到上一级工会组织的批复后，一般应在1个月内完成召开会员代表大会的会务准备工作。主要工作包括如下。

1.会议文件。包括拟提交审议的各种报告、提案、选举办法、选票等起草、印制、分发工作。

2.根据参加会议人数，准备好会议场所（包括分组讨论的会场），制作会议会标和横幅，以及会场布置。

3.为不在召开会议地居住的会议代表准备会议期间的住宿地，以及准备会议期间参加会议人员的餐饮。

4.与单位行政方协商调整参加会议代表和工作人员在会议期间的工作安排，确保会议代表和工作人员按时参加会议。

5.确定会议日常安排。

6.印制和发放会议通知，做好参加会议人员报到的准备工作。根据规定，召开会员代表大会，应提前5个工作日将会议日期、议程和提交会议讨论的事项通知会员代表。

7.印制会员代表名册和候选人情况介绍。

8.确定大会工作人员。提名选举监票人建议名单，并征求会员代表的意见。

9.会议的宣传报道准备工作。

10.邀请特邀代表和列席代表。

11.会员代表大会召开前，会员代表应充分听取会员意见建议，积极提出与会员切身利益和工会工作密切相关的提案，经基层工会委员会或工会筹备组审查后，决定是否列入大会议程。

12.完成筹备工作报告。报告的主要内容包括：（1）成立工会筹备组申请和批复情况；（2）发展会员和成立工会小组情况；（3）推荐代表大会代表情况；（4）代表资格审查情况，如代表的条件和要求、现有代表基本情况（性别、党派、男女比例、岗位比例）、工作部门分布情况、代表的代表性（比例数字）、审查情况以及结论；（5）推荐工会委员会和经费审查委员会候选人情况，以及酝酿后拟提交工会委员会提名的女职工委员会情况；（6）成立工会委员会及召开会员代表大会申请和批复情况；（7）应当出席会议的会员代表情况；（8）会议其他工作准备情况。

（四）基层工会会员代表大会议程

基层工会会员代表大会议程分为两种情况：一是新建工会组织的第一次会员代表大会；二是已建工会组织的换届会员代表大会。这两种情况，在大会议程和内容上是有差别的。

1.新建工会组织的第一次会员代表大会

大会的程序主要包括两个阶段。

（1）会员代表大会预备会议阶段

预备会议是在参会人员报到以后，正式会议召开之前举行的会议。主要是会议上有些事情需要提前告诉大家，有些事情需要统一思想，为开好正式会议做准备。《基层工会会员代表大会条例》第36条规定："每届会员代表大会第一次会议召开前，可举行预备会议，听取会议筹备情况的报告，审议通过关于会员代表资格审查情况的报告，讨论通过选举办法，通过大会议程和其他有关事项。"这一阶段主要包括以下几步。

第一步，清点到会人数。在确认到会人数达到应到会人数的2/3以上，方可开会。

召开会员代表大会时，未当选会员代表的经费审查委员会委员、女职工委员会委员应列席会议，也可以邀请有关方面的负责人或代表列席会议。可以邀请获得荣誉称号的人员、曾经作出突出贡献的人员作为特邀代表参加会议。列席人员和特邀代表仅限本次会议，可以参加分组讨论，不承担具体工作，不享有选举权、表决权。

第二步，宣布上级工会《关于对××（单位名称）召开第一次会员代表大会暨建立第一届工会委员会请示的批复》。

第三步，代表大会设立主席团的，表决通过大会主席团。同时，先行召开第一次主席团会议，然后再进行以下各项议程。

基层工会会员代表大会主席团成员的名额，可根据大会的规模和代表的总数，由召集会员代表大会的上届工会委员会或工会筹备组确定。主席团成员应是本次会员代表大会的代表，一般包括上届工会主席、副主席、常务委员会委员，经费审查委员会主任，工会筹备组成员，新提名的主席、副主席候选人，各代表团团长，先进人物代表，一线职工代表和女职工代表等。大会主席团设主席1人，副主席若干人，秘书长1人。秘书长一般由负责大会筹备工作的工会副主席担任，大会根据工作需要可以设副秘书长，副秘书长一般由负责大会筹备工作的人员担任，副秘书长可以不是主席团成员。新建立工会的，会员代表大会的主席团名额和人选可由同级党组织、工会筹备组协商确定。

大会主席团的任务包括：

①按照大会预备会议通过的议程主持大会；

②审议通过代表资格审查报告，确认代表资格；

③组织代表讨论、审议和修改大会的有关报告；

④组织代表讨论、确定新一届工会委员会委员和经费审查委员会委员候选人建议人选，如需选举出席上一级工会代表大会的代表，还应组织讨论、确定其代表候选人建议人选；

⑤主持大会选举；

⑥组织代表讨论大会的决议草案，提请大会审议通过；

⑦分别委托一名新当选的工会委员会委员和经费审查委员会委员主持本届委员会第一次全体会议；

⑧研究决定会议期间的其他重要事项。

第四步，明确工会筹备组主持大会。成立主席团的，应当明确由大会主席团主持大会。

第五步，工会筹备组负责人作大会代表资格审查结果的报告。审议通过大会代表资格审查结果的报告。

第六步，讨论通过选举办法。

第七步，通过大会议程和其他有关事项。

（2）正式大会阶段

第一步，宣布开会，唱国歌。

第二步，介绍参加大会的成员和嘉宾。

第三步，作筹备组建工会工作报告（可由筹备组负责人作报告；应安排会员代表讨论报告的时间；设立主席团的，召开第二次主席团会议）。

第四步，通过批准筹备组建工会工作报告的决议（草案）。

第五步，讨论通过《工会第一届委员会和经费审查委员会候选人建议名单》；讨论通过《总监票人和监票人建议名单》；通过工会委员会任期的决议（草案）。

第六步，大会选举（设立主席团的，召开第三次主席团会议）。

第七步，宣布选举结果。

第八步，新当选的工会主席（或者工会委员代表）讲话。

第九步，上级工会领导讲话。

第十步，本单位党政领导讲话。

第十一步，大会结束，唱国际歌。

2.已建工会组织的换届会员代表大会

已建工会组织的基层单位，一般在召开会员代表大会进行换届选举时，工作程序也包括两个阶段。

（1）会员代表大会预备会阶段

第一步，清点到会人数。确认到会人数达到应到会人数的 2/3 以上，方可开会。

第二步，宣读上级工会《关于对××（单位名称）工会委员会进行换届选举请示的批复》（或《关于对××（单位名称）工会委员会进行补选请示的批复》）。

第三步，表决通过大会主席团。同时，先行召开第一次主席团会议，然后再进行以下各项议程。

第四步，审议通过大会代表资格审查结果的报告（进行届中补选时，因为会员代表大会代表实行常任制，所以没有此项议程）。

第五步，讨论通过选举办法。

第六步，通过大会议程和日常安排及其他事项。

（2）正式大会阶段

第一步，宣布开会，唱国歌。

第二步，介绍参加大会的成员和嘉宾。

第三步，作《工会委员会工作报告》和《经费审查委员会工作报告》及《工会财务工作报告》。

第四步，会员代表分代表团或代表组讨论上述各项工作报告，提出修改意见（设立主席团的，召开第二次主席团会议）。

第五步，通过批准各项工作报告的决议（草案）。

第六步，讨论通过《工会第×届委员会和经费审查委员会候选人建议名单》；讨论通过《总监票人和监票人建议名单》；讨论通过工会委员会任期的决议（草案）。

第七步，大会选举（设立主席团的，召开第三次主席团会议）。

第八步，宣布选举结果。

第九步，新当选的工会主席（或者工会委员代表）讲话。

第十步，上级工会领导讲话。

第十一步，本单位党政领导讲话。

第十二步，大会结束，唱国际歌。

规模较大、人数众多、工作地点分散、工作时间不一致，会员代表难以集中的基层工会，可以通过电视电话会议、网络视频会议等方式召开会员代表大会。不涉及无记名投票的事项，可以通过网络进行表决，如进行无记名投票的，可在分会场设立票箱，在规定时间内统一投票、统一计票。

思考题

1.基层工会组织的形式有哪些？

2.加强基层工会组织建设的重要意义是什么？

3.建立基层工会应遵循的原则是什么？

4.建立基层工会的条件是什么？

5.建立基层工会的基本程序是什么？

6.会员大会或会员代表大会的性质是什么？其任期有什么规定？

7.会员代表大会代表的条件是什么？

8.会员代表大会的代表名额与组成是怎样规定的？

9.选举会员代表的程序有哪些？

10.会员代表的职责是什么？

11.工会会员代表大会的职权是什么？

12.简述基层工会会员代表大会的议程。

案例1

赣州市总工会多举措推进"县级工会加强年"专项工作
紧扣"五强目标"增强基层组织活力

2023年3月20日　　来源：中工网《工人日报》

江西省赣州市总工会紧扣"五强目标"，以"六大力、六过硬"为抓手，持续推进"县级工会加强年"专项工作，努力把县级工会建设得更加充满活力、更加坚强有力。

大力加强干部队伍建设，让工会干部素质过硬。在2022年招聘26名集体协商指导员的基础上，今年再公开招聘一批协理员，同时选派一批工会干部到深圳市工会系统跟班学习。开展以学习贯彻党的二十大精神为主要内容的培训活动，年内全市培训工会干部4000人。

大力推进基层工会建设，让工会组织建设过硬。在年初开展"深入走访摸实情、广泛宣传促组建"活动，组建工会96家、发展会员3.2万名的基础上，采取"广泛宣传动员建、县级工会派员督促建、领导挂点指导建、法律手段推动建"等方法，扩大工会组织覆盖面。

大力推进职工服务阵地建设，让服务功能过硬。新建工人文化宫补助从30万元提高到100万元，改扩建补助从30万元提高到50万元，推动县市区工人文化宫建设、功能提升。安排500万元奖补资金，支持县级工会加强职工活动及工会办公场所建设。

大力服务职工群众，让服务职工的品质过硬。做实"春送岗位、夏送清凉、金秋助学、冬送温暖"品牌和常态化帮扶救助工作。加大源头维权参与力度，依托"三师一室"维权机制和"法院+工会"诉调对接机制，及时化解劳动纠纷。

大力服务发展大局，让工会助力发展的作用过硬。扎实推进产业工人队伍建设改革，围绕全市"1+5+N"产业发展组织开展百场劳动竞赛。加强与深圳市总工会的合作并吸引深圳市职工来赣州市疗休养，助力经济发展。

大力推进工作创新，让工会工作质量过硬。支持县级工会为城市社区工会联合会聘请 1 名兼职工会工作者。建设"三同五互"机制，积极推进党建带工建，创新工会经费管理机制，实行资金使用项目化管理。（通讯员曹阳明 谢富兵）

📖 案例2

青岛："1+N+1"模式强基层促建会

2021年8月9日　　来源：中工网

在山东省总机关蹲点干部指导下，青岛市市北区家庭服务业工会联合会成立，17家家政服务单位、1600余名家政服务员加入工会组织。这是青岛市总工会实施"1+N+1"工作机制，大抓基层建会入会的一个缩影。

青岛市总工会实施的"1+N+1"工作模式，即建立一个平台（建会清单制平台），落实"顶格协调、结对共建、蹲点帮扶"等N项举措，建设一个共享职工之家。由于定位精准、措施得力，今年以来，青岛市基层建会入会工作势如破竹，上半年新建工会453个，发展会员4.7万余人，新时代区域共享职工之家已批准建设方案36家。

每月25日汇总区市新业态就业群体建会情况，每月点对点督导新业态就业群体建会进展，每2个月通报新业态就业群体建会目标完成情况……这是青岛市总工会在"大抓基层、大抓建会"工作会议上，对基层建会入会工作提出的要求。聚焦新发展阶段任务，青岛市总建立起建会清单制平台，项目清单制工会组建平台内容以区市总工会为单位，包括已建会清单、八大群体建会清单、25人以上企业单位未建会清单，数据一目了然，任务简洁明了，打牢了精准推进新业态就业群体建会的基础。

强基层、打基础是大抓基层大抓建会入会的内涵。今年以来，青岛市总工会将"大抓基层大抓建会入会"纳入顶格协调事项，由主要领导牵头推进协调。市总制定了三年行动计划和攻取基层组织建设山头联系点制度，组织各区市总工会领导和基层工会干部参加基层组织建设"攻山头"答辩会，形成了全市工会上下联动抓建会的良好格局。组织全市36家市级以上模范职工之家广泛开展"1+N"结对共建，实施为职工上一堂党课、落实一次技能培训、组织一次观摩活动、开展一次志愿服务为主要内容的"四个一"活动，逐步补齐了组织建设和维权服务方面的短板弱项。

为确保基层建会入会工作落实到位，青岛市总还在市、区市落实负责基层组织建设干部到八大群体等新业态单位蹲点帮扶工作，将机关蹲点帮扶机制延伸到区市总工会。西海岸新区总工会把基层工会组织建设改革向所有镇街工会延伸；市北区总工会拓展"商协会+工会"机制，发展律师、家政员等新业态群体入会 3000 余人；崂山区总工会试点公安辅警入会工作，1460 名公安辅警加入工会。

面对基层工会缺少人手的难题，青岛市总新招聘 64 名工会社会工作专业人才，全市工会社工达到 450 名。结合基层工会组织建设、民主管理制度建设等内容制定工作指引和工作指南，举办了为期 5 天的基层工会组织建设培训班，让来自基层一线的工会干部想干事、会干事。

按照涵盖"1 个主体职工之家、N 个辅助职工之家、十五分钟服务圈"模式，市总提出了三年内打造 150 个以上新时代区域共享职工之家的目标，让职工"快"享工会家服务。2021 年，全市工会列支经费 2700 余万元，拟打造 67 个区域共享职工之家，覆盖企业 2300 多家职工 34 万，职工服务阵地建设面积达 16 万平方米。（山东工会网　王克岩）

案例 3

山东省寿光市："五个强化"增强基层工会活力

2022 年 10 月 31 日　　来源：中工网

山东省潍坊寿光市总工会锚定"基层工会加强年"行动，坚持"五个强化"，主动作为、精准服务，为全市基层工会和职工群众办实事，推动了全市工会工作高质量发展。

强化政治堡垒建设，发挥思想引领作用。多形式举办征文、演讲、合唱、阅读分享会等文化赛事，成立劳模工匠组成的宣讲团和"匠筑寿光"劳模工匠技术服务队。建设工运劳模史馆，编纂《寿光市劳模影像志》。组织开展"礼赞劳动美·建功新时代"主题宣传教育系列活动 100 余场，参与职工群众 20.6 万人次。

强化组织体系建设，夯实工会工作基础。增强县级工会机构、班子、人员、场所、功能等，健全工会组织架构和主要职责。实施"大抓基层、大抓建会"攻坚行动，专题推进新就业形态劳动者建会入会工作。实施活力工会建设工程，创建全国模范职工之家 11 个、省级 12 个。公开招考 26 名社会化专业人员。实施工会干部素质提升工程，定期培训各类工会干部。

强化服务阵地建设，提升服务职工能力水平。高标准建设了 7000 平方米的工人文化宫，建有服务中心、职工书屋、工运史馆、运动馆、职工剧院等配套场所。高品质建设了包括足球、篮球、网球、乒乓球、羽毛球以及健身广场等多个场馆在内的工人体育场。打造新时代职工之家示范点 38 处，建设了 50 处工会户外劳动者驿站、36 处星级职工书屋和 50 处妈妈小屋，形成了市镇企三级联建共享、一体服务职工的格局。

强化制度机制建设，基层工会高效运转。参与菜乡暖"新"红盟，常态化开展维权暖"新"服务项目，建设"菜乡红驿站"党工共建项目 29 处。创立"1+3"法律服务机制，联合仲裁院、法院和基层律所为职工群众提供良好的法律服务。做实做靓四季服务、工会小红娘、爱心班车、妈妈小屋、互助保障等工会服务品牌，累计服务职工 16 万人次。

　　强化服务中心意识，以实际行动展现工会担当。工会机关干部组建疫情管控、核酸检测、综合保障队伍，长期驻守抗疫一线。对医护人员、社区防疫工作者等开展走访慰问，惠及职工 8500 人。引导职工建功立业，推动建设实训场 150 个，每年组织开展技能培训 40 万人次。组织"红心向党·匠筑寿光"系列劳动技能竞赛，评选全员创新企业、工匠和创新工作室。（陈凤华　葛红普）

第四章　基层工会换届选举

第一节　基层工会换届选举概述

一、选举的基本知识

(一) 选举权

选举权是指公民依照法律规定享有参加选举的权利，包括参加提名代表候选人，参加讨论、酝酿、协商代表候选人名单，参加投票选举等。

选举权是公民的基本政治权利之一。行使选举权和被选举权，是人民行使国家权力和参与管理国家事务的基础，是公民的基本政治权利，是人民当家作主的表现。首先，选举权和被选举权是政治权利而不是政治自由；其次，享有选举权和被选举权的主体是公民。

根据我国《宪法》第 34 条规定："中华人民共和国年满 18 周岁的公民，不分民族、种族、性别、职业、家庭出身、宗教信仰、教育程度、财产状况、居住期限，都有选举权和被选举权；但是依照法律被剥夺政治权利的人除外。"

(二) 选举制度

选举制度是指选举国家代表机关的代表或其他公职人员的制度的总称。它是国家政治制度的重要内容。其主要内容包括选举制度的原则、选举权、被选举权、选举程序、选举机构、选举经费、选举诉讼等内容。选举制度通常由宪法和选举法以及其他有关法律规定。

(三) 选举制度的基本原则

选举原则，即选举制度的基本原则，是选举活动所实行的基本准则，是选举制度的重要组成部分，也是设计其他各项具体制度的依据。我国选举制度的基本原则包括以下几种。

1.普遍选举。凡达到选举年龄的公民，除被剥夺政治权利者外，普遍享有选举权。

2.平等选举。选民在平等的基础上参加选举。每个选民在一次选举中只有一个投票权，每张选票的效力相等。

3.直接选举和间接选举并用。直接选举指国家代表机关的代表（议员）或其他公职人员由选民直接投票选出。间接选举指先由选民选出代表或选举人，再由代表或选举人选出上一级代表或国家公职人员。

4.秘密投票，又称无记名投票。指选举时投票人不在选票上署名，填写的选票不向他人公开，并亲自将选票投入票箱。秘密投票有利于选民更真实地表达自己的意愿。

5.差额选举，是指代表候选人的人数应多于应选代表的名额。

（四）选举方式

选举方式是指采取什么形式进行选举。我国的选举方式主要是直接选举和间接选举。具体的选举方式包括等额选举和差额选举。

直接选举：由选民直接投票选举被选举人的方式。直接选举能使每个选民都有表达自己意愿的机会，能选择自己心目中最值得依赖的人，但在选民较多、分布较广的情况下，则不适宜直接选举。

间接选举：由选民选出的代表选举产生上一级代表机关的代表或政府领导成员的选举方式。间接选举适用于选民较多、分布较广的情况，由选民选出代表来投票选举，这种方式节省人力、物力、财力，但不能表达每一个选民的意愿。

等额选举：正式候选人名额与应选名额相等的选举方式。等额选举可以比较充分地考虑当选者结构的合理性，但会在一定程度上限制选民的自由选择，选民可能误认为将要当选者是事先"内定"的，因而积极性会受到影响。

差额选举：正式候选人名额多于应选名额。差额选举的方式有两种：一是直接采用候选人数多于应选人数的差额选举办法进行正式选举；二是先采用差额选举办法进行预选，产生候选人名单，然后进行正式选举。差额选举有助于选民了解候选人，为选民行使选举权提供了选择的余地，在被选举人之间也形成了相应的竞争，但如果不加以有效规范，容易发生虚假宣传、贿赂选民等情况。

(五) 选票和计票制度

1.选票。是指选民或选举人用以表示自己赞成或反对候选人的选举文件，亦即选举者用来填写或圈定被选举人姓名的票。通常由负责选举事务的机构统一制定。选票须按一定程序计算，以确定当选人。

2.计票制度。是指按照一定程序和要求计算选票、确定当选代表或者公职人员的制度。关于如何计算选票以确定当选人，各国法律都有明确规定。

按照我国选举法规定，各级人民代表大会的代表候选人，获得选区全体选民或者选举单位的代表过半数的选票时，始得当选。获得过半数选票的代表候选人名额超过应选代表名额时，以得票多的当选。如遇票数相等不能确定当选人时，应当就票数相等的候选人重新投票。获得过半数选票的当选代表的名额少于应选代表的名额时，不足的名额应当在没有当选的代表候选人中另行选举，以得票多的当选，但是得票数不得少于选票的1/3。

二、基层工会换届选举

(一) 基层工会换届选举概述

根据《工会法》《中国工会章程》和《工会基层组织选举工作条例》等有关规定，基层工会委员会每届任期 3 年或 5 年。基层工会应按期进行换届选举。如遇特殊情况，不能按时进行换届应说明其原因，报上一级工会批准。届期内的基层工会委员或主席，因工作变动调离工会工作岗位的，需要进行替补选举。

基层工会的换届选举工作，应由基层工会委员会在同级党组织和上级工会的领导下，负责筹备和组织。代表大会正式召开时，由大会选举出的主席团主持和领导。会员人数较少的基层工会组织召开会员大会时不设主席团，由本届工会委员会主持和领导。在代表大会进行期间，在新的工会委员会选举产生之前，工会的日常工作仍由本届工会委员会主持。新选举产生的工会委员会，在上一级工会批准之前，可以履行领导职权。

各级工会组织召开换届改选的工会代表大会的累计排列称为"次"，就是工会代表大会召开的次数，每次代表大会选举产生的委员会的任期称为"届"，每届委员会任期内所举行的全体会议的累计排列也称为"次"，即委员会任期内召开全体委员会议的次数。每届委员会任期已满，改选换届后应重新排列，即增加1届。实行会员代表常任制的基层工会，在届内召开的会员代表大会，叫第×届第×次会员代表大会。

（二）基层工会换届选举工作的相关要求

工会组织换届工作须在同级党委和上一级工会的领导下进行。

工会委员候选人由本单位党组织在广泛征求意见基础上提出，报上一级工会研究同意后，按《基层工会会员代表大会条例》的相关要求，召开会员（代表）大会，选举产生新一届工会委员会。

基层工会要高度重视，精心组织换届工作，切实把思想政治素质好，组织能力强，作风踏实，民主意识强，团结协作好，热心为职工服务的工会会员推选到工会委员会中来。

基层工会应召开工会会员（代表）大会进行换届选举，选举工作应按照《工会基层组织选举工作条例》的相关要求进行操作，同时要保存好档案资料。

第二节　基层工会选举的基本规定

一、基层工会组织选举应坚持的原则

基层工会组织选举工作是一项政治性、政策性很强的工作，关系到工会干部队伍建设和工运事业的发展。《工会基层组织选举工作条例》第5条规定："选举工作应坚持党的领导，坚持民主集中制，遵循依法规范、公开公正的原则，尊重和保障会员的民主权利，体现选举人的意志。"

（一）坚持党的领导，是选举工作的根本政治保证

工会组织选举，是发挥基层工会作用的基础，是激发基层工会活力的渊源，具有很强的政治性、政策性和敏感性，必须把党的领导放在第一位。

（二）坚持民主集中制，是选举工作的根本组织原则

必须坚持民主基础上的集中和集中指导下的民主相结合。只有坚持民主集中制，才能保证基层工会组织选举工作的顺利进行，才能选举出大多数职工信赖的工会组织。

（三）遵循依法规范、公开公正的原则，是选举工作的重要制度保障

基层工会组织选举必须依法依规有序进行，选举操作规程不得与国家法律法规相冲突，不得与《工会基层组织选举工作条例》规定相冲突。选举过程中，要做到操作规程公开、候选人公开、程序公开、选举结果公开。

（四）尊重和保障会员的民主权利，体现选举人的意志，是选举工作的基础和关键

进行基层工会组织选举，要尊重会员或者会员代表的民主权利，使会员或者会员代表按照自己的意志行使民主权利，任何组织和个人，都无权以任何方式强迫选举人选举或不选举某个人。

二、基层工会组织选举在同级党组织和上一级工会领导下进行

《工会基层组织选举工作条例》第 6 条规定："选举工作在同级党组织和上一级工会领导下进行。未建立党组织的在上一级工会领导下进行。"之所以这样规定，原因如下。

（一）是由工会领导体制决定的

根据《工会法》《中国共产党章程》和《中国工会章程》的相关规定，基层工会组织接受同级党组织和上一级工会的双重领导。选举工作是

基层工会组织的一件大事，自然应当在同级党组织和上一级工会的领导下进行。

（二）从基层工会组织的实际出发

《工会基层组织选举工作条例》规定"未建立党组织的在上一级工会领导下进行"。现实中，一些非公有制企业特别是小微企业没有建立党组织，在这种情况下，企业建立工会组织或工会组织换届不能因为没有同级党组织而不进行选举，应当从实际出发，在上一级工会的领导下进行。应当清楚，上一级工会也是在党领导下的。《工会基层组织选举工作条例》作出这样的规定，有利于保证基层工会组织选举工作有序进行，也有利于工建服务党建，为未建立党组织的单位以后建立党组织创造条件。

三、基层工会委员会委员名额

根据《工会基层组织选举工作条例》第8条规定，基层工会委员会委员名额，按会员人数确定：

不足25人，设委员3至5人，也可以设主席或组织员1人；

25人至200人，设委员3至7人；

201人至1000人，设委员7至15人；

1001人至5000人，设委员15至21人；

5001人至10000人，设委员21至29人；

10001人至50000人，设委员29至37人；

50001人以上，设委员37至45人。

四、基层工会常务委员会的设立

《工会基层组织选举工作条例》第9条规定："大型企事业单位基层工会委员会，经上一级工会批准，可以设常务委员会，常务委员会由9至11人组成。"

基层工会设立常务委员会的范围是大型企事业单位工会委员会。一般大型企业、事业单位职工人数比较多，下属二级单位也比较多，为了确保基层工会委员会的代表性，委员名额设置也相应增加，按照《工会基层组织选举工作条例》规定，会员人数 5001 人至 10000 人，设委员 21 至 29 人；10001 人至 50000 人，设委员 29 至 37 人；50001 人以上，设委员 37 至 45 人。但基层工会委员会委员人数增加，也会带来新的问题，给召开委员会全体会议带来不便，时间成本、经济成本比较高，在实际操作中也存在一定难度。为此，《工会基层组织选举工作条例》明确规定大型企事业单位基层工会委员会可以设常务委员会，在基层工会委员会闭会期间，履行工会委员会职责，主持工会日常工作，研究决定工会工作中的重大问题。

设立常务委员会，必须经上一级工会批准。基层工会委员会新建、换届设立常务委员会的，可以将常务委员会的设置、人数、组成、职能等内容作为工会选举工作方案的重要内容，报上一级工会批准；也可以就常务委员会的设置提交专门报告，由上一级工会批准。常务委员会可以由会员大会或者会员代表大会民主选举产生，也可以由工会委员会选举产生，选举采取无记名投票和差额选举方式，差额率不低于 10%。常务委员会委员应从新当选的工会委员会委员中产生，即常务委员会委员首先必须是工会委员会委员。

常务委员会由 9 人至 11 人组成，包括主席 1 人、副主席若干人和常务委员会委员若干人。在工作实践中，委员一般包括主席、副主席、经费审查委员会主任、女职工委员会主任、工会业务部门、下属单位工会组织负责人等。工会常务委员会任期与本届工会委员会相同，每届任期 3 年或者 5 年。工会常务委员会应根据工会业务内容，对常务委员进行具体工作分工，确保常务委员尽职履职，充分发挥作用。

五、基层工会组织候选人的提出

（一）基层工会组织候选人应具备的条件

《工会基层组织选举工作条例》第 10 条规定："基层工会委员会的委员、常务委员会委员和主席、副主席的选举均应设候选人。候选人应信念坚定、为民服务、勤政务实、敢于担当、清正廉洁，热爱工会工作，受到职工信赖。"这是对基层工会委员会委员、常务委员会委员和主席、副主席候选人条件的总体要求。总体要求包括两方面条件。

1.政治方面的要求。习近平总书记要求，全党同志特别是高级干部要加强党性锻炼，不断提高政治觉悟和政治能力。新时代工会干部提高政治觉悟和政治能力，必须认真把握方向、把握大势、把握全局，在辨别政治是非、保持政治定力、驾驭政治局面、防范政治风险上率先垂范，永葆共产党人政治本色。要做到信念坚定、为民服务、勤政务实、敢于担当、清正廉洁。

2.履职方面的要求。基层工会干部候选人不仅要讲政治，提高政治觉悟和政治能力，同时还必须热爱工会工作，受到职工信赖。热爱工会工作，强调的是工会工作的主观态度，要有热忱服务职工群众的意愿，有热心为职工办事的精神，有从事工会工作的热情，意愿、精神和热情是服务职工群众的动力。受到职工信赖，强调的是工会干部具有较高的专业知识和业务水平，具备做好工会工作的能力和素质，能够得到职工群众的信赖和支持。

（二）基层工会委员会委员、常务委员会委员和工会主席、副主席的限制性条件

《工会法》第10条第2款规定："各级工会委员会由会员大会或者会员代表大会民主选举产生。企业主要负责人的近亲属不得作为本企业基层工会委员会成员的人选。"《工会基层组织选举工作条例》第11条规定："单位行政主要负责人、法定代表人、合伙人以及他们的近亲属不得作为本单位工会委员会委员、常务委员会委员和主席、副主席候选人。"这是对基层工会委员会委员、常务委员会委员和工会主席、副主席的限制性条件的规定，明确了哪些人不能作为基层工会委员会委员、常务委员会委员和主席、副主席的候选人。具体要理解、把握以下几方面。

1.单位行政主要负责人、法定代表人。《中华人民共和国会计法》第50条规定："单位负责人，是指单位法定代表人或者法律、行政法规规定代表单位行使职权的主要负责人。"因此，单位主要负责人主要包括两类

人员。一类是单位的法定代表人。"法定代表人"是一个法律概念,《民法典》第 61 条第 1 款规定:"依照法律或者法人章程的规定,代表法人从事民事活动的负责人,为法人的法定代表人。"这就是说,作为法定代表人必须是法人组织的负责人,能够代表法人行使职权。法定代表人可以由厂长、经理担任,也可以由董事长、理事长担任,这主要看法律或章程是如何规定的。没有正职的,由主持工作的副职负责人担任法定代表人;没有董事长的法人,经董事会授权的负责人可作为法人的法定代表人。另一类是法定代表人之外对本单位经营管理主要负责的人。法定代表人与单位主要负责人可能重合,也可能不重合。如国有企业的厂长、经理是企业的法定代表人,也是主要负责人。而公司制企业的总经理可能不是企业的法定代表人,但一定是企业主要负责人。

工会与单位行政分别代表劳动关系的劳资双方,在市场经济条件下,工会代表和维护的是职工的合法权益,而单位法定代表人、主要负责人代表的是用人单位的利益。如果由法定代表人、主要负责人担任工会委员会委员、常务委员会委员和工会主席、副主席,他们既要代表用人单位利益,又要代表职工的合法权益,势必造成角色的冲突。所以,无论他们是否能够加入工会,都应当任职回避。

2.单位合伙人。合伙人通常是指以其资产进行合伙投资,参与合伙经营,依协议享受权利,承担义务,并对企业债务承担无限(或有限)责任的自然人或法人。由此可见,合伙人其实是用人单位的投资人,是资产所有者的组成人员。这些人不是劳动法意义上的劳动者,是不能参加工会的,自然不应成为基层工会委员会委员、常务委员会委员和工会主席、副主席。

3.单位行政主要负责人、法定代表人、合伙人的近亲属。我国《民法典》规定,近亲属包括配偶、父母、子女、兄弟姐妹、祖父母、外祖父母、孙子女、外孙子女。单位行政主要负责人、法定代表人、合伙人是用人单位行政方代表,他们的近亲属担任工会委员会成员难免让职工产生不信任感,不利于工会工作的开展,因此,根据《工会法》《工会基层组织选举工作条例》规定的精神,他们应任职回避。

（三）基层工会委员会委员候选人的产生

《工会基层组织选举工作条例》第12条规定："基层工会委员会的委员候选人，应经会员充分酝酿讨论，一般以工会分会或工会小组为单位推荐。由上届工会委员会或工会筹备组根据多数工会分会或工会小组的意见，提出候选人建议名单，报经同级党组织和上一级工会审查同意后，提交会员大会或会员代表大会表决通过。"从这一规定可以看出，基层工会委员会委员候选人的产生需要经过4个环节。

1.候选人的推荐。即采取自下而上的方式，一般以工会分会或者工会小组为单位，由会员经过充分酝酿讨论，民主推荐基层工会委员会委员候选人。

2.提出候选人建议名单。由上届工会委员会或工会筹备组根据多数工会分会或工会小组的意见，提出候选人建议名单。提出候选人建议名单的主体只能是上届工会委员会或工会筹备组。换届选举由上届工会委员会提出，新建立的工会由工会筹备组提出，候选人建议名单应当在会员充分酝酿讨论的基础上，根据多数工会分会或者工会小组的意见提出。

3.报同级党组织和上一级工会审查同意。选举工作要坚持在同级党组织和上一级工会领导下进行，候选人建议名单要报同级党组织和上一级工会审查同意。没有成立党组织的单位，基层工会委员会委员候选人建议名单应报上一级工会审查同意。

4.会员大会或者会员代表大会表决通过。候选人建议名单报经同级党组织和上一级工会审查同意后，要进行公示，公示期不少于5个工作日。公示结束后，提交会员大会或者会员代表大会表决。表决通过后，才能确定为正式候选人提交大会选举。

（四）基层工会委员会的常务委员会委员、主席、副主席候选人的产生

《工会基层组织选举工作条例》第13条规定："基层工会委员会的常务委员会委员、主席、副主席候选人，可以由上届工会委员会或工会筹备组根据多数工会分会或工会小组的意见提出建议名单，报经同级党组织和上一级工会审查同意后提出；也可以由同级党组织与上一级工会协商提出

建议名单，经工会分会或工会小组酝酿讨论后，由上届工会委员会或工会筹备组根据多数工会分会或工会小组的意见，报经同级党组织和上一级工会审查同意后提出。根据工作需要，经上一级工会与基层工会和同级党组织协商同意，上一级工会可以向基层工会推荐本单位以外人员作为工会主席、副主席候选人。"根据这一规定，基层工会委员会的常务委员会委员、主席、副主席候选人可以采用自下而上的方式产生，也可以采用自上而下的方式产生。

1.自下而上产生候选人。与基层工会委员会委员候选人产生的方式类似，在以工会分会或者工会小组为单位酝酿讨论推荐的基础上，由上届工会委员会或工会筹备组根据多数工会分会或工会小组的意见提出建议名单，报经同级党组织和上一级工会审查同意后提出。但与基层工会委员会委员候选人产生不同的是，常务委员会委员、主席、副主席候选人可以不提交会员大会或者会员代表大会表决通过。

2.自上而下产生候选人。先由同级党组织和上一级工会协商提出建议名单，然后交由工会分会或工会小组酝酿讨论。在酝酿讨论的基础上，由上届工会委员会或者工会筹备组根据多少工会分会或工会小组的意见，确定候选人建议名单，报经同级党组织和上一级工会审查同意后提出。

3.上一级工会可以向基层工会推荐本单位以外人员作为工会主席、副主席候选人。按照规定，根据工作需要，经上一级工会与基层工会和同级党组织协商同意，上一级工会可以向基层工会推荐本单位以外人员作为工会主席、副主席候选人。这主要是因为，有的单位特别是非公有制企业，一时找不到合适的工会主席、副主席人选，由上一级工会推荐本单位以外的人员作为候选人，拓宽了选人用人渠道，既能够加强基层工会工作的力量，又能够为基层工会提供有力的指导帮助，这也是各地工会加强社会化工会工作者队伍建设的成功经验。

第三节　基层工会选举的实施

一、基层工会组织实施选举前的准备工作

为保障基层工会组织选举工作依法规范有序进行，在实施选举前应当认真做好相关准备工作。《工会基层组织选举工作条例》第15条第1款规定："基层工会组织实施选举前应向同级党组织和上一级工会报告，制定选举工作方案和选举办法。"这里的"报告"，指的是报告选举准备工作情况。主要包括以下几个方面。

1.作出选举工作决定。在基层工会任期届满或新成立工会之前，基层工会或者工会筹备组应按照有关规定，就召开会员大会或者会员代表大会换届选举或新成立工会一事作出决定。

2.向同级党组织和上一级工会请示。基层工会或工会筹备组作出选举决定后，要向同级党组织和上一级工会报送《关于召开工会会员（代表）大会的请示》，内容包括：大会的指导思想和主要任务；大会主要议程；大会代表、工会委员会委员及经费审查委员会委员名额、条件、结构、产生办法；工会委员会委员、经费审查委员会委员及女职工委员会委员候选人名额分配原则及推荐程序；会期及其他事项。

3.上一级工会予以批复。同级党组织和上一级工会在收到《关于召开工会会员（代表）大会的请示》以后，要及时研究，上一级工会应作出书面批复。

4.做好大会筹备工作。基层工会要根据会议规模大小等实际情况，认真制订工作方案，做好相关筹备工作。若会议规模较大，可将筹备工作人员分为秘书组、组织组、会务组等，分别负责材料起草、会务安排、后勤服务保障等工作。

5.制订代表名额分配方案和工会委员会委员、经费审查委员会委员及

女职工委员会委员候选人名额分配方案。

6.部署代表选举工作和委员候选人推荐工作。基层工会可通过下发通知、召开会议等形式，作出具体部署，提出工作要求。

7.提出大会各类人员名单。在代表选举和委员候选人推荐工作完成后，要提出大会主席团建议名单，大会秘书长、副秘书长建议名单，代表团分组名单，代表团团长、副团长建议名单，大会选举监票人建议名单等。整理出工会委员会委员、经费审查委员会委员及女职工委员会委员候选人推荐名单。

8.准备大会文件材料。包括大会工作报告、财务工作报告、经费审查委员会工作报告、大会议程（草案）、大会主持词、大会选举办法（草案）、选票等。

9.向同级党组织和上一级工会汇报大会筹备情况。在完成代表选举工作和工会委员会委员、经费审查委员会委员及女职工委员会委员推荐工作以后，要主动向同级党组织和上一级工会汇报代表选举情况、3个委员会候选人推荐情况。

上一级工会要切实担负起领导责任，加强对基层工会选举工作的指导服务，积极帮助基层工会解决实际问题，确保基层工会选举工作依法规范有序进行。

二、召开会员大会或者会员代表大会的选择

基层工会委员会由会员大会或者会员代表大会民主选举产生。什么情况下召开会员大会，什么情况下召开会员代表大会呢？依据《中国工会章程》的规定，《工会基层组织选举工作条例》第16条明确规定："会员不足100人的基层工会组织，应召开会员大会进行选举；会员100人以上的基层工会组织，应召开会员大会或会员代表大会进行选举。"根据这一规定，基层工会组织会员不足100人的，应当召开会员大会；会员100人以上的，有两种选择：可以召开会员大会，也可以召开会员代表大会。这样规定，主要是为了适应现实状况，尽可能扩大会员民主参与的广泛性，提高会员大会或会员代表大会的效率和质量，保证会员民主权利的充分实

现，同时，也便于会员较少的基层工会操作。

召开会员代表大会进行选举的，按照有关规定由会员民主选举产生会员代表。根据《基层工会会员代表大会条例》规定，会员代表名额，按会员人数确定：会员 100 至 200 人的，设代表 30 至 40 人；会员 201 至 1000 人的，设代表 40 至 60 人；会员 1001 至 5000 人的，设代表 60 至 90 人；会员 5001 至 10000 人的，设代表 90 至 130 人；会员 10001 至 50000 人的，设代表 130 至 180 人；会员 50001 人以上的，设代表 180 至 240 人。会员代表的组成应以一线职工为主，体现广泛性和代表性。中层正职以上管理人员和领导人员一般不得超过会员代表总数的 20%。女职工、青年职工、劳动模范（先进工作者）等会员代表应占一定比例。

三、参加选举的人数规定

《工会基层组织选举工作条例》第 17 条第 1 款规定："参加选举的人数为应到会人数的 2/3 以上时，方可进行选举。"这是判定选举是否有效的根本前提。落实这一规定，应把握以下 3 个关键点。

（一）关于应到会人数

应到会人数，指的是基层工会所属单位具有选举资格的人员总数。如果召开会员大会，应到会人数为具有选举资格的全体会员总数；如果召开会员代表大会，应到会人数为全体会员代表总数。因各种情况不能参加选举的会员或会员代表，均应计算在内。但不包括保留会籍的人员。

（二）关于 2/3 以上的比例

作出"2/3 以上"的比例规定，主要目的是让更多的会员参与工会事务，增强基层工会的代表性，更好地体现工会的民主化、群众化要求。应该说，作出"2/3 以上"的比例规定，既体现了工会民主化建设的要求，又符合基层工会的实际。需要注意的是，"2/3 以上"是包括按"2/3"比例计算出来的整数。如不是整数，小数点后的数不能四舍五入，应进位为 1，比如按 2/3 比例计算出来的数为 61.33，实际参会人数至少得 62 人。到会人数超过应到会人数的 2/3，会议有效。

（三）关于参加选举的人数

参加选举的人数，为实际参加会议现场投票选举的人数和在流动票箱投票选举的人数之和。《工会基层组织选举工作条例》第 25 条规定："会员或会员代表在选举期间，如不能离开生产、工作岗位，在监票人的监督下，可以在选举单位设立的流动票箱投票。"不能出席会议且无法在流动票箱投票的选举人，不得委托他人代为投票，这部分人员不能计算在"参加选举的人数"之中。

四、基层工会委员会委员和常务委员会委员的选举

《工会基层组织选举工作条例》第 17 条第 2 款规定："基层工会委员会委员和常务委员会委员应差额选举产生，可以直接采用候选人数多于应选人数的差额选举办法进行正式选举，也可以先采用差额选举办法进行预选产生候选人名单，然后进行正式选举。委员会委员和常务委员会委员的差额率分别不低于 5% 和 10%。常务委员会委员应从新当选的工会委员会委员中产生。"这里需要理解、把握 4 个问题。

（一）关于基层工会委员会委员的产生

基层工会委员会委员应由全体会员或会员代表在会员大会或会员代表大会上选举产生。具体方式有两种。一是直接采用候选人数多于应选人数的差额选举办法进行正式选举。这是目前比较普遍采用的一种方式。即按照规定程序，确定工会委员会委员候选人，在会员大会或者会员代表大会上，由全体会员或者会员代表通过无记名投票方式，直接选举产生基层工会委员会委员。被选举人获得应到会人数的过半数赞成票时，始得当选。二是采用差额选举办法进行预选产生候选人名单然后进行正式选举。这种选举方式，是将工会委员会委员的选举分为两步。首先，按差额比例确定工会委员会委员建议名单，召开会员大会或者会员代表大会，由全体会员或会员代表选举产生正式候选人，其人数与应选工会委员会委员人数相同。然后由全体会员或者会员代表等额选举产生工会委员会委员。这是在候选人建议名单人员较多或者意见相对不集中的情况下，为保证选举顺利

进行而采取的一种选举方式。

（二）关于基层工会常务委员会委员的产生

对于基层工会常务委员会委员如何选举产生，《工会基层组织选举工作条例》没有作出明确规定。既然没有明确规定，那么基层工会就可以自主作出选择：可以由会员大会或者会员代表大会直接选举产生，也可以由工会委员会选举产生。一是由全体会员或者会员代表在会员大会或者会员代表大会上直接选举产生。这种产生方式与工会委员会委员的产生方式相同。二是由基层工会委员会选举产生。在会员大会或者会员代表大会选举产生新一届工会委员会后，新一届工会委员会召开第一次全体会议，由全体委员选举产生常务委员会，常务委员会委员应实行差额选举。

（三）关于另选他人

采用以上两种方式进行选举过程中，会员或会员代表如投不赞成票时，有权另选候选人以外的其他人选。另选工会委员会委员的，应符合工会委员资格条件；另选常务委员会委员的，应从新当选的工会委员中选择。

（四）关于差额率

《工会基层组织选举工作条例》规定的基层工会委员会委员和常务委员会委员的差额率不同，委员会委员差额率不低于5%，常务委员会委员的差额率不低于10%。这主要是考虑到，当工会委员会委员或常务委员会委员人数较少时，5%或10%的差额比例，可能出现差额不到1个人的情况，但既然是差额，差额至少得有1人，所以《工会基层组织选举工作条例》规定"差额率分别不低于5%和10%"，如果按比例计算不到1人，应保证差额不得少于1人。同时，为了便于基层工会操作，对差额比例上限未作规定，差额比例的上限由基层工会自主确定，这样有利于提高基层工会选举的群众化、民主化程度。

五、基层工会主席、副主席的选举

《中国工会章程》第27条规定："主席、副主席，可以由会员大会或者会员代表大会直接选举产生，也可以由基层工会委员会选举产生。"《工会基层组织选举工作条例》第3条规定："基层工会委员会由会员大会或会员代表大会选举产生。工会委员会的主席、副主席，可以由会员大会或会员代表大会直接选举产生，也可以由工会委员会选举产生。"第18条规定："基层工会主席、副主席可以等额选举产生，也可以差额选举产生。主席、副主席应从新当选的工会委员会委员中产生，设立常务委员会的应从新当选的常务委员会委员中产生。"根据上述规定，基层工会主席、副主席的选举，应理解、把握以下问题。

（一）由基层工会委员会选举产生主席、副主席

由基层工会委员会选举产生主席、副主席，也叫间接选举，是当前大多数基层工会采取的选举方式。间接选举的程序主要分两步：第一步，召开会员大会或者会员代表大会，采取差额选举办法，依法选举产生基层工会委员会委员。第二步，在基层工会委员会召开的第一次全体委员会议上，由工会委员会委员选举产生主席、副主席。

（二）由会员大会或者会员代表大会直接选举产生主席、副主席

1.基层工会主席直接选举产生的重要性

基层工会主席、副主席由会员大会或者会员代表大会直接选举产生，是指基层工会通过召开会员大会或者会员代表大会，直接投票选举产生工会主席、副主席的选举方式。实行基层工会直接选举工会主席制度，是推进基层工会民主化进程的必然要求，是基层工会建设、改革和发展的重要内容。有利于完善工会民主选举制度，推进工会干部制度改革；有利于加强基层工会作风建设，密切工会组织与会员和职工群众的联系；有利于使基层工会组织更好地代表会员的意志，反映会员的要求和愿望，强化职工群众对工会干部的监督，提高对工会干部的信任度；有利于把真心实意为职工群众服务、热爱工会工作、工作能力强、受到职工群众拥护和信赖的人选到工会领导班子中来，提高工会干部的使命感和责任感，增强工会组织的吸引力、凝聚力和号召力。

2.基层工会主席直接选举产生方式的适用范围

《工会基层组织选举工作条例》第19条规定："基层工会主席、副主

席由会员大会或会员代表大会直接选举产生的，一般在经营管理正常、劳动关系和谐、职工队伍稳定的中小企事业单位进行。"这些基层工会会员人数一般较少、工作场所比较集中、职工接触较多，相互了解，适合召开会员大会或者会员代表大会直接选举产生工会主席、副主席。

3.直接选举工会主席应当注意的几个问题

一是坚持在同级党组织和上一级工会的领导下，有领导、有组织地进行。一般在工会工作基础较好、经营管理正常、劳动关系和谐、职工队伍较稳定、会员民主意识较强的条件成熟的基层单位进行。没有建立党组织的单位，在上一级工会的领导下进行。要坚持党管干部原则，坚持公开、公正、竞争、择优的原则，坚持尊重和体现会员意愿的原则。要把党管干部、依法治会和发扬民主集中制统一起来。

二是坚持依法选举、严格规范程序、认真执行规定。必须执行无记名投票、公开计票、当场公布选举结果的规定；必须执行"参加选举的人数为应到会人数的2/3以上时，方可进行选举""被选举人获得应到会人数的过半数赞成票时，始得当选"的规定；必须执行选举结果报上一级工会批准的规定。

三是认真做好候选人的推荐工作。要按照《工会基层组织选举工作条例》规定的条件和程序，经会员反复协商酝酿后，把信念坚定、为民服务、勤政务实、敢于担当、清正廉洁、热爱工会工作、受到职工信赖的人推荐作为候选人。

四是做好直接选举前的思想发动和组织工作，帮助会员或会员代表提高对直接选举工会主席、副主席的目的和意义的认识，使每个会员或会员代表能够熟悉选举办法和程序，正确行使选举权。认真组织实施好选举工作，必要时可以请上级工会组织给予帮助和指导。

(三) 关于等额和差额的问题

"基层工会主席、副主席可以等额选举产生，也可以差额选举产生。"既适用于基层工会直接选举，也适用于基层工会间接选举；既适用于新建工会选举和工会换届选举，也适用于届中补选。同时，"等额选举""差额选举"可以和"选举主席""选举副主席"进行多样组合搭配，比如主席、副主席可以同时实行等额选举或差额选举；也可以主席实行等额选举，副主席实行差额选举；还可以副主席实行等额选举，主席实行差额选举。《工会基层组织选举工作条例》没有对基层工会主席、副主席差额率作出明确规定，基层工会可以根据实际情况自主决定。

(四) 关于基层工会主席、副主席的委员身份问题

"主席、副主席应从新当选的工会委员会委员中产生，设立常务委员会的应从新当选的常务委员会委员中产生。"这一规定是保证基层工会主席、副主席必须是工会委员会委员，设立常务委员会的，应当保证是常务委员会委员。在基层工会选举实践中，如果工会主席、副主席先选举产生或与工会委员会委员和常务委员会委员同时选举产生的，工会主席、副主席就是当然的委员和常务委员；如果先选举产生工会委员会和常务委员会的，工会主席、副主席应从新当选的工会委员会委员和常务委员会委员中产生。

新当选的指的是本届新当选的工会委员会委员。既包括本届会员大会或者会员代表大会第一次全体会议选举产生的工会委员会委员，也包括届中会员大会或者会员代表大会补选的工会委员会委员。如果是届中进行补选的，应当与《工会基层组织选举工作条例》第 33 条的规定结合起来理解。补选主席、副主席，如果他们是工会委员会委员，就不存在身份问题。如果不是工会委员会委员的，可以经会员大会或者会员代表大会补选为委员，成为本届新当选的委员后，再由工会委员会选举产生；也可以由会员大会或者会员代表大会直接选举产生，当选后就成为本届新当选的工会委员会和常务委员会的当然委员。

(五) 关于投票方式

选举产生基层工会主席、副主席应当采用无记名投票方式。被选举人获得应到会人数的过半数赞成票时，始得当选。

六、选举大会的主持

《工会基层组织选举工作条例》第 20 条规定："召开会员大会进行选

举时，由上届工会委员会或工会筹备组主持；不设委员会的基层工会组织进行选举时，由上届工会主席或组织员主持。召开会员代表大会进行选举时，可以由大会主席团主持，也可以由上届工会委员会或工会筹备组主持。大会主席团成员由上届工会委员会或工会筹备组根据各代表团（组）的意见，提出建议名单，提交代表大会预备会议表决通过。召开基层工会委员会第一次全体会议选举常务委员会委员、主席、副主席时，由上届工会委员会或工会筹备组或大会主席团推荐一名新当选的工会委员会委员主持。"这一规定，明确了召开会员大会、会员代表大会、基层工会委员会第一次全体会议进行选举时由谁主持的问题。

（一）召开会员大会进行选举时，由上届工会委员会或工会筹备组主持；不设委员会的基层工会组织进行选举时，由上届工会主席或组织员主持。

（二）召开会员代表大会进行选举时，可以由大会主席团主持，也可以由上届工会委员会或工会筹备组主持。对于会员人数较多的基层工会，会员代表大会的召开和领导班子的选举，一般由会员代表大会预备会议产生的主席团主持。大会主席团是会员代表大会会议期间的组织领导机构。大会主席团成员的名额，可根据大会的规模和代表的总数，由召集会员代表大会的上届工会委员会或工会筹备组确定。主席团成员应是本次会员代表大会的代表，一般包括上届工会主席、副主席、常务委员会委员，经费审查委员会主任；工会筹备组成员；新提名的工会主席、副主席候选人；各代表团团长；先进人物代表；一线职工代表和女职工代表等。大会主席团成员由上届工会委员会或工会筹备组根据各代表团（组）的意见，提出建议名单，提交代表大会预备会议表决通过。大会主席团设主席 1 人，副主席若干人，秘书长 1 人。秘书长一般由负责大会筹备工作的工会副主席担任。根据工作需要，可以设副秘书长，副秘书长一般由负责大会筹备工作的人员担任，副秘书长可以不是大会主席团成员。新建立工会的，主席团的名额和人选可由同级党组织和工会筹备组协商确定。

（三）召开基层工会委员会第一次全体会议选举常务委员会委员、主席、副主席时，由上届工会委员会或工会筹备组或大会主席团推荐 1 名新当选的工会委员会委员主持。因为委员会第一次全体会议的与会者都是新当选的委员，身份都一样，由谁主持会议，是一个比较敏感的程序问题，所以《工会基层组织选举工作条例》规定，由上届工会委员会或者工会筹备组或者大会主席团推荐 1 名新当选的工会委员会委员主持。这样，会员大会或者会员代表大会和工会委员会第一次全体会议就具有连续性，同时也解决了会议主持人的合法身份问题。

七、选举前候选人情况的介绍

《工会基层组织选举工作条例》第 21 条规定："选举前，上届工会委员会或工会筹备组或大会主席团应将候选人的名单、简历及有关情况向选举人介绍。"通过候选人情况的介绍，可以使选举人了解候选人，更好地进行比较、选择，好中选优，选出职工群众满意的工会委员会组成人员。

上届工会委员会或者工会筹备组或者大会主席团在介绍候选人情况时，应当实事求是，以事实为根据，不得弄虚作假；应当一视同仁，公平公正，不能夹带任何倾向性或诱导性的语言；应当全面客观详细介绍，不能一带而过。对选举人提出的询问应该作出负责的答复，不能敷衍糊弄，应付了事。也可以组织候选人与选举人见面，由候选人自我介绍自己的情况，回答选举人提出的问题。在具体工作中，基层工会可根据本单位的实际情况灵活掌握，如果单位会员人数较少，大家平时相互比较了解，不一定再全面详细介绍；如果单位规模较大、会员人数较多，大家对候选人了解不够，可以对候选人作全面详细介绍。

八、监票人与计票人

（一）监票人

监票人是指进行选举时，对投票选举进行监督的人员。基层工会委员会委员、常务委员会委员和主席、副主席的选举，应当在严格的民主下进行，以确保公平公正。选举监督的最基本形式就是设立监票人。《工会基层组织选举工作条例》第 22 条规定："选举设监票人，负责对选举全过程进行监督。召开会员大会或会员代表大会选举时，监票人由全体会员或会员代表、各代表团（组）从不是候选人的会员或会员代表中推选，经会员大会或会员代表大会表决通过。召开工会委员会第一次全体会议选举时，监票人从不是常务委员会委员、主席、副主席候选人的委员中推选，经全体委员会议表决通过。"这是关于设立监票人的规定。

1.监票人的条件及产生办法。

为了保证监票、计票公正性，监票人的人选应当符合一定条件，其产生程序也必须合规。监票人应当是参会的会员或者会员代表大会代表，但工会委员会委员和常务委员会委员候选人不得担任。监票人应当秉公办事、熟悉选举工作流程。根据会议规模，可以设总监票人。召开会员大会或者会员代表大会选举时，监票人由全体会员或会员代表、各代表团（组）从不是候选人的会员或会员代表中推选，总监票人由大会主席团或上届工会委员会或工会筹备组从监票人中提名。总监票人和监票人要经会员大会或者会员代表大会表决通过。召开工会委员会第一次全体会议选举时，监票人从不是常务委员会委员、主席、副主席候选人的委员中推选，经全体委员会议表决通过。

2.监票人的职责。

总监票人、监票人在上届工会委员会或工会筹备组或大会主席团的领导下，对选举的全过程进行监督。其职责主要是：

（1）按照选举办法负责监督选举投票全过程；

（2）负责向选举人说明填写选票的注意事项；

（3）对领票、发票、投票、计票负责监督；

（4）负责剩余选票的处理；

（5）宣布发出选票及收回选票的统计结果；

（6）负责监督计票并鉴别和解决选票中的问题，审查计票结果，签字后报大会主持人。

（二）计票人

计票工作人员一般由大会秘书处指定。计票工作人员在监票人监督下进行工作，其职责是：

1.负责清点核实人数；

2.按照大会选举办法的要求，对选票进行清点和计算；

3.准确无误地进行计票；

4.计票结束后，将计票结果报告总监票人。

九、选举投票

（一）投票方式

根据《工会基层组织选举工作条例》第23条第1款中规定，选举采用无记名投票方式。无记名投票，是指在选票上不签署自己姓名的一种投票方式。无记名投票方式的优点在于，投票的内容除投票人自己知道外，别人无从了解，可以消除某些选举人的顾虑，使选举人能按照自己的意志对被选举人进行比较和挑选，自由地选举自己所满意的和称职的人。

（二）不得委托他人代为投票

基层工会组织选举是会员行使权利的最直接形式，会员或会员代表一般都应出席会议并亲自投票。因此，《工会基层组织选举工作条例》第23条第1款规定："不能出席会议的选举人，不得委托他人代为投票。"基层工会组织选举是会员政治生活中的一件大事，进行选举时，会员或会员代表或委员，都应当出席并亲自投票。只有直接参与酝酿提名候选人和投票选举，才能充分表达选举人的意愿，正确行使《工会法》《中国工会章程》赋予的神圣权利。

（三）选票上候选人的名单排序

《工会基层组织选举工作条例》第23条第2款规定："选票上候选人的名单按姓氏笔画为序排列。"选票上候选人名单按姓氏笔画为序排列，在多年实践中证明简便易行，也可以避免人为造成候选人获选机会不平等的情况。这样做，有利于充分发扬民主，保障选举人和被选举人的民主权利。应当指出，在实行差额选举时，选举人应考虑被选举人的各方面因素，慎重选择人选，不能简单地按照候选人的排列顺序笔画选票。在候选人较多的情况下，尤其要注意这一点。

（四）选票制作和画写选票

印制选票应使用质量较好的纸张。采取工会委员会、经费审查委员会同步选举时，应分别印制选票，并用不同辨色予以区别。

选票上应包括以下项目和内容：选票名称、候选人姓名、画写选票空格、另选他人及画写选票空格、画写选票说明等。建议在每一张选票上加盖工会公章或代章。

选票上候选人的名单按姓氏笔画为序排列。

《工会基层组织选举工作条例》第 24 条规定："选举人可以投赞成票或不赞成票，也可以投弃权票。投不赞成票者可以另选他人。"

画写选票时，应用钢笔、圆珠笔、水笔等不可擦拭的工具写出选票。选举人可以投赞成票或不赞成票，也可以投弃权票。投不赞成票者，可以另选他人。如果对候选人没有投不赞成票，则不能另选他人。否则，另选他人为无效。

（五）投票顺序

监票人、计票人首先投票，然后主席台的会员代表投票，最后其他会员代表按规定顺序、线路、票箱进行投票。

（六）流动票箱

基层工会组织选举时，选举人出席会员大会或者会员代表大会，在会场投票是投票的主要形式。但是，有一些会员或会员代表因工作原因无法到现场投票，为保证他们行使民主选举权利，《工会基层组织选举工作条例》第 25 条规定："会员或会员代表在选举期间，如不能离开生产、工作岗位，在监票人的监督下，可以在选举单位设立的流动票箱投票。"作出这样的规定，完全是从实际出发，最大限度地保证会员的民主权利。在设立的流动票箱投票，要加强监督管理，实际工作中应当注意以下几个问题。

第一，流动票箱只能作为投票的一种辅助形式，不能作为主要形式。流动票箱只能在选举人不能离开生产、工作岗位的情况下使用，而且这样的人员数量不宜过多。

第二，流动票箱应当有两名以上专人负责，并在监票人的监督下进行。事前，应由监票人在会员大会或者会员代表大会现场验箱并封箱。投票时，注意尊重选举人的民主权利，工作人员不能围观选举人填写选票，以保证选举人在秘密状态下填写选票，投票由选举人亲自进行，他人不得代投。

第三，流动票箱的选票应和会员大会或者会员代表大会现场的选票一起在监票人、计票人及有关人员在场的情况下，同时开箱，一并计票。在流动票箱投票的选举人应计入会员大会或者会员代表大会实际参加选举的人数。

除了流动票箱外，有的基层工会适应"互联网+"时代的发展，运用微信服务号、手机 APP 等平台，为无法参加现场会议的会员或会员代表提供投票服务，会员或会员代表可以实名制登录、匿名制投票，取得了较好的效果。对于这种做法，《工会基层组织选举工作条例》中没有明确规定允许，但也没有限制，具备条件的单位可以积极探索实践。

十、选举有效性的确认

确认选举是否有效，是基层工会选举的一个关键环节。要严格按照《工会基层组织选举工作条例》的相关规定作出认定。选举不能与有关法律法规相违背，不能违反《工会基层组织选举工作条例》规定的条件和程序，否则即可认定为无效。具体从以下几方面来判断。

(一) 候选人应当符合任职条件

一是候选人应当是工会会员，且具有选举权、被选举权和表决权；二是候选人不是单位行政主要负责人、法定代表人、合伙人以及他们的近亲属；三是候选人没有劳动法规定的"严重过失"问题。

(二) 选举前履行了有关规定程序

如召开会议符合规定的程序，履行了报告、批复等程序；候选人的产生符合民主推荐程序；会前制定的选举办法符合有关规定，并在会员大会或者会员代表大会上通过等。

（三）参加选举的人数符合规定

参加选举的人数为应到会人数 2/3 以上时，方可进行选举。如果实际到会人数未达到应到会人数的 2/3 以上，候选人无论得票多少，选举都是无效的。

（四）选举收回的票数是否等于或少于发出的选票

收回的选票等于发出的选票，选票当然有效；如果收回的选票少于发出的选票，说明有的选举人放弃了自己的选举权利，这是允许的，所以选举也是有效的；如果收回的选票多于发出的选票，说明选举工作有差错，可能有人多投了选票，也可能有人作弊，在这种情况下，无法确认哪些是无效票，所以只能认定选举无效。

无效票应计入选票总数。无效票，根据《工会基层组织选举工作条例》规定，每张选票所选人数等于或少于规定应选人数的为有效票，多于规定应选人数的为无效票。

（五）检查选举中有无违反《中国工会章程》和有关选举规定的行为

如果发生违反《中国工会章程》和有关选举规定的情况，如存在拉票贿选、限制或者剥夺选举人的选举权、威胁选举人等严重妨碍选举的情形或舞弊行为，应按规定程序作出相应处理，直至宣布选举无效。

选举是否有效，应根据上述标准来认定，而不能以其他主观标准来认定，如不能因选出的代表不符合结构比例宣布无效，也不能因某个候选人落选而宣布无效。选举是否有效，由大会主持人根据以上标准及本单位工会选举办法确认公布。

十一、被选举人当选的规定

《工会基层组织选举工作条例》第 27 条规定："被选举人获得应到会人数的过半数赞成票时，始得当选。获得过半数赞成票的被选举人人数超过应选名额时，得赞成票多的当选。如遇赞成票数相等不能确定当选人时，应就票数相等的被选举人再次投票，得赞成票多的当选。当选人数少于应选名额时，对不足的名额可以另行选举。如果接近应选名额且符合第8条规定，也可以由大会征得多数会员或会员代表的同意减少名额，不再进行选举。"这是关于被选举人如何当选的有关规定。

（一）被选举人获得应到会人数的过半数赞成票时，始得当选

我国的当选规则采用多数当选制。只有当被选举人获得应到会人数的过半数赞成票时，始得当选。这是被选举人当选的必要条件。之所以作出这样的规定，是因为基层工会民主选举要体现本单位大多数会员的意志和选择，选出的工会主席、副主席和工会委员会委员必须是大多数会员的"意中人"，以最大限度地体现和增强工会组织的代表性。

这里需要注意，"应到会人数"与"实到会人数"是不同的。"应到会人数"，包括本单位有选举权的所有会员或会员代表人数，不但包括"实到会人数"，也包括外出、请假、旷会的会员或会员代表，还包括会员组织关系在本单位而不在岗的会员或会员代表，但不包括保留会籍的人员。"实到会人数"，是参加现场会议、进行投票选举的有选举权的会员或会员代表人数，在流动票箱投票的会员或会员代表视同"实到会人数"。把较大的"应到会人数"作为"分母"，有利于更大程度地体现和汇聚会员群众的民意。

关于"过半数赞成票"，这一规定是要求选举工作求取会员或会员代表意愿的"最大公约数"。在法律术语中，"不足半数""过半数"均不包括"半数"本身。比如，某单位有应到会会员代表100人，那么被选举人至少获得51张赞成票才能当选。

（二）获得过半数赞成票的被选举人人数超过应选名额时的处理

获得过半数赞成票的被选举人人数超过应选名额时，得赞成票多的当选。计票后，将获得过半数赞成票的被选举人按照得票多少进行排序，从得票最多的开始，一直到应选名额取满为止。其他的获得过半数赞成票的被选举人不能当选。大会主持人应当当场宣布选举结果。

如遇赞成票数相等不能确定当选人时，应就票数相等的被选举人再次投票，得赞成票多的当选。再次投票结果应当当场宣布。

（三）当选人数少于应选名额时的处理

当选人数少于应选名额时，对不足的名额可以另行选举。对不足名额另行选举的，可以分为两种情况：如果接近应选名额且符合《工会基层组织选举工作条例》第8条规定，也可以由大会征得多数会员或会员代表的同意减少名额，不再进行选举；如果在不影响工作的情况下，经征求会员代表意见，建议对不足名额予以保留，待下次会员代表大会时再进行补选。

十二、选举结果报批

《工会基层组织选举工作条例》第29条第1款规定："基层工会委员会、常务委员会和主席、副主席的选举结果，报上一级工会批准。上一级工会自接到报告15日内应予批复。违反规定程序选举的，上一级工会不得批准，应重新选举。"会员大会或者会员代表大会选举结束后，如果工会主席、副主席或常务委员会委员是由工会委员会选举产生的，应当立即召开新一届工会委员会会议，完成各项选举任务后，将选举结果报上一级工会批准。《工会法》第12条第1款规定："基层工会、地方各级总工会、全国或者地方产业工会组织的建立，必须报上一级工会批准。"所以，将选举结果报上一级工会批准是法定的必经程序。具体步骤如下。

（一）报告

选举工作结束后，应当由新一届工会委员会尽快将大会召开情况和选举结果，以书面形式向同级党组织和上一级工会组织报告。报告的内容主要包括：召开会员大会或者会员代表大会的时间、地点；应到会员或会员代表数；实到会员或会员代表数；参加选举的人数；选举的具体方式；选举结果；本届工会委员会任期；等等。报告还应当附录下列文件：会员大会或者会员代表大会议程；选举办法和选举主持词；选票样式、计票结果报告单；当选人员登记表；等等。

（二）批复

上一级工会自接到报告15日内应予批复。上一级工会接到报告后，应当对基层工会选举工作进行合法性审查，符合规定的，应尽快批准；发现违反规定程序选举的，一律不得批准，应书面指示重新选举。

十三、基层工会委员会任期的规定

关于基层工会委员会的任期，《工会法》第 16 条规定："基层工会委员会每届任期 3 年或者 5 年。各级地方总工会委员会和产业工会委员会每届任期 5 年。"《工会基层组织选举工作条例》第 30 条规定："基层工会委员会每届任期 3 年或 5 年，具体任期由会员大会或会员代表大会决定。经选举产生的工会委员会委员、常务委员会委员和主席、副主席可连选连任。基层工会委员会任期届满，应按期换届选举。遇有特殊情况，经上一级工会批准，可以提前或延期换届，延期时间一般不超过半年。上一级工会负责督促指导基层工会组织按期换届。"

（一）基层工会委员会每届任期 3 年或者 5 年。一般来说，基层工会委员会具体任期可根据实际情况确定，基层单位规模较小，工会会员也比较少，其基层工会委员会的任期应当相应短些，可以为 3 年；基层单位规模较大，工会会员也比较多，经常开会，从人力、财力上也会付出很多，工会的任期可以是 5 年。具体任期由会员大会或会员代表大会决定。根据《工会基层组织选举工作条例》规定，基层工会委员会的任期自选举之日起计算。

（二）经选举产生的工会委员会委员、常务委员会委员和主席、副主席可连选连任。

（三）基层工会委员会任期届满，应按期换届选举。工会换届选举是指各级工会委员会按照《工会法》《中国工会章程》的规定，在本届工会委员会和经费审查委员会任期届满时，组织召开新一届会员（代表）大会，选举新一届工会委员会和经费审查委员会。基层工会委员会任期届满时，应当按期换届选举。遇有特殊情况，经上一级工会批准，可以提前或延期换届，延期时间一般不超过半年。特殊情况需要根据实际情况来判断。具体包括以下几方面。

1.关于提前换届的特殊情况。从实践来看，主要有：基层工会委员会任期未满，但委员发生缺额较多，使工会工作受到严重影响的；基层工会委员会严重不作为或乱作为，破坏组织纪律，会员满意率较低，会员或会员代表强烈要求撤换或罢免的；其他严重情况，上一级工会组织决定提前换届的。

2.关于延期换届的特殊情况。从实践看，主要有：多数基层工会委员会委员被派外出工作，无法按期换届的；遇到突发事件或自然灾害的；任期届满时，正好需要集中一段时间全力以赴完成某项紧迫任务的；会员或会员代表外出较多，如期召开会员大会或者会员代表大会达不到规定人数的；发现基层工会组织有严重问题需要调查处理的；由于其他原因，上一级工会组织决定延期换届的。

3.关于提前或延期换届需要履行的程序。基层工会委员会如需提前或延期换届选举，应由工会委员会会议集体讨论决定，并按规定向同级党组织和上一级工会报告。上一级工会正式批复后，基层工会委员会将提前或延期换届的决定通知所有会员或会员代表。

4.关于延期换届的时限。《工会基层组织选举工作条例》规定，延期时间一般不超过半年。半年时间足够基层工会为换届做准备，前面加上"一般"，也为特殊情况可能需要延期更长时间留下了空间。这样规定既明确基层工会应按期及时换届，防止延期时间过长，也照顾到了基层工会的实际情况，留足了换届的准备时间，有利于促进基层工会任期的规范化、制度化，加强基层工会组织建设。

十四、基层工会主席、副主席调动、罢免的规定

（一）基层工会主席、副主席调动的规定

《工会法》第18条第1款规定："工会主席、副主席任期未满时，不得随意调动其工作。因工作需要调动时，应当征得本级工会委员会和上一级工会的同意。"《中国工会章程》第33条第2款和《工会基层组织选举工作条例》第31条沿用了这一表述。这一规定目的是保护工会主席的合法权益，保障其依法履行职责，避免基层工会主席因维护职工合法权益而

受到不公正的待遇。

基层工会主席、副主席经民主选举产生后，按规定需报上一级工会组织批准，这是工会主席、副主席任职的组织程序，也是任职的法定程序。因此，工会主席、副主席因工作需要调动时，必须经本级工会委员会和上一级工会同意，任何组织和个人不得在工会主席、副主席任期未满时随意调动其工作。

在用人单位与工会主席、副主席协商一致的基础上，确因工作需要调整工作岗位时，应当依法履行民主程序。具体程序是：基层工会主席、副主席向基层工会委员会提出调整工作岗位的请求。基层工会委员会召开会议同意工会主席、副主席调整工作岗位；基层工会委员会向同级党组织和上一级工会组织报告，上一级工会批准同意；召开基层工会委员会会议或会员大会或者会员代表大会，选举产生新的工会主席、副主席；原工会主席、副主席移交工作，及时办理工会法定代表人变更登记手续，新的工会主席、副主席开始履行职责。

（二）基层工会委员会委员、常务委员会委员和主席、副主席撤换或罢免的规定

根据《中国工会章程》的规定，工会会员享有"对工会工作进行监督，提出意见和建议，要求撤换或者罢免不称职的工会工作人员"的权利。《中国工会章程》还规定"撤换或者罢免其所选举的代表和工会委员会组成人员"是基层工会会员大会或者会员代表大会职权之一。

《基层工会会员代表大会条例》第40条规定："基层工会主席、副主席，具有下列情形之一的，可以罢免：（一）连续两年测评等次为不满意的；（二）任职期间个人有严重过失的；（三）被依法追究刑事责任的；（四）其他需要罢免的情形。基层工会委员会委员具有上述（二）（三）（四）项情形的，可以罢免。"

《工会法》第18条第2款规定："罢免工会主席、副主席必须召开会员大会或者会员代表大会讨论，非经会员大会全体会员或者会员代表大会全体代表过半数通过，不得罢免。"《基层工会会员代表大会条例》第41条规定："本届工会委员会、1/3以上的会员或会员代表可以提议罢免主

席、副主席和委员。罢免主席、副主席和委员的，应经同级党组织和上一级工会进行考察，未建立党组织的，由上一级工会考察。经考察，如确认其不能再担任现任职务时，应依法召开会员代表大会进行无记名投票表决，应参会人员过半数通过的，罢免有效，并报上一级工会批准。"《工会基层组织选举工作条例》第32条规定："经会员大会或会员代表大会民主测评和上级工会与同级党组织考察，需撤换或罢免工会委员会委员、常务委员会委员和主席、副主席时，须依法召开会员大会或会员代表大会讨论，非经会员大会全体会员或会员代表大会全体代表无记名投票过半数通过，不得撤换或罢免。"根据上述规定，撤换或罢免工会委员会委员、常务委员会委员和主席、副主席，必须召开会员大会或者会员代表大会讨论，其他任何组织和个人都无权撤换或罢免。撤换和罢免的一般程序如下。

1.同级党组织、上一级工会组织、基层工会、会员或会员代表认为工会委员会委员、常务委员会委员和主席、副主席不称职，可以由会员大会或者会员代表大会对工会委员会委员、常务委员会委员和主席、副主席进行民主评议和民主测评。

2.民主测评获得信任票不足半数者，由基层工会报同级党组织和上一级工会，由上一级工会会同基层工会同级党组织进行考察，确认其不宜继续担任现任职务。

3.由工会委员会或者由1/3以上的会员或会员代表提议召开临时会员大会或者会员代表大会，或者在每年定期召开的会员大会或者会员代表大会上，经会员大会全体会员或者会员代表大会全体代表无记名投票过半数通过，作出撤换或罢免决定。

4.基层工会将撤换或罢免结果，以书面形式报上一级工会批准。

十五、基层工会届中补选工作

届中补选，是指基层工会委员会（含）经费审查委员会任期未满，其组成人员（主席、副主席、常委、委员以及经费审查委员会主任）出现空缺，或者召开会员大会或者会员代表大会第一次全体会议时，基层工会委员会组成人员未能够满额产生，为保证工会工作正常开展，可以在届中进行补充选举。

（一）补选工会委员会委员、常委

基层工会委员会在届期内因工作需要或工会委员会缺额，增选或补选委员，原则上应在会员大会或会员代表大会上选举产生。因特殊情况，近期内不能召开会员大会或者会员代表大会的，经征得上一级工会同意，也可以在委员会全体会议上选举产生，然后报上一级工会审批。对在工会委员会全体会议上选举产生的委员，应在以后召开会员代表或者会员代表大会时提请大会予以确认。

增选或补选常委，如果人选是本届工会委员会委员的，可在工会委员会全体会议上选举产生，并报上一级工会审批；如果人选不是本届工会委员的，则应先增补其为委员，然后再选举其为常委，其委员和常委职务同时报上一级工会审批。在工会委员会全体会议上选举产生的委员职务应在下一次召开会员大会或者会员代表大会时提请大会予以确认。

（二）补选基层工会主席、副主席

根据《工会基层组织选举工作条例》第33条规定："基层工会主席因工作调动或其他原因空缺时，应及时按照相应民主程序进行补选。补选主席，如候选人是委员的，可以由工会委员会选举产生，也可以由会员大会或会员代表大会选举产生；如候选人不是委员的，可以经会员大会或会员代表大会补选为委员后，由工会委员会选举产生，也可以由会员大会或会员代表大会选举产生。补选主席的任期为本届工会委员会尚未履行的期限。补选主席前征得同级党组织和上一级工会的同意，可暂由一名副主席或委员主持工作，期限一般不超过半年。"这一规定，应当理解、把握以下几点。

1.基层工会主席因工作调动或其他原因空缺时，应及时按照相应民主程序进行补选。在实际工作中，基层工会主席往往因工作需要调整工作岗位或其他原因出现空缺，为确保工会工作的正常顺利开展，应及时按相关民主程序进行补选。

2.工会主席补选的两种情形。一是补选主席的候选人是委员的，可以由工会委员会选举产生，也可以由会员大会或者会员代表大会选举产生。

二是补选主席的候选人不是委员的，可以经会员大会或者会员代表大会补选为委员，这时才具有担任工会主席的资格，然后再由工会委员会选举为主席，也可以由会员大会或者会员代表大会选举产生。因特殊情况，如果候选人不是委员，近期内不能召开会员大会或者会员代表大会的，经征得上一级工会同意，也可以在委员会全体会议上先增补其为委员，委员、主席、副主席的职务同时报上一级工会审批。对在工会委员会全体会议上选举产生的委员，应在下一次召开会员大会或者会员代表大会时提请大会予以确认。

3.补选主席的任期。

补选主席的任期为本届工会委员会尚未履行的期限，也就是本届工会委员会的任中剩余的任期时间，以保证工会主席的任期与本届工会委员会的任期相一致。所以，本届工会委员会在届中补选工会主席的，本届工会委员会的任期不会发生变化，还应按照预定任期进行换届选举，不能因为届中补选工会主席而延期换届，补选工会主席的任期与本届工会委员会的任期应同时结束。

4.基层工会主席空缺期间基层工会工作的开展。

当基层工会主席出现空缺时，基层工会工作如何开展呢？《工会基层组织选举工作条例》规定："补选主席前征得同级党组织和上一级工会的同意，可暂由一名副主席或委员主持工作，期限一般不超过半年。"副主席或委员在主持工作期间，要在同级党组织和上一级工会的领导下，发挥基层工会委员会的作用，组织会员开展活动，认真履行维权服务的基本职责，管理使用好工会经费。同级党组织和上一级工会要给予帮助和指导，并督促指导基层工会及时进行补选。补选前，主持工作的副主席或者委员要及时报送补选报告，做好补选各项工作，确保补选工作顺利实施。

（三）补选的工作程序

在进行届中补选前，需要做好以下两方面工作。

1.向上一级工会提出补选请示。基层工会组织进行补选，可以结合每年召开的会员大会或者会员代表大会进行，但一般应在基层工会委员会组成人员出现空缺的3个月内进行。基层工会组织在征得同级党组织同意后，应当向上一级工会组织请示，得到上一级工会组织同意补选的批复后，再启动实施。

2.做好召开会员大会或者会员代表大会的准备工作。召开会员大会或者会员代表大会的准备工作，其程序和具体内容可参考本章前面介绍的内容。特别要注意做好候选人的酝酿、候选人的考察、候选人的提出，以及通过免去基层工会委员会中变动人员工会职务的决议等工作。

十六、基层工会经费审查委员会的选举

(一) 基层工会经费审查委员会的设立

工会审计，是指各级工会经费审查委员会依照法律和《中国工会章程》规定的职责、权限和程序，对工会经费的收支、资产管理等全部经济活动的真实、合法与效益实施的审计监督。工会审计属于工会内部监督。基层工会经费审查监督工作是工会工作的重要组成部分，是工会依法治会、贯彻落实工会经费独立原则的必然要求，是对工会经费收支和财产管理实行民主监督和审计监督的有效途径。

基层工会经费审查委员会是代表会员群众对基层工会及所属企业、事业单位的各项经费的收支和财产管理的真实、完整、合法及效益进行审查监督的专门组织。《工会法》第45条第2款规定："各级工会建立经费审查委员会。"《中国工会章程》第13条中规定："各级工会代表大会选举产生同级经费审查委员会。"《工会基层组织选举工作条例》第34条规定："凡建立一级工会财务管理的基层工会组织，应在选举基层工会委员会的同时，选举产生经费审查委员会。"工会财务由上一级工会代管，未设立工会账户及建立工会财务管理的基层工会，可不建立经费审查委员会。

(二) 基层工会经费审查委员会委员组成及人员限制

1.委员组成。根据《工会基层组织选举工作条例》第35条规定，基层工会经费审查委员会委员名额一般3至11人。经费审查委员会设主任1人，可根据工作需要设副主任1人。根据《基层工会经费审查委员会工作条例》第6条规定，基层工会经费审查委员会一般由3至11名委员组成。

大型企业可以根据需要适当增加委员名额。由此可见，基层工会经费审查委员会设主任1人，主任是主要负责人，负责召集经费审查委员会会议，主持经费审查委员会的日常工作。经费审查委员会副主任，可根据委员人数、工作任务等情况决定设置或不设置，如果设置，应设1名副主任，主要任务是协助主任开展工作。

2.人员限制。基层工会经费审查委员会委员由政治素质高、业务能力强、具有相关专业知识的工会干部和会员担任并经民主选举产生。为有利于代表会员群众进行有效的审查监督，委员一般应包括工会干部、财会或审计人员和其他的会员群众代表，基层工会的主席、分管财务和资产的副主席、财务和资产管理部门的人员，不得担任同级工会经费审查委员会委员。

在经费收支和财产管理上，基层工会经费审查委员会和同级工会委员会是监督与被监督的关系，所以，基层工会的主要领导及分管财务和资产管理的人员应任职回避，不应担任经费审查委员会委员，以防止工作职责发生冲突。基层工会主席是基层工会的法定代表人，对经费使用和财产管理具有"一支笔"的效力；分管财务和资产的副主席、财务和资产管理部门的人员，是直接从事工会财务工作、管理工会资产的干部。所以，基层工会主席、分管财务和资产的副主席、财务和资产管理部门的人员属于工会审计的主要对象。如果由他们担任基层工会经费审查委员会委员，就会使监督者和被监督者混为一体，既当"裁判员"又当"运动员"，影响工会审计监督的客观性、公正性。

（三）基层工会经费审查委员会、主任、副主任的选举产生

《中国工会审计条例》第10条规定："经审会应当与同级工会委员会同时考察、同时报批、同时选举产生。"关于基层工会经费审查委员会、主任、副主任的选举，《工会基层组织选举工作条例》第36条规定："基层工会经费审查委员会由会员大会或会员代表大会选举产生。主任、副主任可以由经费审查委员会全体会议选举产生，也可以由会员大会或会员代表大会选举产生。"第37条规定："基层工会经费审查委员会的选举结果，与基层工会委员会选举结果同时报上一级工会批准。"对此，应从以下3

方面来理解把握。

1.基层工会经费审查委员会与工会委员会的产生应"三同时"。基层工会经费审查委员会是基层工会组织的重要组成部分，经费审查委员会与同级工会委员会应同时考察、同时选举、同时报批。

2.基层工会经费审查委员会主任、副主任的选举方式有两种：一是工会主席、副主席直接选举产生的，经费审查委员会主任、副主任由会员大会或者会员代表大会直接选举产生；二是工会主席、副主席由工会委员会间接选举产生的，应先由会员大会或者会员代表大会选举产生经费审查委员，再由经费审查委员会全体会议选举产生经费审查委员会主任、副主任。

3.选举结果的报送。基层工会经费审查委员会的选举结果，与基层工会委员会选举结果同时报上一级工会批准。上一级工会自接到报告 15 日内批复。

（四）基层工会经费审查委员会的任期

根据《工会基层组织选举工作条例》规定，基层工会经费审查委员会的任期与基层工会委员会相同，即 3 年或者 5 年。

十七、工会女职工委员会的选举

（一）工会女职工委员会的设立

工会女职工工作是工会工作、妇女工作的重要组成部分。工会女职工委员会是在同级工会委员会领导下和上一级工会女职工委员会指导下的女职工组织，根据女职工的特点和意愿开展工作。《工会法》第 11 条规定："女职工人数较多的，可以建立工会女职工委员会，在同级工会领导下开展工作；女职工人数较少的，可以在工会委员会中设女职工委员。"《中国工会章程》第 14 条规定："各级工会建立女职工委员会，表达和维护女职工的合法权益。"《工会女职工委员会工作条例》第 12 条规定："各级工会建立女职工委员会。女职工委员会与工会委员会同时建立。企业、事业单位、机关和其他社会组织等工会基层委员会有女会员 10 人以上的建立女职工委员会，不足 10 人的设女职工委员。基层工会女职工委员会主任、副主任与工会委员会同时报上级工会审批。"《工会基层组织选举工作条例》第 38 条规定："基层工会组织有女会员 10 人以上的建立女职工委员会，不足 10 人的设女职工委员。女职工委员会与基层工会委员会同时建立。"

《中华全国总工会关于加强新时代工会女职工工作的意见》提出，坚持以工会组织建设带动工会女职工组织建设，女职工组织与工会组织同时筹备、同时产生（或换届）、同时报批，努力实现在已建工会组织单位中女职工组织的全覆盖。着力加强产业工会、区域（行业）工会联合会以及乡镇（街道）、村（社区）、工业园区工会女职工委员会建设，建立健全工会女职工组织体系。将工会女职工组织建设工作纳入模范职工之家、劳动关系和谐企业创建以及会员评议职工之家活动等各项评比内容。

（二）工会女职工委员会的产生

《中国工会章程》第 14 条规定："女职工委员会由同级工会委员会提名，在充分协商的基础上组成或者选举产生，女职工委员会与工会委员会同时建立，在同级工会委员会领导下开展工作。企业工会女职工委员会是县或者县以上妇联的团体会员，通过县以上地方工会接受妇联的业务指导。"《工会女职工委员会工作条例》第 14 条规定："女职工委员会委员由同级工会委员会提名，在充分协商的基础上产生，也可召开女职工大会或女职工代表大会选举产生。注重提高女劳动模范、一线女职工和基层工会女职工工作者在工会女职工委员会委员中的比例。县以上工会女职工委员会根据工作需要可聘请顾问若干人。"《工会基层组织选举工作条例》第 39 条规定："基层工会女职工委员会委员由同级工会委员会提名，在充分协商的基础上产生，也可召开女职工大会或女职工代表大会选举产生。"根据上述规定，基层工会女职工委员会产生的途径有两种。

1.协商产生。女职工委员会可以不通过选举产生，由同级工会委员会提名，在充分协商的基础上产生。协商方式和协商范围应在保证充分发扬民主的基础上由基层工会委员会决定。

2.选举产生。召开女职工大会或女职工代表大会选举产生女职工委员会，可以与会员大会或者会员代表大会安排在同一时间召开，在会员大会或者会员代表大会完成选举任务后，继续召开女职工大会或者女职工代表大会选举女职工委员会。也可以单独召开女职工大会或者女职工代表大会，选举产生女职工委员会、主任、副主任。

（三）基层工会女职工委员会主任配备

《工会女职工委员会工作条例》第18条规定："女职工委员会主任由同级工会女主席或女副主席担任，也可经民主协商，按照相应条件配备，享受同级工会副主席待遇。女职工委员会主任应提名为同级工会委员会或常务委员会委员候选人。"《工会基层组织选举工作条例》第40条规定："基层工会女职工委员会主任由同级工会女主席或女副主席担任，也可经民主协商，按照相应条件配备女职工委员会主任。女职工委员会主任应提名为同级工会委员会或常务委员会委员候选人。基层工会女职工委员会主任、副主任名单，与工会委员会选举结果同时报上一级工会批准。"根据上述规定，女职工委员会主任由同级工会女主席或女副主席担任的，自然享受同级工会主席、副主席待遇，且自然为同级工会委员会或常务委员会委员。如果基层工会委员会主席、副主席都是男性，也可经协商，按照"相应条件配备"女职工委员会主任。"相应条件配备"的含义：一方面，工会女职工委员会主任必须是女性；另一方面，该女职工委员会主任应当能够享受工会副主席的待遇。工会有关法律法规对基层工会专职、兼职主席（副主席）的待遇有相应的规定，其中规定基层工会经费审查委员会主任、女职工委员会主任享受同级工会副主席的待遇。所以，按照相应条件配备的女职工委员会主任，享受同级工会副主席待遇。女职工委员会主任应提名为同级工会委员会或常务委员会委员候选人。

（四）女职工委员会主任报批

基层工会女职工委员会主任、副主任名单，与工会委员会选举结果同时报上一级工会批准。

（五）基层工会女职工委员会委员的任期

女职工委员会委员任期与同级工会委员会委员任期相同。在任期内，由于委员的工作变动等需要调整时，由工会女职工委员会提出相应的替补、增补人选，经同级工会委员会审议通过予以替补、增补，并报上级工会女职工委员会备案。

十八、工会会员代表大会与职工代表大会合并召开的有关问题

由于基层工会会员代表大会与职工代表大会在职工民主管理方面的基本作用、主要任务、组织形式等有很多一致的方面，所以，有的基层单位为了提高会议效益，把工会会员代表大会与职工代表大会合并举行。实行基层工会会员代表大会与职工代表大会合并举行的单位，须把工会会员代表大会与职工代表大会按会议议程分段召开，可以在以下几方面试行结合。

（一）会员代表和职工代表可以同时选举产生。工会会员可以同时选举会员代表和职工代表，会员代表可以兼任职工代表；非会员职工可以选举和当选职工代表，但不能选举或兼任会员代表。因而，在选举代表时应分别制定会员代表和职工代表的条件和规程，并明确两会代表肩负的不同职责，而且倡导工会会员代表兼任职工代表。

（二）会员代表大会与职工代表大会的代表团（组）可以共同组成，但不是工会会员的职工代表不得担任代表团（组）长。

（三）职能相近的会员代表大会与职工代表大会各专门委员会或专门小组，可以合并承担两个委员会（小组）的工作。

（四）会员代表大会与职工代表大会的主席团可以"一身二任"，也可以根据两段会议议程的需要，分别组成，但不是工会会员的职工代表不能成为工会会员代表大会主席团成员。

（五）会员代表大会与职工代表大会的届期可以一致，也可以分设届期。

在实践中，实行两会合并召开，还应注意以下问题。

（一）"两会合并"召开时，会标上应写明"第×次工会代表大会暨第×届第×次职工代表大会"，或者按会议性质分别用工会代表大会或职工代表大会的会标。

（二）"两会合并"召开时，职工代表的任期，可以与会员代表的任期一致。

（三）"两会合并"召开时，会议应分阶段进行，第一阶段是职工代表大会，第二阶段是工会代表大会。工会代表大会在审议通过基层工会委员会的工作报告、基层工会委员会的经费收支情况报告和经费审查委员会的工作报告、选举基层工会委员会和经费审查委员会时，非会员职工代表只能作为列席代表，没有表决权、选举权和被选举权。

（四）"两会合并"召开时，因两会的性质不同、任务不同、职责范围不同，所以，应分别作出决定。

（五）实行"两会合并"召开的单位，工会会员代表大会的召开，以及工会领导人的民主选举结果，仍需按《中国工会章程》《工会基层组织选举工作条例》的规定，报上一级工会审批。

思考题

1.基层工会组织选举应坚持的原则是什么？

2.基层工会委员会委员的名额如何确定？

3.基层工会常务委员会如何设立？

4.基层工会组织候选人应当具备哪些条件？

5.基层工会委员会委员、常务委员会委员、主席、副主席候选人如何产生？

6.基层工会委员会委员和常务委员会委员如何选举产生？

7.基层工会主席、副主席如何选举产生？

8.选举大会的主持有什么规定？

9.监票人如何设立？其主要职责是什么？

10.如何确认选举的有效性？

11.基层工会委员会的任期有什么规定？

12.基层工会主席、副主席调动、罢免有什么规定？

13.基层工会经费审查委员会委员组成及人员限制的规定是什么？

14.基层工会经费审查委员会、主任、副主任如何选举产生？

15.工会女职工委员会如何产生？

案例1

强化政治引领 加大建会力度 开展劳动竞赛 增强维权服务
平阴打造"工"字号新时代工会工作亮点

2021年7月30日 来源：中工网

山东省济南市平阴县总工会围绕县域经济发展，聚焦增强政治性、先进性、群众性，发挥"工"字号优势，改革创新，真抓实干，奋力作为，积极打造新时代工会工作的亮点，在政治引领、组织建设、建功立业、权益维护等项工作中取得佳绩。

强化思想政治引领打响"工"字号。充分发挥工会组织贴近企业、贴近职工的优势，采用线上线下各种形式，组织全县广大职工广泛开展庆祝建党100周年"十个一"系列主题宣传教育活动。在各基层工会深入开展党史学习教育，充分利用资源，搭建学习平台，创新活动载体，使党史学习教育入脑入心。县总工会大力弘扬"三种精神"，精心组织为全县劳模免费查体、购买互助互济保险，召开庆祝"五一"国际劳动节暨先模人物事迹报告会，同时开设"致敬劳动者"专栏节目，使劳模精神、劳动精神、工匠精神进一步深入人心，从而更好地凝聚广大职工力量，引导广大职工听党话、跟党走。在县总工会精心组织下，全县职工40000多人次参加了各种形式的活动，工会组织的感召力、吸引力、凝聚力进一步增强。

加大工会组建力度拓宽"工"字号。工会组织是"职工之家"，是党联系职工群众的纽带和桥梁。今年以来，县总工会按照省、市总工会的要求，强力实施"大抓基层、大抓建会"攻坚行动，按照"哪里有职工，哪里就要有工会组织"的要求，积极推进基层工会组织建设，扩大工会组织覆盖面，延伸工会组织触角。强化措施进一步加大工会组建力度，对未建工会的企业建立清单，落实责任推进组建进度。以非公企业工会组建为重点，大力推进"智慧工会"建设，加大八大群体和农民工入会力度。由于措施得力，上半年全县新建基层工会13家，职工、农民工入会3000余名，实现了新建企业建会、职工农民工入会无缝隙全覆盖。

组织劳动竞赛活动助力"工"字号。围绕"聚焦省会西兴使命，打造东方玫瑰之都"这一县域经济建设主要任务，县总工会印发《关于围绕"建功'十四五' 建设强省会"征集劳动竞赛项目的通知》，组织各基层工会结合各企业实际，深入开展多种形式的建功立业竞赛活动，各种竞赛活动高潮叠加，上半年共组织开展各类单项竞赛活动35次，综合竞赛活动3次，参赛职工40000余人次。同时广泛组织开展了"安康杯""查保促"等群众性安全生产竞赛活动。按照全总和省市总工会要求，创造性地做好产教深度融合各项工作，扎实推进产业工人队伍建设改革不断向纵深发展。今年上半年形成职工优秀创新成果175项，并使其转化为现实生产力，为县域经济发展注入了新的活力。

增强维权服务功能夯实"工"字号。县总工会围绕统筹疫情防控和经济社会发展新任务，推动各类企业健全完善集体协商和集体合同制度，畅通职工诉求表达渠道，积极构建企业和谐稳定的劳动关系。三四月份通过开展"集中要约"行动，进一步扩大了集体合同的覆盖面。同时注重源头参与，深入探索农村专业合作社新业态行业集体协商，在12家农村专业合作社指导建立工会组织，依法开展集体协商，签订"1+3"集体合同，覆盖农民工1800余名，有效地维护了合作社农民工的劳动经济权益。充分发挥工会法律援助实体化阵地作用，统筹整合维权法律服务资源，会同县法律援助中心成立法律援助工作站，会同县人社局成立县劳动人事争议法律援助工作站，有效地维护了困难企业职工的合法利益。（据《山东工人报》报道 生静静 付崇阳）

📖 案例2

青海省总工会扩大工会组织有效覆盖面 瞄准4个关键点推进建会入会

2023年2月20日　　来源：中工网

青海省总工会针对基层工会基础工作比较薄弱的实际，多举措推动基层工会队伍建设和产业工会组织建设取得新进展，截至目前，全省符合建立工会组织条件的基层工会覆盖单位数为21441家，工会会员达119.50万人，入会率达到97.39%。

以新就业形态劳动者为关键，青海省总工会从夯实工会组织基础、明确入会路径、创新入会及管理方式、深化维权服务工作、强化工作经费保障等方面入手，聚焦重点行业、重点领域，积极完善"小三级"工会组织体系，最大限度把新就业形态劳动者组织到工会中来，以货车司机、快递员、外卖送餐员为主的新就业形态劳动者会员人数达到11.5万人。

以生态管护员为关键，紧盯生态管护员日益增多的实际，青海省总工会坚持"哪里有农民工，哪里就有工会组织"的思路制定工作方案，确定按照系统工会、基层工会、工会分会、工会小组四级组织架构，搭建四级组织架构吸纳生态管护员入会并深化服务，吸收1.7万名三江源生态管护员入会。

以楼宇建会为关键，青海省总工会针对大多数商务楼宇企业规模小、数量多、分布散、行业跨度大等特点，找准工作切入点，通过走访调研，对有意向成立工会的企业进行上门提供工会政策宣传服务，为楼宇工会组建工作奠定坚实有效的基础。

以行业建会为关键，青海省总工会积极探索单独建会、联合建会、行业建会、区域建会等多种方式，不断拓展建会入会工作新的增长点，努力扩大工会组织的有效覆盖。目前，青海已经组建保安行业工会联合会、"菜篮子"行业工会联合会、交通物流行业工会联合会、销售服务业工会联合会等工会联合会。（工人日报—中工网记者　邢生祥）

第五章　职工入会

第一节　劳动者参加和组织工会的权利

一、结社权

我国《宪法》第 35 条明确规定，中华人民共和国公民有言论、出版、集会、结社、游行、示威的自由。依据我国宪法的规定，结社权是我国公民所享有的一项基本政治权利和自由。结社权，是指公民享有为了一定的宗旨而依照法律规定的程序参加或者组建某种社会团体（或者组织）的权利，并享有以该社会团体（或者组织）的或者其成员的名义依法开展活动的权利和自由。只要是依法行使结社权，任何组织或者个人就不得加以阻挠和限制，否则也就谈不上公民结社自由了，也是违反宪法规定的。

二、劳动者有参加和组织工会的权利

《工会法》在宪法有关结社权规定的基础上，对劳动者参加和组建工会组织的结社权进一步作出具体规定，即中国境内的企业、事业单位、机关、社会组织中以工资收入为主要生活来源的劳动者，都有依法参加和组织工会的权利，任何组织和个人不得阻挠和限制。参加工会是指劳动者可以依法申请加入已经成立于各企业、事业单位、机关、社会组织之内的基层工会委员会或者这些单位之外的基层工会联合会。组织工会是指劳动者可以依法在各企业、事业单位、机关、社会组织中组建基层工会委员会或者可以在这些单位之外联合组建基层工会委员会。

在市场经济条件下，参加和组织工会，利用集体的力量争取自身合法、正当权益是劳动者最基本的权利之一，是宪法规定的结社权的具体体现。劳动者参加和组织工会的权利受国家法律保护，任何组织和个人不得阻挠和限制。违反工会法，侵犯劳动者参加和组织工会权利的，将依法追究其法律责任。《工会法》第 51 条规定："违反本法第 3 条、第 12 条规定，阻挠职工依法参加和组织工会或者阻挠上级工会帮助、指导职工筹建工会的，由劳动行政部门责令其改正；拒不改正的，由劳动行政部门提请县级以上人民政府处理；以暴力、威胁等手段阻挠造成严重后果，构成犯罪的，依法追究刑事责任。"

第二节　职工加入工会的条件

工会作为中国共产党领导的职工自愿结合的工人阶级群众组织，其成员必须具备一定的条件才可以加入。《工会法》第 3 条规定："在中国境内的企业、事业单位、机关、社会组织（以下统称用人单位）中以工资收入为主要生活来源的劳动者，不分民族、种族、性别、职业、宗教信仰、教育程度，都有依法参加和组织工会的权利。任何组织和个人不得阻挠和限制。"《中国工会章程》第 1 条规定："凡在中国境内的企业、事业单位、机关、社会组织中，以工资收入为主要生活来源或者与用人单位建立劳动关系的劳动者，不分民族、种族、性别、职业、宗教信仰、教育程度，承认工会章程，都可以加入工会为会员。"这些规定，明确了参加和组织工会是劳动者的权利，同时也明确了劳动者加入工会成为会员的必备条件，主要有以下 3 方面。

一、所有加入工会的会员，必须是在中国境内企业、事业单位、机关、社会组织中的劳动者

在我国境内，无论是中国的企业还是外国的企业，或者是外国企业在我国的办事机构、代表处、代理处，以及在我国从事其他活动的事业单位、机关、社会团体和各种类型的社会组织，只要在我国境内，都应依照我国《工会法》及有关法律法规组建工会。根据我国有关法律法规规定，企业、事业单位、机关、社会组织这些用人单位的具体含义如下。

1.企业。一般是指以营利为目的，运用各种生产要素（土地、劳动力、资本、技术、管理等），向市场提供商品或服务，实行自主经营、自负盈亏、独立核算的法人或其他社会经济组织，包括我国境内的各种所有制性质、各种治理形式的企业。各种所有制性质，包括国有、集体、私营、外商投资、港澳台投资和混合所有制企业等。各种治理形式，包括独资企业、合伙企业、合作制企业、有限责任公司、股份有限公司，也包括法人企业和非法人企业，集团公司和下属子公司，还有企业下属分支机构等。

2.事业单位。是指国家为了社会公益目的，由国家机关举办或者其他组织利用国有资产举办的，从事教育、科技、文化、卫生等活动的社会服务组织，包括各类事业单位。

3.机关。指国家机关，是指国家为行使其职能而设立的各种机构，包括县级以上中国共产党委员会及其所属各工作部门、县级以上各级人民代表大会机关、县级以上各级人民政府及其所属各工作部门、县级以上各级政治协商会议机关、县级以上各级人民法院和检察机关、县级以上各民主党派机关、乡镇中国共产党委员会和人民政府，以及街道办事处。但不包括国家军事机关。

4.社会组织。社会组织，又称民间组织、非营利组织，对应国外一般称为非政府组织，在我国是指政党、政府之外的各类民间性组织，主要由以下3个主体组成：社会团体、基金会和社会服务机构。

二、以工资收入为主要生活来源

以工资收入为主要生活来源，这是职工加入工会的必要条件。以工资收入为主要生活来源，是指生活费用支出的大部分是依赖于个人的工资、津贴、奖金或者其他工资性收入。改革开放以来，我国职工获取劳动报酬的方式和用人单位的分配方式发生了深刻变化，除传统的计时、计件两种基本工资形式外，还有奖金、津贴和浮动工资等新的劳动报酬形式，这些仍属于职工工资性收入。工会是工人阶级的群众组织，加入工会必须是工人阶级的成员。因此，以工资收入为主要生活来源，就成为在企业、事业单位、机关、社会组织中的劳动者加入工会的必要条件。

工资，是指用人单位根据国家有关规定或者劳动合同的约定，以货币形式直接支付给本单位劳动者的劳动报酬。工资是劳动者劳动收入的主要组成部分，是劳动者生活的主要或唯一的来源，是劳动者的核心利益。工资具有如下特征：（1）工资是劳动者基于劳动关系所获得的劳动报酬；（2）工资是用人单位对劳动者履行劳动义务的物质补偿；（3）工资额的确定必须以劳动法规、劳动政策、集体合同和劳动合同的规定为依据；（4）工资必须以法定货币支付。根据国家统计局1990年发布的《关于工资总额组成的规定》，工资一般包括计时工资、计件工资、奖金、津贴和补贴、延长工作时间的工资报酬以及特殊情况下支付的工资等。

计时工资是指根据劳动者的实际工作时间和预先确定的计时工资标准支付给劳动者工资报酬的工资形式。它是工资的基本形式之一。按照时间单位的不同，计时工资分为小时工资、日工资、周工资、月工资、年工资等。

计件工资是按照劳动者生产合格产品的数量和预先规定的计件单价计量和支付劳动报酬的一种形式。它是工资的基本形式之一。计件工资具体形式主要有：直接计件工资、间接计件工资；有限计件工资、无限计件工资；累进计件工资、累退计件工资等。

奖金是指对劳动者提供的超额劳动和增收节支所支付的报酬。奖金是职工工资收入的组成部分，是贯彻按劳分配原则、支付劳动报酬的辅助形式，是对基本工资的补充。奖金大体上可分为两类：一类是由于劳动者提供超额劳动，直接增加了社会财富（例如增产、节约等）而给予的奖励；另一类是由于劳动者提供超额劳动，为增加社会财富创造了条件（例如技术革新等）而给予的奖励。根据超额劳动的情况，奖金又可以分为综合奖和单项奖两种形式。综合奖是根据劳动者各个方面的贡献全面地综合评定的奖金；单项奖则是根据劳动者某一方面的优良成绩评定的奖金。

津贴是指补偿职工在特殊条件下的劳动消耗及生活费额外支出的工资补充形式。津贴作为一种辅助形式，是对劳动者额外劳动付出的一种补偿，一般是指补偿劳动者在特殊条件下的劳动消耗及生活费额外支出的工资。补贴是为了补偿物价变动而设置的补偿，主要有生活费补贴和价格补贴。津贴和补贴本质上没有区别，但补贴是对日常生活费用开支的补助，侧重于生活性，而津贴是对额外和特殊劳动消耗的补偿，侧重于生产性。如高温津贴、有毒有害津贴、矿山井下津贴、特殊技术岗位津贴、保健津贴、林区津贴、地区生活费补贴、高寒山区津贴、海岛津贴、冬季取暖补贴等。

浮动工资是劳动者劳动报酬随着企业经营好坏及劳动者劳动贡献大小而上下浮动的一种工资形式。浮动工资形式多样，有利于调动职工群众的积极性，促进企事业单位发展。

三、承认中国工会章程

承认工会章程，这是职工加入工会的前提条件。工会是工人阶级的群众组织，把众多的职工组织在一起，必须有一个共同遵守的章程。《中国工会章程》是中国工会全国代表大会通过的规定工会组织性质、指导思想、奋斗目标、组织原则、体制机制和工会会员的权利义务等工会重大问题的规章，是处理工会内部事务的基本准则。《中国工会章程》在根据中华人民共和国《宪法》《工会法》及其他有关法律、法规的前提下，严格规定了中国工会组织的性质、指导思想、工作方针、组织制度和机构、工会会员的权利和义务、工会经费的收支及审查等各个方面的具体内容。因此，一方面，中国工会章程是中国工会各级组织和工会会员必须认真遵守的一项内部规章；另一方面，中国工会章程也必须根据实际情况的变化而进行修改，以使之更加完善。

申请加入工会的职工，必须首先承认中国工会章程，这样才能使全体会员为着共同的目标、共同的利益，努力形成共同的意志，采取一致的行动，使工会成为充满生机和活力的工人阶级群众组织。这是因为《中国工会章程》涉及的内容很多也很明确，如工会的性质、工会的指导思想、工会的职责任务、会员入会的条件和程序、会员的权利和义务、组织制度、组织体系、工会干部、工会的经费和财产，等等。加入工会的申请人对《中国工会章程》的所有规定都应当承认。"承认"区别于"遵守"和"服从"，它本质上是要求入会申请人对自愿加入工会有一个自觉的态度。

会员承认工会章程，在现阶段就是要努力为全面建成社会主义现代化强国、实现中华民族伟大复兴的中国梦而努力奋斗，服从工会组织的领导，执行工会决议，参加工会组织生活，行使会员权利，履行会员义务，并按时缴纳会费等。

除了上述 3 个方面条件外，我国工会章程没有对申请加入工会的劳动者设置其他限制性条件，也没有设置国籍、民族、性别、年龄、文化程度、健康状况等的限制，从而充分保障了劳动者参加和组织工会的权利。

第三节　职工加入工会的程序

工会组织有自身的组织制度，职工加入工会组织履行一定的民主程序，有利于增强职工的工会组织意识和会员意识，有利于工会组织加强对会员的管理，有利于工会组织更好地履行维权服务基本职责，有利于工会组织规范、有序、健康地发展。因此，职工加入工会必须履行一定的民主程序，正确把握职工加入工会的注意事项。《中国工会章程》第 2 条规定："职工加入工会，由本人自愿申请，经基层工会委员会批准并发给会员证。"按照这一规定，凡是符合入会条件的职工，只有自愿申请，才可以加入工会成为工会会员。根据中华全国总工会印发的《工会会员会籍管理办法》规定，职工加入工会的基本程序如下。

一、本人自愿申请

凡是符合条件的职工，均可自愿申请加入工会。职工申请加入工会的方式主要有两种。

1.口头或书面申请入会

由职工本人通过口头或书面形式提出入会申请，填写《中华全国总工会入会申请书》和《工会会员登记表》，报基层工会委员会。

2.网上申请入会

由职工通过网站、微博、邮件等网络渠道，向工会组织提供相关信息，表达自己的入会愿望；工会按照线上申请、线下受理、分级审核、全程跟踪等程序，及时受理职工需求，办理相关审批手续。

需要特别注意的是，"网上申请入会"不等于"网上入会"，这是两个不同的概念。相对于口头或者书面申请入会，网上申请入会的意义仅仅是提供了一个新的申请入会的渠道或者方式，绝对不是通过网络申请就可以直接加入工会。加入工会可以线上申请，但必须线下办理。基层工会接到网上申请后，必须与申请者取得联系、见面会谈，核实确认申请者的有关信息，按程序和条件，区分不同的情况进行处理。如基层工会审核批准的，给申请者发放会员证，可以当面发放，也可以邮寄发放，并把申请者的信息登录会员实名数据库；不符合入会条件的，可以通过网络回复说明，也可以书面回复说明，并把处理结果反馈到上一级工会。

尚未建立工会的用人单位职工，按照属地和行业就近原则，可以向上级工会提出入会申请，在上级工会的帮助指导下加入工会。用人单位建立工会后，应及时办理会员会籍接转手续。

非全日制等形式灵活就业的职工，可以申请加入所在单位工会，也可以申请加入所在地的乡镇（街道）、开发区（工业园区）、村（社区）工会和区域（行业）工会联合会等。会员会籍由上述工会管理。

农民工输出地工会开展入会宣传，启发农民工入会意识；输入地工会按照属地管理原则，广泛吸收农民工加入工会。农民工会员变更用人单位时，应及时办理会员会籍接转手续，不需重复入会。

二、基层工会委员会审核

基层工会委员会接到职工入会申请书后，应及时召开会议，研究审查接纳职工入会事项。审查的主要内容有：（1）申请人是否符合入会条件；（2）是否自愿；（3）是否符合入会手续。符合条件和手续的，应当接纳入会，并在职工入会申请书上签署意见。

三、基层工会委员会批准并发给会员证

经基层工会委员会审核批准，即为中华全国总工会会员，发给《中华全国总工会会员证》（以下简称"会员证"），取得会员会籍，享有会员权利，履行会员义务。工会会员卡（以下简称"会员卡"）也可以作为会员身份凭证。

基层工会可以通过举行入会仪式、集体发放会员证或会员卡等形式，增强会员意识。

基层工会应当建立会员档案，实行会员实名制，动态管理会员信息，保障会员信息安全。

目前，各地在发展农民工入会过程中，为了方便职工入会，简化职工入会手续，采取集体登记入会、劳动力市场入会、街道和社区直接吸收职工入会等方式，有效地提高了工会组建率和职工入会率，最大限度地把职工组织到工会中来。

第四节　新就业形态劳动者参加和组织工会的权利

《工会法》第3条第2款规定："工会适应企业组织形式、职工队伍结构、劳动关系、就业形态等方面的发展变化，依法维护劳动者参加和组织工会的权利。"这一规定，明确了新就业形态劳动者参加和组织工会的权利，为新就业形态劳动者参加和组织工会提供了重要法律保障。

新就业形态劳动者，是指伴随着互联网、大数据等现代信息科技进步，依托互联网平台实现就业，其就业方式有别于传统的稳定就业和灵活就业的劳动者，如网约配送员、网约车驾驶员、快递员、代驾司机、互联网营销师、淘宝店主等，都属于新就业形态劳动者。其中，既有建立劳动关系或符合确认为劳动关系的劳动者，也有在平台上灵活就业的劳动者；既有依托互联网平台通过提供劳动获取劳动报酬的劳动者，也有依托平台

开展经营活动获取经营收入的劳动者；既有在平台上从事全职工作、作为其收入主要来源的劳动者，也有从事兼职工作以增加收入的劳动者。

与传统意义上的职工相比，新就业形态群体具有组织方式平台化、工作机会互联网化、工作时间碎片化、就业契约去劳动关系化及流动性强、组织程度偏低等特点，权益维护面临许多困难问题。工会作为职工自愿结合的工人阶级群众组织，维护职工合法权益、竭诚服务职工群众是工会的基本职责。新就业形态劳动者是职工队伍的重要组成部分，在推动经济社会高质量发展中发挥着重要作用，工会要把维护他们合法权益的大旗牢牢扛在肩上。组织他们入会是为其提供维权服务最基础的环节，必须放在突出重要的位置予以强调。

将职工群众组织起来，切实维护好他们的合法权益，是工会的法定职责，也是党交给工会的一项重大政治任务。2018 年 10 月 29 日，习近平总书记在同全国总工会新一届领导班子成员集体谈话时指出，工会要通过多种有效方式，把快递员、送餐员、卡车司机等灵活就业群体、各类平台就业群体吸引过来、组织起来、稳固下来，使工会成为他们愿意依靠的组织。组织新就业形态劳动者加入工会是落实习近平总书记重要指示和党中央决策部署的必然要求，是工会组织向新兴领域新兴群体延伸、适应工会工作实践发展的现实任务，也是吸引凝聚职工、维护职工队伍团结稳定的迫切需要，对于扩大工会组织有效覆盖、密切工会与职工群众联系、巩固党执政的阶级基础和群众基础具有重要意义。对于平台企业而言，支持所属从业人员组建工会、加入工会，可以通过工会了解他们的意愿，代表他们反映诉求、与企业沟通协商，能够大幅降低企业管理成本，及时化解劳资矛盾，有效激发从业者劳动热情和创造力，不断助力企业可持续高质量发展。

《关于维护新就业形态劳动者劳动保障权益的指导意见》（人社部发〔2021〕56 号）明确提出："各级工会组织要加强组织和工作有效覆盖，拓宽维权和服务范围，积极吸纳新就业形态劳动者加入工会。加强对劳动者的思想政治引领，引导劳动者理性合法维权。监督企业履行用工责任，维护好劳动者权益。积极与行业协会、头部企业或企业代表组织开展协商，签订行业集体合同或协议，推动制定行业劳动标准。"

随着新就业形态从业者的增多，2018 年全总根据《推进货车司机等群体入会工作方案》启动试点工作，以开展"货车司机入会集中行动"为牵引，全会上下联动，合力攻坚克难，大力推进货车司机、快递员、护工护理员、家政服务员、商场信息员、网约送餐员、房产中介员、保安员等群体（简称"八大群体"）入会，实现八大群体入会取得突破。2021 年 7 月，全国总工会在全国范围启动"新就业形态劳动者入会集中行动"，力争到 2022 年 12 月底，全国新建各类基层工会组织 24 万个以上、新发展工会会员 1600 万人以上，其中新发展货车司机、网约车司机、快递员、外卖配送员等 4 个群体会员 800 万人以上，并形成一批可复制、可推广的经验模式，最大限度将新就业形态劳动者组织到工会中来。上述试点工作一定程度上突破了劳动关系作为入会前提的限制。2021 年 12 月 24 日《工会法》的修改将这些试点工作制度化，且入会不再以是否存在劳动关系作为前提条件，适应了数字化时代就业形态的变化。

中华全国总工会办公厅印发《关于推进新就业形态劳动者入会工作的若干意见（试行）》的通知，对推进新就业形态劳动者入会工作提出如下意见。

1.夯实新就业形态劳动者入会组织基础

（1）推动用人单位依法建立工会组织。聚焦重点行业、重点领域，推动互联网平台企业特别是头部企业及所属子公司、分公司，以及货运挂靠企业、快递加盟企业、外卖配送代理商、劳务派遣公司等关联企业普遍建立工会组织，完善组织架构，广泛吸收新就业形态劳动者入会。

（2）加强新就业形态行业工会联合会建设。根据地方和行业实际，按一个或多个行业成立以覆盖新就业形态劳动者为主的行业工会联合会，作为吸收新就业形态劳动者入会和管理服务的重要载体。有条件的配备社会化工会工作者、保障工作经费。

（3）完善"小三级"工会组织体系。建强乡镇（街道）、村（社区）工会组织，承担新就业形态劳动者入会"兜底"功能。对应党建片区、社会治理网格、园区、商圈、楼宇等，建立相应的区域工会，推行工会网格化模式，夯实组织基础，扩大有效覆盖。

2.明确新就业形态劳动者入会路径

（1）与用人单位建立劳动关系或符合确定劳动关系情形的新就业形态劳动者，应加入用人单位工会。用人单位没有成立工会的，可加入用人单位所在地的乡镇（街道）、开发区（工业园区）、村（社区）工会或区域性行业性工会联合会、联合工会等。待用人单位建立工会后，及时办理会员组织关系接转手续。

（2）不完全符合确立劳动关系情形及个人依托平台自主开展经营活动等的新就业形态劳动者，可以加入工作或居住地的乡镇（街道）、开发区（工业园区）、村（社区）工会或区域性行业性工会联合会、联合工会等。鼓励平台企业、挂靠企业工会等吸纳新就业形态劳动者入会。

（3）以劳务派遣形式就业的新就业形态劳动者加入工会，依照《中华全国总工会关于组织劳务派遣工加入工会的规定》（总工发〔2009〕21号）执行。用人单位、用工单位均没有成立工会的，可加入用人或用工单位所在地的乡镇（街道）、开发区（工业园区）、村（社区）工会或区域性行业性工会联合会、联合工会等。

3.创新新就业形态劳动者入会及管理方式

（1）适应新就业形态劳动者用工关系复杂、就业灵活、流动性大等特点，优化入会流程，方便组织劳动者入会。探索推行集体登记入会、流动窗口入会、职工沟通会现场入会等方式，举行集中入会仪式等做法，增强会员意识，扩大工会影响。

（2）针对新就业形态劳动者多依托互联网平台就业的实际，结合智慧工会建设，加快推进网上入会试点步伐，逐步健全支持网上便捷入会的数据系统和服务平台。有条件的地方，可以试行网上入会全流程操作。探索依托平台企业开展宣传引导、网上入会和维权服务。

（3）坚持新就业形态劳动者会员劳动（工作）关系在哪里，会籍就在哪里，实行一次入会、动态接转，加强流动会员管理，畅通组织关系接转渠道。探索基层工会联合会直接发展会员方式。及时将新就业形态劳动者会员纳入基层工会组织和工会会员数据库实名动态管理，逐步打通网上接转会员组织关系通道。

《关于推进新就业形态劳动者入会工作的若干意见（试行）》明确要求，通过深化维权服务吸引新就业形态劳动者入会。特别是坚持服务先行，打造线上线下有机融合的服务新就业形态劳动者工作体系。包括争取社会力量支持参与，探索面向货车司机等重点群体的关爱基金和意外伤害险等服务项目，开展以满足新就业形态劳动者需求为导向的服务活动；规范和做好工会户外劳动者服务站点相关工作，推动"司机之家"建设和"会、站、家"一体化建设，有效凝聚新就业形态劳动者等。

同时，要探索平台企业实行民主管理的方式方法，注重发挥产业、行业工会作用，引导平台企业和劳动者在劳动报酬、奖惩办法、工作时间、劳动定额等方面进行协商，为劳动者搭建理性有序表达合理利益诉求的渠道，保障劳动者对涉及切身利益重要事项的知情权、参与权、表达权，加强对平台企业执行劳动法律法规的有效监督。

第五节　劳务派遣工、农民工、灵活就业人员和外籍职工参加和组织工会的规定

一、劳务派遣工

劳务派遣又称人才派遣、人才租赁、劳动派遣，是指劳务派遣单位根据用工单位的实际用工需要，招聘劳动者，并将所聘劳动者派遣到用工单位工作的一种用工方式。劳务派遣单位与被派遣劳动者建立劳动关系，负责工资支付及社会保险费缴纳等日常管理工作，用工单位则实际使用劳动者，并向劳务派遣单位支付服务费用。而劳务派遣工指的就是被派遣的劳动者。《劳动合同法》第 58 条规定："劳务派遣单位是本法所称用人单位，应当履行用人单位对劳动者的义务。劳务派遣单位与被派遣劳动者订立的劳动合同，除应当载明本法第 17 条规定的事项外，还应当载明被派遣劳动

者的用工单位以及派遣期限、工作岗位等情况。劳务派遣单位应当与被派遣劳动者订立 2 年以上的固定期限劳动合同，按月支付劳动报酬；被派遣劳动者在无工作期间，劳务派遣单位应当按照所在地人民政府规定的最低工资标准，向其按月支付报酬。"

劳务派遣工是我国工人阶级的重要组成部分，有权依法参加和组织工会。根据《劳动合同法》第 64 条规定，被派遣劳动者有权在劳务派遣单位或者用工单位依法参加或者组织工会，维护自身的合法权益。被派遣劳动者无论是在劳务派遣单位，还是在用工单位都可以有依法参加和组织工会的权利。劳务派遣工参加工会的情况比较特殊，劳务派遣单位由于将职工都派遣出去了，职工很分散，所处的环境又不同，因此很少有组建工会的，即使组建了，工会工作也很难开展。同时，劳务派遣工尽管在接受单位工作，但不是接受单位的职工，且涉工会会费等问题，因此劳务派遣工一般也不被允许参加接受单位的工会。正是考虑到这些特殊情况，《劳动合同法》明确规定了劳务派遣工参加和组织工会的权利，以维护自身的合法权益。至于是参加劳务派遣单位的工会，还是参加用工单位的工会，可以根据实际情况而定。

为最大限度地把包括劳务派遣工在内的广大职工组织到工会中来，切实维护其合法权益，根据《工会法》《中国工会章程》的相关规定，2009 年 4 月 30 日，中华全国总工会发布了《关于组织劳务派遣工加入工会的规定》（总工发〔2009〕21 号），对组织劳务派遣工加入工会作出了明确规定，主要包括如下。

1.劳务派遣单位和用工单位都应当依法建立工会组织，吸收劳务派遣工加入工会，任何组织和个人不得阻挠和限制。劳务派遣工应首先选择参加劳务派遣单位工会，劳务派遣单位工会委员会中应有相应比例的劳务派遣工会员作为委员会成员。劳务派遣单位没有建立工会组织的，劳务派遣工直接参加用工单位工会。

2.在劳务派遣工会员接受派遣期间，劳务派遣单位工会可以委托用工单位工会代管。劳务派遣单位工会与用工单位工会签订委托管理协议，明确双方对会员组织活动、权益维护等的责任与义务。

3.劳务派遣工的工会经费应由用工单位按劳务派遣工工资总额的2%提取并拨付劳务派遣单位工会，属于应上缴上级工会的经费，由劳务派遣单位工会按规定比例上缴。用工单位工会接受委托管理劳务派遣工会员的，工会经费留用部分由用工单位工会使用或由劳务派遣单位工会和用工单位工会协商确定。

4.劳务派遣工会员人数由会籍所在单位统计。加入劳务派遣单位工会的，包括委托用工单位管理的劳务派遣工会员，由劳务派遣单位工会统计，直接加入用工单位工会的由用工单位工会统计。

5.劳务派遣单位工会牵头、由使用其劳务派遣工的跨区域的用工单位工会建立的基层工会联合会，不符合建立区域性、行业性基层会联合会的规定，应予纠正。

6.上级工会应加强督促检查，切实指导和帮助劳务派遣单位和用工单位工会做好劳务派遣工加入工会和维护权益工作。

二、农民工

农民工有广义和狭义之分。广义指在本地乡镇企业就业的离土不离乡的农村劳动力和外出进入城镇从事第二产业、第三产业的离土又离乡的农村劳动力；狭义的农民工主要是指后一部分人。《保障农民工工资支付条例》第2条第2款规定，本条例所称农民工，是指为用人单位提供劳动的农村居民。农民工是我国特有的城乡二元体制的产物，是我国在特殊的历史时期出现的一个特殊的社会群体。改革开放以来，农民工作为农村家庭承包制改革解放出来的剩余劳动力，为我国工业化、城镇化发展作出了突出贡献。

农民工也是以工资收入为主要生活来源的劳动者，农民工有加入工会组织的权利，任何组织和个人不得阻挠和限制。《国务院关于解决农民工问题的若干意见》第30条指出：用人单位要依法保障农民工参加工会的权利。

凡是以工资收入为主要生活来源的农民工，不论户籍所在、用工形式如何、工作时间长短，都要依法把他们组织到工会中来。任何单位和个人，不得以任何理由拒绝农民工加入工会组织的要求。

要逐步完善农民工"源头入会、凭证接转、属地管理"机制，健全城乡一体的农民工会员管理及流转服务工作制度。探索建立包括农民工会员在内的工会会员会籍信息化、动态化管理制度，增强会员统计和管理工作的准确性和实效性。

三、灵活就业人员

灵活就业人员是指以非全日制、临时性和弹性工作等灵活形式就业的人员。灵活就业人员的特点主要表现为"三个灵活性"。一是工作关系的灵活性。灵活就业人员的工作关系不稳定，时长时短，因为他们总要频繁地更换岗位。二是收入的灵活性。收入高低不等，总体水平较低，有相当一部分人的收入达不到社会平均工资水平。三是工作时间的灵活性。灵活就业人员的工作时间依其从事的行业性质而定。

根据 2016 年全国总工会印发的《工会会员会籍管理办法》的规定，非全日制等形式灵活就业的职工，可以申请加入所在单位工会，也可以申请加入所在地的乡镇（街道）、开发区（工业园区）、村（社区）工会和区域内、行业性工会联合会等。

四、外籍职工

外籍职工是指具有外国国籍的职工。根据我国《出入境管理办法》的规定，外国人在中国境内工作，应当按照规定取得工作许可和工作类居留证件，未按照规定取得就业证件的外籍人士（包括持有就业证件的外籍人士的配偶）在华就业，都属于"非法就业"。

全总于 1979 年下发的《关于外籍职工参加工会的意见》规定："凡在我国厂矿企业、事业单位和学校从事体力或脑力劳动的外籍职工，自愿申请参加中国工会，符合会员条件的，可按照《中国工会章程》的规定同意其加入工会。但不公开宣传动员。外籍职工回国时，收回会员证，不转会员的组织关系，可由省、市、自治区总工会发给参加过中国工会的证明信。"

同时，根据《企业工会主席产生办法（试行）》第6条规定，外籍职工不得作为本企业工会主席候选人。

第六节　积极推行工会会员实名制管理

工会会员实名制管理，主要是指依托互联网，建立工会会员实名制管理数据库，搭建会员信息统计平台，借助信息技术手段实现对会员会籍管理的规范化、及时化、动态化、便捷化和智能化，实现动态统计分析工会组织和会员情况，为部署指导工作需要提供方便快捷的基层工会和会员信息数据服务。

推行工会会员实名制管理，是夯实基层工会基础、发挥党联系职工群众的桥梁和纽带作用的需要。随着经济社会发展和建会工作深入推进，基层工会组织数量和会员数量快速增长，会员流动愈加频繁，工会要发挥党联系职工群众的桥梁和纽带作用，必须顺应新形势，建立工会会员实名制管理数据库，准确掌握会员群众的动态发展情况，才能更好地组织、凝聚、服务、引导广大会员群众，为做好工会工作奠定基础。

推行工会会员实名制管理，是加强和改进新形势下工会组建工作的需要。当前，职工队伍发生了很大的变化，传统的会员统计和会籍管理方式已经不能适应形势发展的需要，在一定程度上存在重复统计或缺漏统计等现象。促进基层工会组织建设的规范化，创新工会组建和职工入会方式，迫切需要推行工会会员实名制登记。

推行工会会员实名制管理，是进一步联系和服务会员群众、建立服务型工会的需要。建设全覆盖、普惠制的服务型工会，工会会员实名制管理是基础。会员实名制不仅创新了会员管理的办法，促进会员管理的便捷化和智能化，而且将不同层次的会员群体融合于一个服务平台，为进一步联系和服务会员群众、建立服务型工会奠定坚实基础。

第七节　权利与义务概述

一、权利与义务

权利是法律赋予权利主体作为或不作为的许可、认定及保障。指公民依法应享有的权力和利益，或者法律关系主体在法律规定的范围内，为满足其特定的利益而自主享有的权能和利益。

义务是主体应做出一定行为或不做一定行为的责任。义务人为满足权利人的利益而为一定行为或不为一定行为的必要性，义务具有法律强制性。

二、权利与义务的关系

权利和义务的关系，可以从下面几方面来理解。

1.权利与义务是紧密联系、相互依存、不可分割的。诚如马克思所言："没有无义务的权利，也没有无权利的义务。"履行义务是行使权利的前提，行使权利是履行义务的保证。把义务和权利对立起来，割裂开来，要求只享受权利，不尽义务，或者只要求尽义务而无视权利的做法，都是不正确的。

2.权利和义务具有平等性。公民平等地享有宪法和法律规定的权利，同时也需要平等履行宪法和法律规定的义务。不允许任何公民享有权利而不履行义务，也不可能有只尽义务而不享有权利的情况出现。除此以外，司法机关在对公民适用法律时，一律应当平等对待。任何公民都没有超越宪法和法律的特权。

3.权利和义务具有一致性。某一内容是自己的权利或义务，相对来说，就是他人的义务或权利，权利和义务在不同角度上，所体现的性质也不同。总的来说，公民的权利和义务是相互依存，密不可分的。

三、劳动者的基本权利与基本义务

1.劳动者的基本权利

根据《劳动法》规定，劳动者的基本权利如下。

（1）劳动者有平等就业的权利。是指具有劳动能力的公民，有获得职业的权利。劳动是人们生活的第一个基本条件，是创造物质财富和精神财富的源泉。劳动就业权是有劳动能力的公民获得参加社会劳动和切实保证按劳取酬的权利。公民的劳动就业权是公民享有其他各项权利的基础。如果公民的劳动就业权不能实现，其他一切权利也就失去了基础。

（2）劳动者有选择职业的权利。是指劳动者根据自己的意愿选择适合自己才能、爱好的职业。劳动者拥有自由选择职业的权利，有利于劳动者充分发挥自己的特长，促进社会生产力的发展。

（3）劳动者有取得劳动报酬的权利。随着劳动制度的改革，劳动报酬成为劳动者与用人单位所签订的劳动合同的必备条款。劳动者付出劳动，依照劳动合同及国家有关法律取得报酬，是劳动者的权利，而及时足额地向劳动者支付工资，则是用人单位的义务。获取劳动报酬是劳动者的主要生活来源，也是劳动者持续地行使劳动权不可少的物质保证。

（4）劳动者有权获得劳动安全卫生保护的权利。这是保证劳动者在劳动中生命安全和身体健康，是对享受劳动权利的主体切身利益最直接的保护。

（5）劳动者享有休息休假的权利。我国宪法规定，劳动者有休息的权利，国家发展劳动者休息和休养的设施，规定职工的工作时间和休假制度。

（6）劳动者享有社会保险和福利的权利。我国《宪法》第 45 条第 1 款规定："中华人民共和国公民在年老、疾病或者丧失劳动能力的情况下，有从国家和社会获得物质帮助的权利。国家发展为公民享受这些权利所需要的社会保险、社会救济和医疗卫生事业。"

（7）劳动者有接受职业技能培训的权利。我国宪法规定，公民有受教育的权利和义务。受教育既包括接受普通教育，也包括接受职业教育。公民要实现自己的劳动权，必须拥有一定的职业技能，而要获得这些职业技能，越来越依赖于专门的职业培训。职业培训对于提高劳动者素质、促进经济社会高质量发展有着非常重要的意义。

（8）劳动者有提请劳动争议处理的权利。劳动争议是指劳动关系当事人，因执行《劳动法》或履行集体合同和劳动合同的规定引起的争议。劳动关系当事人，作为劳动关系的主体，各自存在着不同的利益，双方不可避免地会产生分歧。用人单位与劳动者发生劳动争议，劳动者可以依法申请调解、仲裁、提起诉讼。劳动争议调解委员会由用人单位、工会和职工代表组成。劳动争议仲裁委员会由劳动行政部门的代表、同级工会、用人单位代表组成。解决劳动争议应该贯彻合法、公正、及时处理的原则。

（9）法律规定的其他权利。法律规定的其他权利包括：依法参加和组织工会的权利，依法享有参与民主管理的权利，劳动者依法享有参加社会义务劳动的权利，从事科学研究、技术革新、发明创造的权利，依法解除劳动合同的权利，对用人单位管理人员违章指挥、强令冒险作业有拒绝执行的权利，对危害生命安全和身体健康的行为有权提出批评、举报和控告的权利，对违反劳动法的行为进行监督的权利等。

2.劳动者的基本义务

根据《劳动法》规定，劳动者的基本义务主要如下。

（1）劳动者应当完成劳动任务。劳动者应当以主人翁的态度对待劳动，尽心尽力完成用人单位安排的生产工作任务，在保证完成规定任务的同时，提高工作效率，节约人力、物力。

（2）劳动者应当提高职业技能。劳动者应当参加职业技能培训，努力学习科学文化技术知识，学习业务知识，不断提高职业技能，提高工作质量和工作效率。

（3）劳动者应当执行劳动安全卫生规程。劳动安全卫生规程是指国家为了保护劳动者在生产和工作过程中的安全与健康，防止、消除生产安全事故、职业病和各种职业危害而制定的各种法律法规规章。其主要内容包括：防止生产安全事故的规定；防止粉尘危害的规定；防止有毒有害物质危害的规定；防止噪声和强光的规定；防暑降温和防寒的规定；通风照明的规定；个人防护用品的规定；职工健康管理的规定等。劳动者应当严格执行劳动安全卫生规程，防止安全生产事故和职业病的发生，保证劳动者的生命安全和身体健康。

（4）劳动者应当遵守劳动纪律。劳动纪律是指劳动者在劳动过程中必须遵守的劳动规则和秩序。劳动者应当强化规则意识，自觉遵守用人单位的规章制度和劳动纪律，维护正常的生产和工作秩序。

（5）劳动者应当遵守职业道德。职业道德是指人们在职业生活中应遵循的基本道德，即一般社会道德在职业生活中的具体体现。是职业品德、职业纪律、专业胜任能力及职业责任等的总称，属于自律范围，它通过公约、守则等对职业生活中的某些方面加以规范。职业道德既是对本职人员在职业活动中的行为标准和要求，同时又是职业对社会所负的道德责任与义务。良好的职业道德是每一个职工都必须具备的基本品质。

第八节　工会会员的权利

根据《中国工会章程》第 3 条的规定，工会会员享有的权利主要包括以下几方面。

一、选举权、被选举权和表决权

选举权、被选举权和表决权是工会会员最基本、最重要的权利。选举权，就是工会会员有选举出席工会代表大会代表和工会组织领导人的权利；被选举权，就是工会会员有当选职工代表、会员代表和各级工会组织领导人的权利；表决权，就是工会会员有权对工会委员、工会领导人候选人，工会会议决议、决定，表示赞成、反对或弃权的权利。

二、批评和监督的权利

批评和监督的权利，是指工会会员有对工会工作进行监督，提出意见和建议，要求撤换或者罢免不称职的工会工作人员的权利。批评和监督权是对选举权的补充与保障。工会工作人员不仅包括工会代表大会代表，工会委员会委员，工会主席、副主席，也包括工会领导机构中的普通工作人员，他们的职责就是执行工会代表大会的决议，履行工会维权服务的基本职责，如果他们不能代表大多数会员的利益，不为会员说话办事，会员或会员代表有权提出批评。对一些违法乱纪或有严重失职行为，已经失去会员信任和拥护的不称职的工会工作人员，每个会员或会员代表都可以依据事实，提出撤换或罢免其职务的建议，或要求其选举单位依据事实，按照有关程序作出撤换或罢免的决定。始终把工会工作置于广大会员的监督之下，对于工会工作人员履行职责，推动工会工作的开展有着非常重要的作用。

三、对国家和社会生活问题及本单位工作提出批评与建议，要求工会组织向有关方面如实反映的权利

工会会员既是工会的主人，也是国家的主人，有权依照法律规定，通过各种途径和形式，参与管理国家事务，管理经济和文化事业，管理社会事务。工会是中国共产党联系职工群众的桥梁和纽带，会员通过工会组织反映自己对国家和社会生活方面的意见，是参与管理国家事务、社会事务的重要途径和形式。工会组织是会员和职工利益的代表，会员通过工会组织对本单位工作提出批评和建议，进行民主管理、民主监督，以维护自身的合法权益，是工会会员的基本权利。会员对国家政治、经济、文化和社会生活的某些问题提出意见、建议，通过工会向有关部门如实反映，也是工会组织必须履行的义务。

四、在合法权益受到侵犯时，要求工会给予保护的权利

职工加入工会的主要目的，就是通过工会组织代表和维护自己的合法权益。工会要赢得职工群众的信任和拥护，就必须做好维护职工切身利益的工作。当前，职工的民主意识和法律意识越来越强，维护自己合法权益的愿望也越来越强烈。维权工作已成为摆在各级工会组织面前的一项重点工作。因此，会员在自己的合法权益受到侵犯时有权要求工会组织给予保护。工会要坚持以职工为中心的工作导向，认真履行维权服务的基本职责，切实把职工合法权益实现好、维护好、发展好。

五、享受工会举办的福利、优惠待遇和奖励的权利

按照《中国工会章程》规定，会员享有工会提供的文化、教育、体育、旅游、疗休养、互助保障、生活救助、法律服务、就业服务等优惠待遇，工会给予的各种奖励。会员除参加工会组织的民主政治生活等活动外，还有参加工会组织的如读书学习、文化体育、各种竞赛、职业技能培训、旅游、疗休养等丰富多彩的活动，并享受参加这些活动所规定的优惠待遇的权利。同时，对于会员参加工会组织活动所做出的优异成绩，可享受工会给予的各种奖励。会员还可以享受工会为会员提供的卫生医疗、购物、生活服务、子女入托入学等优惠待遇。随着企事业单位改革、改制的深入发展，会员在文化生活、生活服务、法律服务、就业服务等方面的需求更加突出，如果工会能够切实做好服务工作，使会员这些方面的权利得到充分保障，就会进一步增强工会的吸引力凝聚力。

六、在工会组织内的言论自由权

《中国工会章程》规定，工会会员有权在工会会议和工会媒体上，参加关于工会工作和职工关心问题的讨论。工会会议是指工会组织的各种会议，包括工会小组会、会员大会或会员代表大会等，会员有权在工会会议上对工会组织的决议、决定进行讨论和表决，表示自己赞成或反对

的意见，任何人不得干涉。工会媒体既包括工会组织主办的报纸、刊物等传统媒体，也包括微博、微信、数字杂志、数字报纸、手机短信、手机网络等新兴媒体。会员有权在工会的会员和媒体上参加关于工会工作的讨论、发表自己对工会工作的意见和建议，这是依靠会员，充分发扬民主，集中会员智慧，开门办会、民主办会，加强工会自身建设的重要途径。

工会各级组织要切实保障会员各项权利，维护会员的合法权益。同时，要教育会员珍视自己的权利，依法正确行使自己的权利。

第九节　工会会员的义务

权利与义务是统一的、不可分割的。工会会员既要充分地行使自己的权利，又要严格履行自己的义务。只有这样，才能做一名合格的工会会员。根据《中国工会章程》的规定，工会会员的义务主要如下。

一、学习的义务

按照《中国工会章程》的规定，工会会员要认真学习贯彻习近平新时代中国特色社会主义思想，学习政治、经济、文化、法律、科技和工会基本知识等。随着时代的发展和科学技术的进步，对广大工会会员思想道德素质和科学文化技术素质的要求越来越高。《工会法》规定，工会"教育职工不断提高思想道德、技术业务和科学文化素质，建设有理想、有道德、有文化、有纪律的职工队伍"。进入新时代，广大工会会员要认真学习习近平新时代中国特色社会主义思想，坚持用科学理论武装头脑、指导实践、推动工作，增强"四个意识"，坚定"四个自信"，做到"两个维护"。要深化中国特色社会主义和中国梦宣传教育，加强爱国主义、集体主义、社会主义教育。在广大职工中唱响共产党好、社会主义好、改革开放好、伟大祖国好、各族人民好的时代主旋律。增强听党话、跟党走的思想自觉和行动自觉。要坚持把社会主义核心价值观融入职工生产生活，深化以职业道德为重点的社会公德、职业道德、家庭美德、个人品德等"四德"建设。工会会员要认真学习党和国家的方针、政策、法律、法规，学习科学文化技术知识，学习管理知识，学习工会知识，不断增强工会意识和会员意识。要正确行使工会会员的权利，履行工会会员的各项义务，做一名合格的工会会员。

二、积极参加民主管理，努力完成生产和工作任务，立足本职岗位建功立业的义务

工会会员参加民主管理，既是作为劳动者的基本权利，也是工会会员应尽的义务。工会会员应当依法积极参加用人单位的民主管理，行使主人翁的权利，履行主人翁的义务，为单位发展献计献策，齐心协力促进单位发展。工会会员还要以主人翁的态度对待劳动，立足本职，爱岗敬业，勤奋工作，艰苦奋斗，勇于创新，努力完成生产和工作任务，为推动高质量发展，全面建成社会主义现代化强国建功立业。

三、遵守宪法和法律，践行社会主义核心价值观，弘扬中华民族传统美德，恪守社会公德、职业道德、家庭美德、个人品德，遵守劳动纪律的义务

工会会员要增强法治观念，树立法治意识，认真学习和遵守宪法与法律法规，做遵纪守法的模范。要积极培育和践行社会主义核心价值观，坚持把社会主义核心价值观融入生产生活。要加强职业道德修养，提高职业道德水平，恪守社会公德、职业道德、家庭美德、个人品德，以良好的思想道德修养影响带动全社会。劳动纪律是劳动者在劳动中所应遵守的劳动规则和劳动秩序，是人们从事社会劳动的必要条件，是进行社会化大生产的基本保障，不论在任何生产方式下，只要进行共同劳动，就必须有劳动纪律。工会会员应当自觉遵守用人单位的规章制度和劳动纪律，支持领导工作，服从领导管理，维护用人单位正常的生产工作秩序。

四、正确处理国家、集体、个人三者利益关系，向危害国家、社会利益的行为作斗争的义务

在社会主义社会，人民当家作主，国家利益、集体利益和个人利益根本上是一致的。国家利益是最大多数人民的最根本最长远的利益，是全社会的整体利益。集体利益是社会集团全体成员的共同利益。个人利益是作为国家和集体中的一个成员的利益，是指个人拥有的一切需求及其满足需求的条件和资产总和。国家利益、集体利益、个人利益在根本上是一致的，是相辅相成、共同促进的。要在强调个人利益要服从集体利益，局部利益要服从整体利益的前提下，必须同时强调国家要尊重和尽力保障、满足个人的正当利益，为个人价值的实现创造机会和条件，并力求使每个人的个性和才能获得全面和充分的发展。

五、维护中国工人阶级和工会组织的团结统一，发扬阶级友爱，搞好互助互济的义务

我国工人阶级队伍的团结和工会组织的统一，是工人阶级和工会组织的优良传统和力量所在，也是工会组织履行维权服务基本职责，发挥作用、体现价值的基本保障。工人阶级内部的利益是一致的，其力量来源于团结和统一。维护工人阶级队伍和工会组织的团结统一，是工会服从服务党和国家工作大局、巩固党执政的阶级基础和群众基础的必然要求，是厚植密切联系职工群众优势、履行工会维权服务基本职责的内在要求，是适应劳动关系发展新情况新变化、源头治理劳动关系矛盾的迫切要求。作为工会会员，有义务维护中国工人阶级队伍和工会组织的团结统一，自觉接受党对工人运动的领导，坚定正确的政治方向，时刻警惕和抵制国内外敌对势力在工人阶级内部制造分裂、破坏工人阶级和工会组织统一的图谋，巩固党执政的阶级基础和群众基础，巩固工人阶级领导的以工农联盟为基础的人民民主专政的国家政权。每个会员都要发扬阶级友爱精神，在生产和工作上携手并肩、相互支持、相互合作、共同进步；在日常生活上团结

友爱、互相关心、互相爱护，互相帮助，共同创造美好生活。

六、遵守工会章程，执行工会决议，参加工会活动，按月交纳会费的义务

遵守工会章程，执行工会决议，参加工会活动，按月交纳会费是每个工会会员应该恪守的基本要求。工会章程是工会全国代表大会通过的规定工会组织性质、任务、组织原则和组织机构、会员权利义务的规章，是处理工会内部事务的基本准则。作为工会会员，应当自觉遵守工会章程，这是对合格工会会员的最基本要求。执行工会决议，是会员必须遵守的组织原则；参加工会活动，是会员行使权利、履行义务、发挥作用、接受组织约束的基本途径；按时交纳会费，是会员应尽的义务和对工会组织经济上的支持，更是增强会员组织观念、强化工会意识、密切与工会组织联系的一种体现。按照《中国工会章程》规定，会员没有正当理由连续6个月不交纳会费、不参加工会组织生活，经教育拒不改正，应当视为自动退会。对不执行工会决议、违反工会章程的会员，给予批评教育。对严重违法犯罪并受到刑事处罚的会员，开除会籍。

《中国工会章程》规定的工会会员的权利和义务，体现了我国工会的性质。每个工会会员在享有一定权利的同时，必须履行应尽的义务。工会会员只有认真履行工会章程规定的义务，才能充分表明自己是工会组织的一员，才有资格享有工会章程规定的权利。对于各级工会组织而言，应当加强对会员权利与义务的教育，使每一个会员在充分享有自己权利的同时，要时刻牢记自己的义务，按照工会章程规定的义务来规范和约束自己的行为，做一名合格的工会会员。

思考题

1.如何理解劳动者参加和组织工会的权利？

2.职工入会的条件是什么？

3.职工入会的程序是什么?

4.新就业形态劳动者如何参加和组织工会?

5.劳动者的基本权利和基本义务有哪些?

6.工会会员有哪些权利?

7.工会会员有哪些义务?

8.如何推行工会会员实名制管理?

案例1

绵阳市总工会扎实推进八大群体建会入会

2021年5月29日　　来源:中工网

四川省绵阳市总工会认真落实全总部署和省总要求,始终将基层工会组织建设工作作为重中之重,抓实抓细抓落地。紧跟热点、狠抓重点、攻克难点,扎实做好货车司机等八大群体建会入会工作。截止到目前,全市已建立快递员、货车司机等八大群体工会组织282个,覆盖企业700家,行业内企业建会率达93.33%;发展八大群体会员31246人,行业内职工入会率达94.29%。

主动作为,积极探索建会方式

摸清底数,联动推进。主动与八大群体工作有关联的交通运输、电子商务、邮政、房产等主管部门沟通联系,加强和整合建会工作力度。深入园区、市场、工地、企业,重点了解八大群体职工的工作时长、工资待遇、服务需求等情况,全面掌握全市八大群体分布、数量、建会入会基本情况和存在的问题,为推进建会入会工作提供基础支撑。

典型示范,树立样板。2018年以来,在江油市试点建立货运、护理行业工会联合会,在涪城区试点建立网约送餐行业工会联合会,在安州区试点建立保安服务行业工会联合会,在市快递协会试点建立快递行业工会联合会等。组织召开全市八大群体建会入会工作现场推进会,进一步发挥典型示范作用,稳步推进八大群体建会入会工作。

以点促面,全面推开。依托行业主管部门、行业协会采取单独建、行业建、区域建、联合建等多种形式建会,符合条件单独建会的,由乡镇

（街道）、县区工会直接管理；发展规模小、地域分布散、业态变化大的，由行业工会统一管理。市快递行业以"网点属地建会、行业二次覆盖"为目标，覆盖了 30 家快递企业，吸纳了 1500 余名快递小哥加入工会组织。

统一标准，一体建设。坚持以绵阳市基层工会"四有四强"工作标准为建会蓝本，推进"会、站、家"一体化建设，因地制宜、分类指导。要求已建会的按"四有四强"标准规范提升，增强活力；新建会的一律按标准建设，一步到位。重点打造了"货车司机之家""护理员之家""商场信息员之家"等实体化服务阵地，为八大群体职工提供维权帮扶、素质提升、文化活动、公共服务等全方位、一站式服务。

多措并举，有效激发入会动力

广泛宣传，动员入会。借助工会"四季送"、会员普惠宣传等面对面交流的方式进行政策宣讲、答疑释惑，让八大群体职工充分认识工会、了解工会职能，知晓加入工会的好处。运用"互联网+"思维，将工会政策法规和工作动态通过网站、微信公众号、视频号等平台送到职工身边，不断扩大工会和工会工作的影响力。

找准载体，分类入会。结合八大群体劳动关系错综复杂、就业形态灵活多变、人员流动性大的客观实际，依托相对固定的劳动场所整体推进入会。依托物流园工会推进货车司机入会，依托商场商圈工会推进商场信息员入会，依托医院工会和家政公司工会推进护工护理员入会等。聘请工会业务知识丰富、指导能力强的工会干部深入行业、辖区和基层工会，现场指导入会，面对面理思路、手把手教方法，确保建会入会工作取得实效。

创新方式，灵活入会。针对快递、送餐员等行业人员流动性大、场所不固定的特点，探索"互联网+入会"新模式，通过微信平台初步实现线上入会、选举。游仙区总工会通过网上调查、实地走访、建工会微信群、工会会员民主推荐工会主席、微信上选举工会主席、微信上公示选举结果的程序，探索建立了"快递指尖"工会。

贴心关爱，吸引入会。加大对八大群体职工"四季送"活动的倾斜力度，市县两级工会每年筹集近 20 万元的慰问品，慰问八大群体职工 1200

余人次。配合推进农民工城市化进程，积极推动落实八大群体职工随迁子女享受务工地义务教育学校同等入学待遇。对生活困难的八大群体职工全部纳入各类工会建档范畴，通过生活救助、医疗救助、助学救助等帮扶措施，帮扶困难职工200余人次。联系邮储银行上门为八大群体职工办理工会会员普惠卡，为其提供普惠购物、普惠出行等服务便利，使八大群体职工切身感受到了"娘家人"的温暖。

竭诚服务，充分发挥工会作用

加强思想引领。充分发挥宣传引导作用，努力实现"人入会"与"心入会"同步推进，"组织入会"与"思想入会"同步实现。

提升综合素质。广泛动员八大群体职工参与全市职工体育竞赛、摄影书画展等活动，提高文化素养。依托职业学校广泛开展保育员、母婴护理员、家政服务员等10余项职业技能培训。

维护合法权益。在全市范围内大力开展行业性集体协商，维护八大群体职工的收入分配权。派驻集体协商专职指导员入驻市快递行业工会联合会、58到家公司工会等，指导基层工会就劳动报酬和福利待遇等涉及职工切身利益的问题与企业积极开展集体协商，调处劳动关系面临的新情况。主动联合市邮政管理局、市教体局等相关部门，妥善解决了快递小哥进园区难、进小区难等问题。组建工会维权律师团队，建立工作协调机制、信息畅通机制和联合调处机制，主动介入涉及八大群体职工的劳动人事争议案件，维护职工的合法权益。成功调处八大群体职工劳动争议20余件，涉及职工220余人。（据《四川工人日报》报道　吴健）

📖 **案例 2**

河南工会：让新就业形态劳动者轻松进"家"

2022 年 1 月 25 日　　来源：中工网

网约车司机、快递员、外卖配送员……被称为新就业形态群体。他们奔走在大街小巷，默默奉献，辛勤耕耘，是经济社会发展不可或缺的力量。

作为职工"娘家人"，全省各地工会致力于做好新就业形态群体建会入会工作，以服务他们的需求为导向，创新工作方法，实行建会、建家、服务同步推进，不断提升"家"的吸引力、"家"的温度感，逐步成就了"筑巢引凤栖，花开蝶自来"的工作效果。过去的一年，河南省发展新就业群体工会会员 21 万余人。

把家建在新业态

"能参加这个仪式，心情十分激动，我终于有新'家'了。"网约车司机小吴抑制不住兴奋，笑容满面。"这是舞钢市继快递行业工会联合会、货运行业工会联合会成立以来，又一个新就业形态工会联合会成立。"舞钢市总工会党组书记、常务副主席李飞介绍道，"我们将持续深化建会入会工作，最大限度地为新就业形态劳动者加入工会提供便捷通道和贴心服务。"

为积极适应劳动关系新变化和职工队伍新发展，2021 年年初，一场声势浩大的新就业形态劳动者建会入会攻坚战在中原大地打响。在布局全年基层工会工作的同时，省总工会将新就业形态建会入会工作列入工作顶格协调事项，起草印发《关于有序推进全省 25 人以上企事业单位建会建制专项行动的通知》，特别是涉及新就业形态劳动者的企业制定工作清单，对建会、入会、制度建设等工作进行项目化管理，要求项目申报向新就业形态劳动者倾斜，并加大对此类项目的补贴力度。

同时，全省工会系统结合赴基层蹲点活动，推动新就业形态劳动者建会入会工作向纵深发展，要求找出症结、发现问题、理清思路、精准施策，切实为职工群众解决实际问题。2021 年蹲点期间，指导新建基层工会358 个，新发展会员 36452 人，其中新就业形态劳动者 16099 人。

把爱送到新群体

"现在，我们有了工会组织，不仅享受到了工会赠送的免费体检，逢年过节还能收到工会的礼物，实实在在感受到了组织的温暖。"近日，收到洛阳市总工会送去的新春慰问品时，美团外卖偃师分公司快递小哥曹明宇自豪地说。

"新《工会法》为新就业形态劳动者建会入会提供了有力保障。吸引过来、组织起来、稳固下来，工会组织如何以有效的举措和精准的服务来实现这个目标，是我们所有工会人要面对的新课题。"日前，洛阳市总工会副主席寇兴禹在美团外卖偃师分公司慰问时说。送体检、夏送清凉冬送温暖、送文艺演出……一系列活动受到新就业形态劳动者的热烈欢迎，2021年，洛阳新建新就业形态工会组织370家，发展会员10941人。

去年以来，济源示范区总工会货车司机、快递员、家政服务员、网约送餐员、房产中介员等群体均已成立行业工会联合会，开展了免费观影、免费体检、生日送蛋糕慰问、技能竞赛等活动，增强了入会职工的获得感、幸福感、安全感。焦作市货运行业工会联合会筹集资金给货运车辆免费安装智能监控系统，推进新就业形态劳动者入会等。在信阳市羊山新区百花园爱心驿站，纯净水、急救药品、微波炉、雨伞等一应俱全，爱心驿站从外形设计到设施配备，细微之处体现着工会的用心。为更好服务网约车司机、货车司机等新就业形态劳动者，2021年，省总投入4600多万元在全省建立10927个爱心驿站。同时，省总工会联合省交通运输厅在高速公路服务区和大型物流园区建立"司机之家"，通过展板、画册等媒介向劳动者宣传工会。

把权维进新领域

"我们外卖骑手不仅有防暑降温物品，还有稳定收入，这些都写在行业集体合同上面，个人不用操心福利待遇，工会组织会给我们'撑腰'，维护我们的合法权益。"洛阳市西工区的外卖骑手王师傅说。洛阳市西工区总工会在建会的同时依法推动企业开展专项集体合同签订，去年共签订集体合同258份，覆盖企业749家，覆盖职工11801人。

为帮助解决新就业形态劳动者最关心最直接最现实的急难愁盼问题，

不断增强新就业形态劳动者的获得感、幸福感、安全感，省总工会开展了"工会进万家·新就业形态劳动者温暖行动"服务月活动。各级工会因地制宜、整合资源、创新手段，重点开展"九送"活动。省总工会联合郑州市总工会围绕新就业形态劳动者权益保障工作，深入新就业形态劳动者特别是网约车司机、快递员、外卖送餐员集中的区域和场所，开展"宪法进企业·新就业形态劳动者法治护航行动"。安阳市总工会开展新就业形态劳动者温暖行动服务月暨货车司机集中入会仪式，通过送健康、送温暖、送培训、送保障等特色服务品牌，维护好包括货车司机在内的新就业形态劳动者权益。安阳市、信阳市、鹤壁市淇滨区、南阳市总工会开展新就业形态劳动者集中入会、宣传活动等。

下一步，河南省总工会将继续围绕新就业形态劳动者部署各项工作，深入调研，精准发力，通过工会渠道为劳动者解决一批急难愁盼的问题，不断扩大工会覆盖面，提升工会影响力。

（据《河南工人日报》消息　河南工人日报记者　陈微娴）

案例3

栖霞市总工会多举措推进职工线上便捷入会

2022年5月16日　　来源：中工网

为充分发挥网上工会组织系统作用，山东栖霞市总工会多举措开展工会组织系统宣传，进一步扩大工会组织和工会工作有效覆盖，切实维护包含新就业形态劳动者在内的广大职工权益。

整合资源，加大宣传力度。上下联动，各级工会积极响应，栖霞市总工会以推进网上工会组织为契机，全面清理工会组织，厘清组织架构，一级落实一级责任，一级管一级，对14个镇街工会进行了全覆盖宣传，并在车站、广场、行政审批局等活动场所采取发放宣传资料、现场咨询、悬挂宣传横幅、滚动播放宣传视频等方式向职工群众宣传介绍网上工会组织系统的使用方法。

深入基层工会，手把手宣传指导。栖霞市总工会深入企业一线，进车间、进班组，点对点、面对面、手把手为职工演示"齐鲁工惠"APP注册流程，使广大职工群众对工会组织和"齐鲁工惠"APP使用有了更详尽的了解和认识。此次宣传活动，共发放宣传资料200余份，接受现场咨询达80人次。

开展线上普惠活动。结合25人以上百人以下企业建会工作，在推动企业建立工会组织的同时，加大推广使用"齐鲁工惠"APP的宣传力度，利用新媒体平台，创造性开展推广网上工会组织系统平台工作，突破原有信息传播方式单一的瓶颈，通过张贴公告、发放宣传册等方法，向新会员宣传"齐鲁工惠"APP，营造浓厚氛围。并先后开展多项线上普惠活动，用多种活动形式吸引工会会员。栖霞市总工会积极联系不同种类企业商家，预计新增会员服务基地12家，其中涵盖体育、饮食、医疗、花卉、娱乐等多种类型。

下一步，栖霞市总工会将继续加大对网上工会组织系统职工群众线上入会宣传力度，推动开展网上建会入会、网上普惠服务、网上工会活动等，让职工只需指尖轻轻一点，就可获得入会转会、法律援助、节日文化服务、教育培训等多项在线服务。（宋晓彤　王艳磊　石林）

第六章　工会会员会籍管理

第一节　工会会员证

一、什么是工会会员证？

中华全国总工会会员证，是职工履行入会手续后工会组织确认其为工会会员的凭证，是证明工会会员身份的重要依据。《中国工会章程》第 2 条规定："职工加入工会，由本人自愿申请，经基层工会委员会批准并发给会员证。"颁发工会会员证的目的是进一步增强工会组织的吸引力和凝聚力。持有《中华全国总工会会员证》的工会会员，可以享受工会服务，在工会会员大会上有选举权和被选举权，在工会所属的文化宫、俱乐部等文化活动阵地，职业介绍所、消费合作社、法律咨询服务、疗休养院等，享受一定的优惠待遇。

二、工会会员证的发放与管理

为认真贯彻实施 2016 年全总印发的《工会会员会籍管理办法》，切实加强工会会员会籍管理工作，2017 年中华全国总工会办公厅印发《关于进一步加强〈中华全国总工会会员证〉管理工作的通知》，通知明确了以下主要内容。

1.高度予以重视。会员证是证明工会会员身份的重要凭证。加强对会员证的规范管理，是加强工会会员会籍管理的基本内容，对于强化工会会员意识、保障工会会员权利具有重要作用。各省级工会要高度重视，着眼新的情况，结合实际，加强对此项工作的组织领导。

2.明确工作职责。会员证由全国总工会确定式样，全国总工会组织部负责监制。各省级工会负责印制、颁发，并确定会员证的编号办法；各省级工会组织部门承担印制、使用、管理等具体工作。

3.加强印模管理。各省级工会印制的会员证，须统一加盖全国总工会组织部印章。各省级工会组织部门应向全国总工会组织部提出使用公章印模的书面申请，经审核同意后，指定专人保管并监督使用，使用后及时送回，确保印模安全。会员证所附录的"会员的权利"和"会员的义务"内容，应与中国工会全国代表大会最新通过的《中国工会章程》有关表述保持一致。

4.严格审核程序。为确保印制质量，各省级工会在确定承印单位前，须将该单位印制的会员证式样报全国总工会组织部审核同意，方可正式印制。每年已印制数量须在当年 12 月 31 日前报全国总工会组织部备案。本通知下发前，已经印制合格及颁发的会员证继续有效。

5.确定印制厂家。各省级工会要按照政府采购、招标投标等有关规定要求，严格履行相应程序，规范办理有关手续，经集体研究，并进行公示后，确定一家承印会员证的单位。印制会员证的费用，从工会经费中列支，不得向工会会员个人收取任何费用。

6.规范使用管理。对新加入工会的会员，基层工会要为其颁发会员证，作为会员身份凭证，享有会员权利，履行会员义务。不应以工会会员服务卡等代替颁发会员证。地方或基层工会可通过举行入会仪式、集体发放会员证等形式，增强工会会员意识。会员劳动（工作）关系发生变化后，由调出单位工会填写会员证"工会组织关系接转"栏目中有关内容，会员以会员证等证明其工会会员身份，新的用人单位工会应予以接转登记。

会员退会的，由基层工会收回其会员证。会员因严重违法犯罪受到刑事处分被开除会籍的，报上一级工会备案后，由基层工会收回其会员证。

在实践中，填写、发放、使用、管理会员证，应当注意以下事项。

1.会员证的填写一律使用黑笔，字体使用现行规范的汉字，出生年月、入会时间、编号统一使用阿拉伯数字。

2.政治面貌：会员是中共党员的填写"中共党员"，会员是团员（28周岁以下）的填写"共青团员"，会员是民主党派的填写相应党派的名称，其余的不填。

3.发证单位填写会员所在的基层工会组织全称（可直接盖基层工会印

章）。

4.照片采用本人近期 1 寸免冠照片，照片印章盖所属总工会或获得授权的上级工会钢印。

5.会员证编号按各级总工会指定的号码区间内编号填写。

6.《中华全国总工会工会会员证》（以下简称《工会会员证》）由单位工会颁发给会员本人。持有此证的会员，其工会关系随劳动关系可在全国范围内流动，所有单位工会组织，都应依据《工会会员证》承认其工会会员身份。

7.为增强基层工会组织的吸引力和凝聚力，凡是资产属于工会所有的文化宫、俱乐部等文化活动阵地和工会举办的各种活动，对持有《工会会员证》的会员，应按规定给予优惠待遇。工会所属的职业介绍所、消费合作社、职业技能培训、法律援助服务、疗休养院等，在对外承包合同中应有对工会会员优惠的条款。

8.会员退会宣布予以除名后、宣布开除会员会籍时，同时收回《工会会员证》。

2018 年 12 月，全总办公厅印发了《关于修改〈中华全国总工会入会申请书〉和〈中华全国总工会会员证〉有关内容的通知》，自 2019 年 1 月 1 日起，对新加入工会组织的会员，一律使用和颁发新修改的《中华全国总工会入会申请书》和《工会会员证》。

第二节　工会会员服务卡

一、什么是工会会员服务卡？

工会会员服务卡（简称会员卡），是银行和工会合作的特制的卡片，可承载工会服务项目，同时也是一张储蓄卡，安全级别相对比较高。工会会员服务卡肩负着让职工感受到来自工会的关心和贴心服务的使命。拥有了工会会员服务卡，就有了一份由工会组织免费提供的属于工会会员的专享基本保障。其具体功能包括如下。

1.工会会员身份识别。该卡作为工会会员的身份标识，可用来识别持卡人的工会会员身份并以此享受相应的会员待遇。

2.工会服务。凭会员卡在工会所属的职工文化宫、俱乐部、体育馆、疗养院、培训机构等工会阵地，接受服务和参加活动，可享受费用减免、价格折扣等优惠。可获得职工服务中心法律援助、心理咨询、职业介绍、职业技能培训等服务。

3.办卡特服功能。年费、小额账户管理费和首次开卡手续费全免。

4.社会消费。持卡会员在与当地工会及发卡银行签有协议的商户购买商品、接受服务时，可以享受价格优惠。

二、工会会员服务卡与工会会员证的区别

工会会员证是工会会员的身份凭证，由工会组织批准职工入会后颁发。工会会员服务卡是开展工会普惠性服务的重要载体，也是实现工会会员实名制、信息化、动态化管理的有效手段，在工会工作中发挥着积极作用。在全国总工会印发的《工会会员会籍管理办法》中虽然明确规定"工会会员卡，也可以作为会员身份凭证"，但在实际工作中需要注意的是，不应简单以工会会员服务卡等代替颁发会员证。工会会员证是全国统一的由全国总工会组织部负责监制并加盖印章的会员凭证，具有法律赋予的重要地位和权威性，会员服务卡可以作为会员身份证明，但不能代替会员证。各级工会组织应通过会员证的规范发放和管理，切实增强工会会员对工会组织的认同感和荣誉感，增强工会会员意识，维护工会组织的团结统一。同时，要重视和发挥工会会员服务卡的作用，本着职工自愿的原则，不搞一刀切、不下硬指标，积极稳妥地推进工会会员服务卡的建设工作。

第三节　工会会员会籍

一、什么是工会会员会籍

工会会员会籍是指工会会员资格，是职工履行入会手续后工会组织确认其为工会会员的依据，是证明工会会员身份的重要凭证和管理工会会员会籍的依据。工会会员会籍管理是工会组织建设的一项重要的基础性工作，是夯实工会基础基层的重要基石。工会会员会籍管理依照《中国工会章程》和 2016 年全国总工会印发的《工会会员会籍管理办法》进行。工会会员的会籍管理包括工会组织办理职工入会手续、管理会员档案、接转会籍、办理保留会员会籍和取消会员会籍等工作。

二、会籍管理的内容

会籍管理，就是对会员资格的管理，实际上是关于会员组织关系的审核批准、登记确认、保管接转、查询证明等具体事务。会籍管理是工会组织建设的一项基础性经常性工作，具体包括办理职工入会、发放会员证、建立会员档案、会员组织关系接转、办理会员保留会籍，以及办理会员退会、开除会籍等手续，并对所产生的一系列书面凭证进行妥善保管。

三、规范会籍管理的意义

会籍是会员组织关系的起点，会员的权利和义务与会籍紧密相关，因此，规范会籍管理是非常重要和必要的。概括起来，规范会籍管理的重要意义有以下 3 个方面：

第一，有利于加强工会组织建设，提升基层工会规范化管理水平，增强工会组织力；

第二，有利于培育工会会员意识，强化会员对工会组织的认同感归属感，增强工会吸引力凝聚力；

第三，有利于工会联系会员、关心会员，了解会员的愿望和诉求，更好地为会员提供服务和帮助，保障会员的各项权利。

四、工会会员会籍管理的原则

《工会会员会籍管理办法》明确规定了工会会员会籍管理的原则，即"工会会员会籍管理，随劳动（工作）关系流动而变动，会员劳动（工作）关系在哪里，会籍就在哪里，实行一次入会、动态接转"。劳动（工作）关系，是指劳动者与用人单位之间在实现劳动过程中所发生的权利义务关系。劳动（工作）关系是现代社会最重要最基本的社会关系。会员会籍管理要坚持会员劳动（工作）关系在哪里，会员会籍就在哪里，会员会籍随劳动（工作）关系流动而变动的原则。会员劳动（工作）关系发生变化，应按规定办理会籍接转手续，即由调出单位工会填写会员证"工会组织关系接转"栏目中有关内容。会员的《工会会员登记表》随个人档案一并移交。会员以会员证或会员卡等证明其工会会员身份，新的用人单位工会应予以接转登记。

第四节　工会会员会籍的取得

一、会籍取得的条件

凡是符合《工会法》《中国工会章程》规定的入会条件的职工，均可以申请加入工会，取得中华全国总工会会员会籍。

《工会法》第 3 条第 1 款规定："在中国境内的企业、事业单位、机关、社会组织（以下统称用人单位）中以工资收入为主要生活来源的劳动者，不分民族、种族、性别、职业、宗教信仰、教育程度，都有依法参加和组织工会的权利。任何组织和个人不得阻挠和限制。"

二、会籍取得的程序

职工加入工会，由其本人通过口头或书面形式及通过互联网等渠道提出申请，填写《中华全国总工会入会申请书》和《工会会员登记表》，经基层工会审核批准，即为中华全国总工会会员，发给《中华全国总工会会员证》（以下简称"会员证"），享有会员权利，履行会员义务。工会会员卡（以下简称"会员卡"）也可以作为会员身份凭证。

尚未建立工会的用人单位职工，按照属地和行业就近原则，可以向上级工会提出入会申请，在上级工会的帮助指导下加入工会。用人单位建立工会后，应及时办理会员会籍接转手续。

非全日制等形式灵活就业的职工，可以申请加入所在单位工会，也可以申请加入所在地的乡镇（街道）、开发区（工业园区）、村（社区）工会和区域（行业）工会联合会等。会员会籍由上述工会管理。

农民工输出地工会开展入会宣传，启发农民工入会意识；输入地工会按照属地管理原则，广泛吸收农民工加入工会。农民工会员变更用人单位时，应及时办理会员会籍接转手续，不需重复入会。

劳务派遣工可以在劳务派遣单位加入工会，也可以在用工单位加入工会。在劳务派遣工会员接受派遣期间，劳务派遣单位工会可以与用工单位工会签订委托管理协议，明确双方对会员组织活动、权益维护等方面的责任与义务。加入劳务派遣单位工会（含委托用工单位管理）的会员，其会籍由劳务派遣单位工会管理。加入用工单位工会的会员会籍由用工单位工会管理。

新就业形态劳动者入会。组织新就业形态劳动者加入工会，既是党交给工会的一项重大政治任务，也是工会履行维权服务基本职责的前提基础。适应新就业形态劳动者用工关系复杂、就业灵活、流动性大等特点，优化入会流程，方便组织劳动者入会。探索推行集体登记入会、流动窗口入会、职工沟通会现场入会等方式，举行集中入会仪式等做法，增强会员意识，扩大工会影响。针对新就业形态劳动者多依托互联网平台就业的实际，结合智慧工会建设，加快推进网上入会试点步伐，逐步健全支持网上便捷入会的数据系统和服务平台。有条件的地方，可以试行网上入会全流程操作。探索依托平台企业开展宣传引导、网上入会和维权服务。

基层工会可以通过举行入会仪式、集体发放会员证或会员卡等形式，增强会员意识。

第五节　工会会员会籍的管理

一、会员会籍档案的管理

会员会籍档案，是基层工会进行会员情况统计、登记、建立名册的依据。职工经批准加入工会的入会申请书和会员登记表作为会员的档案材料，由会员所在基层工会组织负责保管。会员接转关系、保留会员会籍、开除会员会籍的手续和材料，也应当作为会员会籍档案材料进行管理。根据《工会会员会籍管理办法》第11条规定："基层工会应建立会员档案，实行会员实名制，动态管理会员信息，保障会员信息安全。"

二、做好会员情况登记工作

会员情况登记是建立会员档案的起点，也是工会统计工作的基础。基层工会应建立和健全会员情况登记制度，做好会员情况登记工作。

第一，登记项目要完备。一般包括姓名、性别、出生年月、民族、家庭出身、本人成分、文化程度、经济收入、政治面貌、入会时间、会内职务、联系方式、家庭成员和备注等。在实际登记时，各基层工会可根据本单位的具体情况，适当增减登记项目。

第二，登记时间要及时。以会员的正式组织关系为依据，对新会员和调入本单位工作而转入工会组织关系的会员，要及时地进行登记，对自愿退会、自动退会、开除会籍，以及调离本单位而转出工会组织关系或死亡的，要及时按规定备注。

第三，登记应由专人负责。要有专人负责会员情况登记工作，一般由基层工会委员会的组织委员负责，也可以由其他人负责。

三、会员档案立卷的内容

会员档案立卷，是指会员档案文书立卷，也就是把会员的有关材料按照一定的联系和规律组成案卷，归类建档，以便保管和查询。这是会员会籍管理的一项重要的基础性工作。会员档案立卷的主要内容分为两大类：

第一类，会员本人的材料立卷，比如会员会籍、会员登记表、社会保险登记卡片、因会员劳动（工作）关系变动而发生的会员组织关系的变化，以及会员离退休、会员死亡等；

第二类，会员本人历次获奖及受处分情况的材料立卷，比如先进工作者登记表、优秀工会工作者登记表、优秀工会积极分子登记表、先进女职工工作者登记表，以及对会员处分等材料。

会员档案立卷应注意以下 3 点：

一要把应归档的会员材料收集齐全，按照材料的内在联系和规律，恰当分类立卷；

二要区别材料的价值，正确划分保管期限；

三要保证成卷后便于保管、查询和利用。

四、会员会籍的接转

《中国工会章程》第 5 条规定："会员组织关系随劳动（工作）关系变动，凭会员证明接转。"《工会会员会籍管理办法》第 12 条规定，会员劳动（工作）关系发生变化后，由调出单位工会填写会员证"工会组织关系接转"栏目中有关内容。会员的《工会会员登记表》随个人档案一并移交。会员以会员证或会员卡等证明其工会会员身份，新的用人单位工会应予以接转登记。接转会员组织关系，一般由会员所在的基层工会委员会直接办理。在具体工作中，应当特别注意以下几种情况。

1.联合基层工会委员会，其会员组织关系由联合基层工会委员会统一管理，其发展会员、会员组织关系接转等工作，由联合基层工会委员会负责。会员所在单位单独组建工会后，其会员组织关系转入所在单位工会。

2.上一级工会（含基层工会联合会）直接发展的会员，在会员所在单位建立工会组织前，会员组织关系由其直接管理，待会员所在单位建立工会组织后，会员组织关系转入所在单位工会。区域性、行业性工会联合会的会员会籍接转工作，由会员所在基层工会组织负责。

3.劳务派遣工在劳务派遣单位参加工会组织的，由劳务派遣单位工会管理其会员关系，可将其会员关系转到用工单位代管，参加用工单位的工会活动。当劳务派遣工离开用工单位时，用工单位工会将劳务派遣工的会员关系转回劳务派遣单位工会。劳务派遣单位没有建立工会的，用工单位工会可吸收劳务派遣工入会，其会员关系由用工单位管理。

4.会员在本单位待岗的，其会员组织关系不作变动；与新的用人单位建立劳动关系后，其会员组织关系转入新的用人单位工会。其再就业的用人单位尚未建立工会组织的，其会员组织关系保留在原单位工会，待其再就业单位建立工会组织后，办理会员组织关系接转手续。

5.会员失业或所在企业破产后，已安置就业的会员，其会员组织关系转入新的用人单位工会；会员尚未安置就业的、内部退养的、再就业单位未建立工会组织的会员的组织关系，转入居住地的社区、村工会管理；居住地社区、村尚未建立工会组织的，其会员组织关系转入所在街道、乡镇工会，待其再就业和再就业单位建立工会组织后，办理会员组织关系接转手续。

6.临时借调到外单位工作的会员，其会籍一般不作变动。长期借调（借调时间6个月以上）到外单位工作的职工，如借调单位已经建立工会组织的，本人有要求的，经所借调单位的同意，可从原工作单位办理临时工会组织关系，转到借调单位，并按《中国工会章程》的有关规定，在转入会员组织关系的单位缴纳会费，参加工会组织生活，履行会员的权利和义务。借调期满后，会员关系转回所在单位。

7.会员离开工作岗位进行脱产培训的，如与用人单位仍有劳动（工作）关系的，其会员会籍不作变动。

8.各级工会分级负责本单位本地区的会员统计工作。农民工会员由输入地工会统计。劳务派遣工会员由劳务派遣单位工会统计，加入用工单位工会的由用工单位工会统计。保留会籍的人员不列入会员统计范围。

会员组织关系接转手续具体这样办理：原用人单位工会在本人的《工会会员证》"工会组织关系接转"一页中填写："××××年×月×日，因××××，工会组织关系转出，会费缴至××××年×月。"并加盖原用人单位工会印章。新用人单位工会在本人的《工会会员证》"工会组织关系接转"一页中填写："××××年×月×日工会组织关系转入。"并加盖新用人单位工会印章。

五、农民工会员会籍的管理

为进一步加强农民工会员会籍管理工作，防止农民工会员流失，2009年2月，全国总工会办公厅印发了《关于切实做好农民工会员会籍管理的紧急通知》，主要精神如下。

1.各级工会特别是基层工会要高度重视做好当前农民工会员会籍管理工作。深刻认识加强农民工会员会籍管理的重要性和紧迫性，着眼最大限度把农民工组织到工会中来，坚持和完善农民工"一次入会、持证接转、全国通用、进出登记"的会员会籍管理制度，畅通农民工会员会籍接转渠道，方便农民工入会和接转会籍。

2.要进一步明确责任，落实好农民工会员会籍管理相关工作。对因失去工作岗位返乡的农民工会员，用人单位工会要及时为其填写《工会会员证》"组织关系接转"栏目中的相关内容，加盖公章，连同《工会会员登记表》一并交农民工会员办理会员关系接转手续。应将返乡农民工会员会籍接转至本人所在村（社区）、乡镇（街道）工会管理。有关村（社区）、乡镇（街道）工会要对返乡农民工逐一了解情况，主动做好返乡农民工会员的接转工作，组织其参加工会活动，并对重新就业的农民工会员会籍转接到新的用人单位工会。农民工会员的统计工作由其会籍所在单位工会负责。

3.各级工会要把"农民工有困难找工会"的要求进一步落到实处，使农民工会员确实感受到工会组织的温暖，采取对农民工会员优先培训、优先介绍再就业、优先享受帮扶救助等有效措施，体现会员与非会员的区别，增强工会组织对农民工的吸引力和凝聚力，鼓励和吸引农民工会员珍惜会员身份，自觉配合组织接转会员会籍关系，确保农民工会员队伍稳定发展。

六、新就业形态劳动者会员会籍管理

坚持新就业形态劳动者会员劳动（工作）关系在哪里，会籍就在哪里，实行一次入会、动态接转，加强流动会员管理，畅通组织关系接转渠道。探索基层工会联合会直接发展会员方式。及时将新就业形态劳动者会员纳入基层工会组织和工会会员数据库实名动态管理，逐步打通网上接转会员组织关系通道。

第六节　工会会员会籍的保留与取消

一、会员会籍的保留

《中国工会章程》第 8 条规定："会员离休、退休和失业，可保留会籍。保留会籍期间免交会费。工会组织要关心离休、退休和失业会员的生活，积极向有关方面反映他们的愿望和要求。"保留工会会籍的会员，不需要缴纳工会会费，也不享有工会会员的选举权、被选举权和表决权。主要原因：一是这些会员一般都长期离开原工作单位，不能参加正常的工会组织生活和工会组织开展的各项活动，失去了同广大会员群众的紧密联系，因此很难行使工会会员的权利；二是他们长期离开原工作单位，工会

组织无法要求他们像在职职工那样，遵守工会章程，执行工会决议，参加工会活动，按月缴纳会费，他们已不能全面履行工会会员的义务；三是权利和义务是紧密相连、不可分割的，工会会员享有的选举权、被选举权和表决权，是同工会会员能否全面履行会员义务联系在一起的，不能全面履行工会会员义务，当然也就不能享有会员的选举权、被选举权和表决权。

保留会员会籍一般有以下几种情况：（1）会员已经办理离退休手续；（2）会员失业，尚未安置就业或实现再就业；（3）离开工作岗位，长期不能参加工会组织生活，如参军、离职上学、长期病休、出国等；（4）调离原单位，而调入单位暂没有建立工会组织；（5）加入工会组织的轮换工、季节工因季节性离开工作单位，以及临时工、合同工等因劳动合同期满终止劳动合同尚未就业；（6）援外人员，由原单位办理保留会籍手续；（7）工会组织被撤销。

根据《工会会员会籍管理办法》的有关规定，会员退休（含提前退休）后，在原单位工会办理保留会籍手续。退休后再返聘参加工作的会员，保留会籍不作变动。内部退养的会员，其会籍暂不作变动，待其按国家有关规定正式办理退休手续后，办理保留会籍手续。会员失业的，由原用人单位办理保留会籍手续。原用人单位关闭或破产的，可将其会籍转至其居住地的乡镇（街道）或村（社区）工会。重新就业后，由其本人及时与新用人单位接转会员会籍。已经加入工会的职工，在其服兵役期间保留会籍。服兵役期满，复员或转业到用人单位并建立劳动关系的，应及时办理会员会籍接转手续。会员在保留会籍期间免缴会费，不再享有选举权、被选举权和表决权。

办理保留会员会籍，由会员所在工会小组或车间（科室）工会书面报告基层工会核准，由基层工会在其《工会会员登记表》和《工会会员证》备注栏内注明该会员办理保留会籍的时间，由工会小组或车间（科室）工会负责人通知其本人从何时起停止缴纳会费。会员办理保留会籍手续后，离退休人员的会员证可由本人保存；其他保留会籍的职工的会员证由本人保管，待其再就业时再办理工会会员组织关系接转手续。保留会籍的会员，免交会费，不再享有工会会员的选举权、被选举权和表决权。基层工会应充分运用网络信息技术和平台，做好工会会员数据信息实时更新，实现网上网下深度融合、紧密联动。

离退休的会员在原单位保留会籍。保留会籍后，免交会费，一般不再参加工会的组织生活，不再享有工会会员的选举权、被选举权和表决权。

离退休会员保留会籍后不再享有工会福利。是否享有工会组织的有关福利待遇，主要依据工会经费来源确定。单位行政每月按照职工工资总额2%拨缴的工会经费基数，不包括离退休职工的养老金。为离退休人员举办的福利待遇，应当由离退休职工服务部门负责。按照相关法律法规要求，工会组织要关心离退休会员的生活，积极向有关方面反映他们的愿望和要求，这体现了工会组织应有的社会责任和对职工的关心关爱，但不能因此模糊了保留会籍的离退休人员和在职会员的界限。

在具体实践中，要注意合情合理地处理好以下事项：（1）如果是用人单位行政方委托工会组织举办的福利，是否包括离退休会员，由单位行政方决定，工会要注意向离退休会员讲清事由；（2）如果工会邀请和组织离退休会员参加工会活动，对参加活动的离退休会员则应与在职会员一视同仁；（3）由各级工会联系或开办的对会员优待的各项社会性免费或特惠福利，在可能条件下，各级工会都应积极争取让离退休会员共同享受；（4）根据《中国工会章程》的有关规定，工会组织要关心离退休会员的生活，积极向有关方面反映他们的愿望和要求。一如既往地关爱、尊重离退休工会会员，这也是工会应尽的职责。

工会组织撤销后，会员会籍的保留。在现实中，由于企业的关闭、合并或者破产及其他形式的企业终止，以及机关、事业单位被撤销，使基层工会组织失去了存在的基础，所以基层工会组织也就随之撤销。被撤销工会的工会会员如何处理？《工会法》作出这样的规定，"被撤销的工会，其会员的会籍可以继续保留"。也就是说，原有的工会会员会籍即会员资格可以继续保留，会员组织关系移交其居住地工会组织管理，待重新就业或者重新确定新的工作单位后，再将其会员组织关系及时转入所在单位工会组织。新的所在单位尚未建立工会组织的，其会员组织关系暂时保留在居住地工会组织中，工会会员保留会籍期间免缴会费，不再享有选举权和被选举权。

二、会员会籍的取消

1.会员退会

中国工会组织的建立，实行的是自愿结合的原则。在工会组织中，广大会员享有充分的民主权利，入会自愿，退会自由，这是工会组织实行群众化、民主化的客观要求。《中国工会章程》第6条规定："会员有退会自由。会员退会由本人向工会小组提出，由基层工会委员会宣布其退会并收回会员证。会员没有正当理由连续6个月不交纳会费、不参加工会组织生活，经教育拒不改正，应当视为自动退会。"根据这一规定，可以看出，工会会员退会有两种情况：第一，退会是工会会员的权利，会员有权提出退出工会的要求并行使退会的权利；第二，退会又是对工会会员违背工会章程、不履行工会会员义务的一种组织处理。两者都是工会作为职工自愿结合的工人阶级群众组织的原则要求和规则的体现。

工会会员退会是一个严肃的问题，应当慎重对待和认真处理。（1）会员退会由本人向工会组织提出书面申请。当工会会员自己提出退会要求时，工会组织要找本人谈话，了解具体情况，搞清楚要求退会的真实原因，并有针对性地做耐心细致的思想工作，对经过做工作仍坚持要求退会的，由该会员所在的基层工会讨论后，宣布予以除名，并报上级工会备案，同时通知本人并收回其《工会会员证》。（2）参加工会活动，按月交纳会费是工会会员应当履行的基本义务，也是工会组织对会员最基本的要求，当发现会员没有正当理由不按时交纳会费，无故经常不参加工会组织生活，应当及时对其进行会员权利义务教育，经教育拒不改正的，应按其自动退会适时为其办理退会手续。在实践中需要注意的是，视为会员自动退会的，须具备一定的前提条件并履行相应的程序。其中，前提条件有3个：一是无正当理由，二是连续6个月不交纳会费、不参加工会组织生活，三是经教育拒不改正。程序有5项：一是讨论，二是宣布除名，三是报上一级工会备案，四是收回会员证，五是将决定告诉本人。在对会员作出"自动退会"的处理之前，工会组织应当进行认真的调查研究，切实弄清楚会员是否真正连续 6 个月不交纳工会会费，或不参加工会组织生活，并查清真实原因，然后如实向工会小组和工会委员会报告。工会小组全体会议讨论时，应通知本人参加，若通知后本人拒不参加，工会小组全体会议可以讨论决定，并将讨论结果报告基层工会委员会。（3）自愿退会的会员由本人向工会小组提出，由基层工会委员会宣布其退会并收回会员证；视为自动退会的会员由基层工会委员会核准，并宣布除名，收回会员证。（4）自愿退会或自动退会的，按照《中国工会章程》的规定，符合入会条件的，经本人申请可重新加入工会组织。

2.开除会员会籍

为了加强工会组织建设，提高工会组织的凝聚力、战斗力，保障大多数工会会员的利益，《中国工会章程》第 7 条规定："对不执行工会决议、违反工会章程的会员，给予批评教育。对严重违法犯罪并受到刑事处罚的会员，开除会籍。开除会员会籍，须经工会小组讨论，提出意见，由基层工会委员会决定，报上一级工会备案。"《工会会员会籍管理办法》第 23 条规定："对严重违法犯罪并受到刑事处分的会员，开除会籍。开除会员会籍，须经会员所在工会小组讨论提出意见，由工会基层委员会决定，并报上一级工会备案，同时收回其会员证或会员卡。"根据规定的条件和程序开除会员会籍是保障工会组织的纯洁性和纪律性、加强工会会员队伍建设的重要措施。开除会员会籍，是一项政策性很强的工作，一定要慎重对待。

（1）对于不执行工会决议、违反工会章程的会员，工会组织要及时给予批评教育；对于极少数拒不改正错误，以至发展到违法犯罪的会员，要适时给予开除会籍处分。

（2）对严重违法犯罪并受到刑事处分的会员，根据《中国工会章程》的规定，开除会籍。这主要是指被依法判刑的犯罪分子。依照《中华人民共和国刑法》被判处管制或被宣告缓刑，未被剥夺政治权利的犯罪分子，一般可不作开除会籍处理。

（3）开除会员会籍，须经过会员所在工会小组全体会员讨论，提出书面意见，由基层工会委员会决定并报上一级工会备案，通知本人，同时收回其会员证或会员卡。

（4）被用人单位给予开除留用察看的会员，在留用察看期间，一般不处理会籍。

（5）因严重违法犯罪并受到刑事处分而被开除会籍的人员，刑事处分期满后，符合入会条件的，经本人申请可以重新加入工会组织。

思考题

1.工会会员证的发放与管理有什么规定？

2.工会会员服务卡功能是什么？

3.工会会员会籍管理的原则是什么？

4.会籍取得的条件与程序是什么？

5.会员会籍如何接转？

6.农民工会员会籍的管理有什么规定？

7.简述工会会员会籍的保留。

8.工会会员可以退会吗？

9.开除会员会籍的规定是什么？

案例 1

新疆兵团总工会开展增强会员意识主题活动

2022 年 3 月 25 日　　来源：《工人日报》客户端

近日，新疆生产建设兵团总工会下发通知，安排部署在全兵团开展增强会员意识主题活动。要求进一步健全工会组织体系，加强基层工会组织建设，规范工会会员管理，落实会员权利和义务，着力增强会员意识，充分发挥会员作用，团结动员广大会员为兵团履行维稳戍边职责使命建功立业。

主题活动从即日起到 5 月底结束，历时两个月时间，重点围绕建会入会、会籍管理、政治引领、服务关爱等四个方面内容开展。在建会入会方面，以开发区（工业园区）、街道（社区）等区域和货车司机、网约车司机、快递员、外卖配送员等群体为重点，全力推进非公有制企业、小微企业依法建会，深入开展新就业形态劳动者入会集中行动，最大限度将兵团广大劳动者组织到工会中来；在会籍管理方面，推进会员实名制管理，增强会员的荣誉感和归属感；在政治引领方面，组织各级工会干部和广大工会会员深入学习宣传贯彻新修订的《工会法》，教育引导会员增强法律意识和法治观念，正确行使会员权利，切实履行会员义务，大力弘扬劳模精神、劳动精神和工匠精神，大力传承兵团精神、胡杨精神和老兵精神，坚定不移听党话、跟党走；在服务关爱方面，整合工会工作资源，围绕文体服务、技能提升、身心健康、帮困救助、婚恋交友、生活服务等内容，规划实施一批工会普惠服务项目，切实提升工会会员对工会组织的认可度和满意度，增强工会会员的获得感、幸福感和满足感。

据了解，为配合开展主题活动，兵团总工会集中采购了新版《中华全国总工会会员证》，计划在"五一"国际劳动节期间组织开展集中入会仪式、集体颁发会员证等活动，同时对坚守工作岗位的一线劳动者、劳动模范、困难职工等进行走访慰问，努力在广大工会会员中营造"我是会员光荣、我为工会添彩"的浓厚氛围，努力在全社会营造"支持工会工作、关心工会会员"的浓厚氛围。(记者吴铎思 通讯员向兵)

案例 2

贵州金沙：工会会员服务卡温暖职工心

2021 年 9 月 27 日　　来源：中工网

"一卡在手，衣、食、住、行各个领域的优惠全都有了，感谢工会为咱们职工送上看得见的福利！"在指定的购物中心内，贵州省毕节市金沙县的职工们一边选购着特惠商品，一边讨论着持工会服务卡能够享受到的会员实惠。

据了解，为实现对工会会员的普惠性服务，金沙县总工会共计发放工会会员服务卡 35200 张，覆盖全县行政事业单位以及大型企业。同时，还在当地发展特惠商户二十余家，包括美食、丽人、服装、休闲娱乐等领域，优惠服务范围涵盖职工生活的方方面面，不仅缓解了广大职工群众的经济压力，还促进了消费，带动了经济，吸引不少工会会员主动前来咨询。

以工会会员服务卡为载体，金沙县总工会围绕服务范围内的工会会员，持续办好"职工普惠月"活动。如联合金沙县的知名超市，在每月 18 日持贵州银行工会卡或贵州银行信用卡刷卡消费可享特价抢购；通过绑定云闪付，在指定商户购买蛋糕、水果每月可享受两次满 50 元减 20 元优惠；9.9 元购买 30 元文具；等等，可以说是"月月有活动，福利送不停"。

今年，金沙县总工会大力开展职工普惠活动，依托工会会员服务卡，使工会对职工的服务实现了从"特惠"到"普惠"的转变，增强了工会组织的凝聚力。

"精选商惠合作单位，搭载优质服务项目，其根本目的还是要让广大职工获得实惠，真正让工会组织成为职工的'贴心人''娘家人'。"金沙县总工会党组书记谭亚雄说。

下一步，金沙县总工会将加大会员卡宣传力度，提高会员卡知晓度和使用率，完善卡面功能，致力把服务卡打造成为职工工作、生活不可或缺的"随身卡"，深化拓展服务卡发放资金范围，将服务卡的办理、发放与送温暖、困难帮扶、金秋助学、医疗互助、职工正常福利等工作有机结合起来，不断提高服务卡的"含金量"和使用率，让广大职工获得更多的归属感、获得感、幸福感。（景丽桦　陈燕）

📖 **案例 3**

上海：职工"码"上入会，工会一"网"情深

2023 年 4 月 24 日　　来源：中工网

职工在哪里，工会服务就在哪里。五年来，上海市总工会积极主动识变、应变、求变，面对奔涌而来的互联网浪潮，顺应城市治理数字化转型，不断探索实践工会工作数字化转型、加快智慧工会建设的有效办法：试点推进"网上入会"，官方微信公众号"申工社"功能不断升级，入驻上海"一网通办"平台"随申办"……职工入会、企业建会的难点、痛点被打破，工会服务职工会员的能级再次提升。

逐级推进，"网"罗各类职工

试点推进后，市总工会在全市推进工会组织库、会员库两库升级工作，数据全面对接社保、身份证等信息，管理全面融入"一网通办""一网统管"系统，为会员信息插上大数据的翅膀。其间，制定《上海工会电子会员证管理办法（试行）》，会员进入"随申办"上的"工会服务"栏目即可看到自己的电子会员证，使工会会员增加了一份身份认同。

依托大数据的管理，职工实时入会、动态管理，目前，上海工会实名制会员身份核验一致性占比达到 99.73%，排名全国第一，实名制会员人数达 690 万；职工入会、工会组建驶入"快车道"，2022 年全年，新增实名制会员 160.4 万人，新就业形态劳动者入会大幅提升，劳务派遣、外包工分工会和"小二级"工会不断建立。

市总工会在虹口、杨浦、宝山 3 个区和上海建工、中船上海船舶、中建八局、百联 4 个产业集团工会试点后，全面推进扫码入会工作。

精准匹配，提升工会服务能级

让数据多跑路，让职工少跑腿。互联网平台为工会实现精准服务提供了可能。自 2022 年 2 月 15 日"工会服务"主题入驻"随申办"以来，十余项功能一"手"掌握，更有定期工会会员专属福利上线，实现了职工"一站式"了解工会、平台"一站式"服务职工。截至今年初，"随申办·工会服务"各项功能累计服务近 103 万人次，九轮福利惠及职工 62 万

人次。

——申享类：线上办理，享受便捷。法律援助咨询、互助保障办理、技师晋升奖励申请、工匠申报、疗休养优惠，原本需要线下办理、提交纸质申请的服务，现在都可在"随申办·工会服务"中实现线上办理，新就业形态劳动者通过系统可以参加"灵活就业群体工会会员专享保障"，无障碍地享受参保、缴费、理赔等一条龙服务。

工会服务入驻随申办后，已经陆续推出9轮福利。

——查询类：服务阵地一目了然。户外职工爱心接力站、爱心妈咪小屋等各类工会服务职工的阵地已拓展到万余个。最近的服务点在哪里？开放情况怎样？职工可随时在线上查询。最新推出的"职工健康服务点"将集纳职工健康驿站服务、运动课程服务、体育场馆服务、健康问诊服务等多项信息，职工可查询、预约，从而享受运动、培训、心理及健康咨询等综合服务。

——福利类：资源整合提升职工获得感。市总工会积极协调全市资源，联合移动、电信、联通、百联、光明、东方国际、美团、饿了么、来伊份、上汽集团、携程、上海城投、东湖集团等知名企业，为职工提供手机流量、购物优惠券、旅游餐饮大礼包等福利，至今已连续推出9轮线上福利活动。

在"触网"浪潮下，各级工会也纷纷在"随申办"平台上拓展工会特色服务：普陀区随申办"普陀旗舰店"工会服务专区包含"一键入会""法律援助""雪芹说法"等13大功能，汇集服务职工的"三张地图"；松江区总工会梳理职工大病保障等职工高频业务，纳入"松江旗舰店"，借助大数据实现主动服务；宝山区总工会法律援助受理服务上线"宝山旗舰店"……

未来各区局（产业）工会将嫁接更多特色服务至"随申办·工会服务"板块，同时，依托大数据和智能技术的加持，通过数据交互，工会将更精准地掌握职工需求所在，提供更精准、更多样、更智慧的工会服务。

（来源：《劳动报》　劳动报记者　张锐杰　摄影　展翔）

1. 工会基层组织选举工作条例

第一章　总　则

第一条　为规范工会基层组织选举工作,加强基层工会建设,发挥基层工会作用,根据《中华人民共和国工会法》《中国工会章程》等有关规定,制定本条例。

第二条　本条例适用于企业、事业单位、机关和其他社会组织单独或联合建立的基层工会委员会。

第三条　基层工会委员会由会员大会或会员代表大会选举产生。工会委员会的主席、副主席,可以由会员大会或会员代表大会直接选举产生,也可以由工会委员会选举产生。

第四条　工会会员享有选举权、被选举权和表决权。保留会籍的人员除外。

第五条　选举工作应坚持党的领导,坚持民主集中制,遵循依法规范、公开公正的原则,尊重和保障会员的民主权利,体现选举人的意志。

第六条　选举工作在同级党组织和上一级工会领导下进行。未建立党组织的在上一级工会领导下进行。

第七条　基层工会委员会换届选举的筹备工作由上届工会委员会负责。

新建立的基层工会组织选举筹备工作由工会筹备组负责。筹备组成员由同级党组织代表和职工代表组成,根据工作需要,上级工会可以派人参加。

第二章　委员和常务委员名额

第八条　基层工会委员会委员名额，按会员人数确定：

不足 25 人，设委员 3 至 5 人，也可以设主席或组织员 1 人；

25 人至 200 人，设委员 3 至 7 人；

201 人至 1000 人，设委员 7 至 15 人；

1001 人至 5000 人，设委员 15 至 21 人；

5001 人至 10000 人，设委员 21 至 29 人；

10001 人至 50000 人，设委员 29 至 37 人；

50001 人以上，设委员 37 至 45 人。

第九条　大型企事业单位基层工会委员会，经上一级工会批准，可以设常务委员会，常务委员会由 9 至 11 人组成。

第三章　候选人的提出

第十条　基层工会委员会的委员、常务委员会委员和主席、副主席的选举均应设候选人。候选人应信念坚定、为民服务、勤政务实、敢于担当、清正廉洁，热爱工会工作，受到职工信赖。

基层工会委员会委员候选人中应有适当比例的劳模（先进工作者）、一线职工和女职工代表。

第十一条　单位行政主要负责人、法定代表人、合伙人以及他们的近亲属不得作为本单位工会委员会委员、常务委员会委员和主席、副主席候选人。

第十二条　基层工会委员会的委员候选人，应经会员充分酝酿讨论，一般以工会分会或工会小组为单位推荐。由上届工会委员会或工会筹备组根据多数工会分会或工会小组的意见，提出候选人建议名单，报经同级党组织和上一级工会审查同意后，提交会员大会或会员代表大会表决通过。

第十三条　基层工会委员会的常务委员会委员、主席、副主席候选人，可以由上届工会委员会或工会筹备组根据多数工会分会或工会小组的意见提出建议名单，报经同级党组织和上一级工会审查同意后提出；也可以由同级党组织与上一级工会协商提出建议名单，经工会分会或工会小组酝酿讨论后，由上届工会委员会或工会筹备组根据多数工会分会或工会小组的意见，报经同级党组织和上一级工会审查同意后提出。

根据工作需要，经上一级工会与基层工会和同级党组织协商同意，上一级工会可以向基层工会推荐本单位以外人员作为工会主席、副主席候选人。

第十四条 基层工会委员会的主席、副主席，在任职一年内应按规定参加岗位任职资格培训。凡无正当理由未按规定参加岗位任职资格培训的，一般不再提名为下届主席、副主席候选人。

第四章 选举的实施

第十五条 基层工会组织实施选举前应向同级党组织和上一级工会报告，制定选举工作方案和选举办法。

基层工会委员会委员候选人建议名单应进行公示，公示期不少于 5 个工作日。

第十六条 会员不足 100 人的基层工会组织，应召开会员大会进行选举；会员 100 人以上的基层工会组织，应召开会员大会或会员代表大会进行选举。

召开会员代表大会进行选举的，按照有关规定由会员民主选举产生会员代表。

第十七条 参加选举的人数为应到会人数的三分之二以上时，方可进行选举。

基层工会委员会委员和常务委员会委员应差额选举产生，可以直接采用候选人数多于应选人数的差额选举办法进行正式选举，也可以先采用差额选举办法进行预选产生候选人名单，然后进行正式选举。委员会委员和常务委员会委员的差额率分别不低于 5% 和 10%。常务委员会委员应从新当选的工会委员会委员中产生。

第十八条 基层工会主席、副主席可以等额选举产生，也可以差额选举产生。主席、副主席应从新当选的工会委员会委员中产生，设立常务委员会的应从新当选的常务委员会委员中产生。

第十九条　基层工会主席、副主席由会员大会或会员代表大会直接选举产生的，一般在经营管理正常、劳动关系和谐、职工队伍稳定的中小企事业单位进行。

第二十条　召开会员大会进行选举时，由上届工会委员会或工会筹备组主持；不设委员会的基层工会组织进行选举时，由上届工会主席或组织员主持。

召开会员代表大会进行选举时，可以由大会主席团主持，也可以由上届工会委员会或工会筹备组主持。大会主席团成员由上届工会委员会或工会筹备组根据各代表团（组）的意见，提出建议名单，提交代表大会预备会议表决通过。

召开基层工会委员会第一次全体会议选举常务委员会委员、主席、副主席时，由上届工会委员会或工会筹备组或大会主席团推荐一名新当选的工会委员会委员主持。

第二十一条　选举前，上届工会委员会或工会筹备组或大会主席团应将候选人的名单、简历及有关情况向选举人介绍。

第二十二条　选举设监票人，负责对选举全过程进行监督。

召开会员大会或会员代表大会选举时，监票人由全体会员或会员代表、各代表团（组）从不是候选人的会员或会员代表中推选，经会员大会或会员代表大会表决通过。

召开工会委员会第一次全体会议选举时，监票人从不是常务委员会委员、主席、副主席候选人的委员中推选，经全体委员会议表决通过。

第二十三条　选举采用无记名投票方式。不能出席会议的选举人，不得委托他人代为投票。

选票上候选人的名单按姓氏笔画为序排列。

第二十四条　选举人可以投赞成票或不赞成票，也可以投弃权票。投不赞成票者可以另选他人。

第二十五条　会员或会员代表在选举期间，如不能离开生产、工作岗位，在监票人的监督下，可以在选举单位设立的流动票箱投票。

第二十六条 投票结束后，在监票人的监督下，当场清点选票，进行计票。

选举收回的选票，等于或少于发出选票的，选举有效；多于发出选票的，选举无效，应重新选举。

每张选票所选人数等于或少于规定应选人数的为有效票，多于规定应选人数的为无效票。

第二十七条 被选举人获得应到会人数的过半数赞成票时，始得当选。

获得过半数赞成票的被选举人人数超过应选名额时，得赞成票多的当选。如遇赞成票数相等不能确定当选人时，应就票数相等的被选举人再次投票，得赞成票多的当选。

当选人数少于应选名额时，对不足的名额可以另行选举。如果接近应选名额且符合第八条规定，也可以由大会征得多数会员或会员代表的同意减少名额，不再进行选举。

第二十八条 大会主持人应当场宣布选举结果及选举是否有效。

第二十九条 基层工会委员会、常务委员会和主席、副主席的选举结果，报上一级工会批准。上一级工会自接到报告 15 日内应予批复。违反规定程序选举的，上一级工会不得批准，应重新选举。

基层工会委员会的任期自选举之日起计算。

第五章　任期、调动、罢免和补选

第三十条 基层工会委员会每届任期三年或五年，具体任期由会员大会或会员代表大会决定。经选举产生的工会委员会委员、常务委员会委员和主席、副主席可连选连任。基层工会委员会任期届满，应按期换届选举。遇有特殊情况，经上一级工会批准，可以提前或延期换届，延期时间一般不超过半年。

上一级工会负责督促指导基层工会组织按期换届。

第三十一条 基层工会主席、副主席任期未满时，不得随意调动其工作。因工作需要调动时，应征得本级工会委员会和上一级工会的同意。

第三十二条　经会员大会或会员代表大会民主测评和上级工会与同级党组织考察，需撤换或罢免工会委员会委员、常务委员会委员和主席、副主席时，须依法召开会员大会或会员代表大会讨论，非经会员大会全体会员或会员代表大会全体代表无记名投票过半数通过，不得撤换或罢免。

第三十三条　基层工会主席因工作调动或其他原因空缺时，应及时按照相应民主程序进行补选。

补选主席，如候选人是委员的，可以由工会委员会选举产生，也可以由会员大会或会员代表大会选举产生；如候选人不是委员的，可以经会员大会或会员代表大会补选为委员后，由工会委员会选举产生，也可以由会员大会或会员代表大会选举产生。

补选主席的任期为本届工会委员会尚未履行的期限。

补选主席前征得同级党组织和上一级工会的同意，可暂由一名副主席或委员主持工作，期限一般不超过半年。

第六章　经费审查委员会

第三十四条　凡建立一级工会财务管理的基层工会组织，应在选举基层工会委员会的同时，选举产生经费审查委员会。

第三十五条　基层工会经费审查委员会委员名额一般 3 至 11 人。经费审查委员会设主任 1 人，可根据工作需要设副主任 1 人。

基层工会的主席、分管财务和资产的副主席、财务和资产管理部门的人员，不得担任同级工会经费审查委员会委员。

第三十六条　基层工会经费审查委员会由会员大会或会员代表大会选举产生。主任、副主任可以由经费审查委员会全体会议选举产生，也可以由会员大会或会员代表大会选举产生。

第三十七条　基层工会经费审查委员会的选举结果，与基层工会委员会选举结果同时报上一级工会批准。

基层工会经费审查委员会的任期与基层工会委员会相同。

第七章　女职工委员会

第三十八条　基层工会组织有女会员 10 人以上的建立女职工委员会，不足 10 人的设女职工委员。女职工委员会与基层工会委员会同时建立。

第三十九条　基层工会女职工委员会委员由同级工会委员会提名，在充分协商的基础上产生，也可召开女职工大会或女职工代表大会选举产生。

第四十条　基层工会女职工委员会主任由同级工会女主席或女副主席担任，也可经民主协商，按照相应条件配备女职工委员会主任。女职工委员会主任应提名为同级工会委员会或常务委员会委员候选人。基层工会女职工委员会主任、副主任名单，与工会委员会选举结果同时报上一级工会批准。

第八章　附　则

第四十一条　乡镇（街道）、开发区（工业园区）、村（社区）建立的工会委员会，县级以下建立的区域（行业）工会联合会如进行选举的，参照本条例执行。

第四十二条　本条例由中华全国总工会负责解释。

第四十三条　本条例自发布之日起施行，以往有关规定与本条例不一致的，以本条例为准。1992 年 5 月 18 日全国总工会办公厅印发的《工会基层组织选举工作暂行条例》同时废止。

2. 基层工会会员代表大会条例

第一章　总　则

第一条　为完善基层工会会员代表大会制度，推进基层工会民主化、规范化、法治化建设，增强基层工会政治性、先进性、群众性，激发基层工会活力，发挥基层工会作用，根据《中华人民共和国工会法》《中国工会章程》等有关规定，制定本条例。

第二条 本条例适用于企业、事业单位、机关、社会团体和其他社会组织单独或联合建立的基层工会组织。

乡镇（街道）、开发区（工业园区）、村（社区）建立的工会委员会，县级以下建立的区域（行业）工会联合会，如召开会员代表大会的，依照本条例执行。

第三条 会员不足 100 人的基层工会组织，应召开会员大会；会员 100 人以上的基层工会组织，应召开会员大会或会员代表大会。

第四条 会员代表大会是基层工会的最高领导机构，讨论决定基层工会重大事项，选举基层工会领导机构，并对其进行监督。

第五条 会员代表大会实行届期制，每届任期三年或五年，具体任期由会员代表大会决定。会员代表大会任期届满，应按期换届。遇有特殊情况，经上一级工会批准，可以提前或延期换届，延期时间一般不超过半年。

会员代表大会每年至少召开一次，经基层工会委员会、三分之一以上的会员或三分之一以上的会员代表提议，可以临时召开会员代表大会。

第六条 会员代表大会应坚持党的领导，坚持民主集中制，坚持依法规范，坚持公开公正，切实保障会员的知情权、参与权、选举权、监督权。

第七条 基层工会召开会员代表大会应向同级党组织和上一级工会报告。换届选举、补选、罢免基层工会委员会组成人员的，应向同级党组织和上一级工会书面报告。

上一级工会对下一级工会召开会员代表大会进行指导和监督。

第二章　会员代表大会的组成和职权

第八条 会员代表的组成应以一线职工为主，体现广泛性和代表性。中层正职以上管理人员和领导人员一般不得超过会员代表总数的 20%。女职工、青年职工、劳动模范（先进工作者）等会员代表应占一定比例。

第九条 会员代表名额，按会员人数确定：

会员 100 至 200 人的，设代表 30 至 40 人；

会员 201 至 1000 人的，设代表 40 至 60 人；

会员 1001 至 5000 人的，设代表 60 至 90 人；

会员 5001 至 10000 人的，设代表 90 至 130 人；

会员 10001 至 50000 人的，设代表 130 至 180 人；

会员 50001 人以上的，设代表 180 至 240 人。

第十条 会员代表的选举和会议筹备工作由基层工会委员会负责，新成立基层工会的由工会筹备组负责。

第十一条 会员代表大会根据需要，可以设立专门工作委员会（小组），负责办理会员代表大会交办的具体事项。

第十二条 会员代表大会的职权是：

（一）审议和批准基层工会委员会的工作报告；

（二）审议和批准基层工会委员会经费收支预算决算情况报告、经费审查委员会工作报告；

（三）开展会员评家，评议基层工会开展工作、建设职工之家情况，评议基层工会主席、副主席履行职责情况；

（四）选举和补选基层工会委员会和经费审查委员会组成人员；

（五）选举和补选出席上一级工会代表大会的代表；

（六）罢免其所选举的代表、基层工会委员会组成人员；

（七）讨论决定基层工会其他重大事项。

第三章　会员代表

第十三条 会员代表应由会员民主选举产生，不得指定会员代表。劳务派遣工会员民主权利的行使，如用人单位工会与用工单位工会有约定的，依照约定执行；如没有约定或约定不明确的，在劳务派遣工会员会籍所在工会行使。

第十四条 会员代表应具备以下条件：

（一）工会会员，遵守工会章程，按期缴纳会费；

（二）拥护党的领导，有较强的政治觉悟；

（三）在生产、工作中起骨干作用，有议事能力；

（四）热爱工会工作，密切联系职工群众，热心为职工群众说话办事；

（五）在职工群众中有一定的威信，受到职工群众信赖。

第十五条　会员代表的选举，一般以下一级工会或工会小组为选举单位进行，两个以上会员人数较少的下一级工会或工会小组可作为一个选举单位。

会员代表由选举单位会员大会选举产生。规模较大、管理层级较多的单位，会员代表可由下一级会员代表大会选举产生。

第十六条　选举单位按照基层工会确定的代表候选人名额和条件，组织会员讨论提出会员代表候选人，召开有三分之二以上会员或会员代表参加的大会，采取无记名投票方式差额选举产生会员代表，差额率不低于 15%。

第十七条　会员代表候选人，获得选举单位全体会员过半数赞成票时，方能当选；由下一级会员代表大会选举时，其代表候选人获得应到会代表人数过半数赞成票时，方能当选。

第十八条　会员代表选出后，应由基层工会委员会或工会筹备组，对会员代表人数及人员结构进行审核，并对会员代表进行资格审查。

符合条件的会员代表人数少于原定代表人数的，可以把剩余的名额再分配，进行补选，也可以在符合规定人数情况下减少代表名额。

第十九条　会员代表实行常任制，任期与会员代表大会届期一致，会员代表可以连选连任。

第二十条　会员代表的职责是：

（一）带头执行党的路线、方针、政策，自觉遵守国家法律法规和本单位的规章制度，努力完成生产、工作任务；

（二）在广泛听取会员意见和建议的基础上，向会员代表大会提出提案；

（三）参加会员代表大会，听取基层工会委员会和经费审查委员会的工作报告，讨论和审议代表大会的各项议题，提出审议意见和建议；

（四）对基层工会委员会及代表大会各专门委员会（小组）的工作进行评议，提出批评、建议；对基层工会主席、副主席进行民主评议和民主测评，提出奖惩和任免建议；

（五）保持与选举单位会员群众的密切联系，热心为会员说话办事，积极为做好工会各项工作献计献策；

（六）积极宣传贯彻会员代表大会的决议精神，对工会委员会落实会员代表大会决议情况进行监督检查，团结和带动会员群众完成会员代表大会提出的各项任务。

第二十一条　选举单位可单独或联合组成代表团（组），推选团（组）长。团（组）长根据会员代表大会议程，组织会员代表参加大会各项活动；在会员代表大会闭会期间，按照基层工会的安排，组织会员代表开展日常工作。

第二十二条　基层工会讨论决定重要事项，可事先召开代表团（组）长会议征求意见，也可根据需要，邀请代表团（组）长列席会议。

第二十三条　基层工会应建立会员代表调研、督查等工作制度，充分发挥会员代表作用。

第二十四条　会员代表在法定工作时间内依法参加会员代表大会及工会组织的各项活动，单位应当正常支付劳动报酬，不得降低其工资和其他福利待遇。

第二十五条　有下列情形之一的，会员代表身份自然终止：

（一）在任期内工作岗位跨选举单位变动的；

（二）与用人单位解除、终止劳动（工作）关系的；

（三）停薪留职、长期病事假、内退、外派超过一年，不能履行会员代表职责的。

第二十六条　会员代表对选举单位会员负责，接受选举单位会员的监督。

第二十七条　会员代表有下列情形之一的，可以罢免：

（一）不履行会员代表职责的；

（二）严重违反劳动纪律或单位规章制度，对单位利益造成严重损害的；

（三）被依法追究刑事责任的；

（四）其他需要罢免的情形。

第二十八条　选举单位工会或三分之一以上会员或会员代表有权提出罢免会员代表。

会员或会员代表联名提出罢免的，选举单位工会应及时召开会员代表大会进行表决。

第二十九条　罢免会员代表，应经过选举单位全体会员过半数通过；由会员代表大会选举产生的代表，应经过会员代表大会应到会代表的过半数通过。

第三十条　会员代表出现缺额，原选举单位应及时补选。缺额超过会员代表总数四分之一时，应在三个月内进行补选。补选会员代表应依照选举会员代表的程序，进行差额选举，差额率应按照第十六条规定执行。补选的会员代表应报基层工会委员会进行资格审查。

第四章　会员代表大会的召开

第三十一条　每届会员代表大会第一次会议召开前，应将会员代表大会的组织机构、会员代表的构成、会员代表大会主要议程等重要事项，向同级党组织和上一级工会书面报告。上一级工会接到报告后应于 15 日内批复。

第三十二条　每届会员代表大会第一次会议召开前，基层工会委员会或工会筹备组应对会员代表进行专门培训，培训内容应包括工会基本知识、会员代表大会的性质和职能、会员代表的权利和义务、大会选举办法等。

第三十三条　会员代表全部选举产生后，应在一个月内召开本届会员代表大会第一次会议。

第三十四条　会员代表大会召开前，会员代表应充分听取会员意见建议，积极提出与会员切身利益和工会工作密切相关的提案，经基层工会委员会或工会筹备组审查后，决定是否列入大会议程。

第三十五条　召开会员代表大会，应提前 5 个工作日将会议日期、议程和提交会议讨论的事项通知会员代表。

第三十六条　每届会员代表大会第一次会议召开前，可举行预备会议，听取会议筹备情况的报告，审议通过关于会员代表资格审查情况的报告，讨论通过选举办法，通过大会议程和其他有关事项。

第三十七条　召开会员代表大会时，未当选会员代表的经费审查委员会委员、女职工委员会委员应列席会议，也可以邀请有关方面的负责人或代表列席会议。

可以邀请获得荣誉称号的人员、曾经作出突出贡献的人员作为特邀代表参加会议。

列席人员和特邀代表仅限本次会议，可以参加分组讨论，不承担具体工作，不享有选举权、表决权。

第三十八条　基层工会委员会、经费审查委员会及女职工委员会的选举工作，依照《工会基层组织选举工作条例》规定执行。

第三十九条　会员代表大会应每年对基层工会开展工作、建设职工之家和工会主席、副主席履行职责等情况进行民主评议，在民主评议的基础上，以无记名投票方式进行测评，测评分为满意、基本满意、不满意三个等次。测评结果应及时公开，并书面报告同级党组织和上一级工会。

基层工会主席、副主席测评办法应由会员代表大会表决通过，并报上一级工会备案。

第四十条　基层工会主席、副主席，具有下列情形之一的，可以罢免：

（一）连续两年测评等次为不满意的；

（二）任职期间个人有严重过失的；

（三）被依法追究刑事责任的；

（四）其他需要罢免的情形。

基层工会委员会委员具有上述（二）（三）（四）项情形的，可以罢免。

第四十一条　本届工会委员会、三分之一以上的会员或会员代表可以提议罢免主席、副主席和委员。

罢免主席、副主席和委员的，应经同级党组织和上一级工会进行考察，未建立党组织的，由上一级工会考察。经考察，如确认其不能再担任现任职务时，应依法召开会员代表大会进行无记名投票表决，应参会人员过半数通过的，罢免有效，并报上一级工会批准。

第四十二条　规模较大、人数众多、工作地点分散、工作时间不一致，会员代表难以集中的基层工会，可以通过电视电话会议、网络视频会议等方式召开会员代表大会。不涉及无记名投票的事项，可以通过网络进行表决，如进行无记名投票的，可在分会场设立票箱，在规定时间内统一投票、统一计票。

第四十三条　会员代表大会与职工代表大会应分别召开，不得互相代替。如在同一时间段召开的，应分别设置会标、分别设定会议议程、分别行使职权、分别作出决议、分别建立档案。

第四十四条　会员代表大会通过的决议、重要事项和选举结果等应当形成书面文件，并及时向会员公开。

第五章　附　则

第四十五条　除会员代表的特别规定外，召开会员大会依照本条例相关规定执行。

第四十六条　本条例由中华全国总工会负责解释。

第四十七条　本条例自发布之日起施行，以往有关规定与本条例不一致的，以本条例为准。1992 年 4 月 14 日中华全国总工会办公厅印发的《关于基层工会会员代表大会代表实行常任制的若干暂行规定》同时废止。

3. 企业工会工作条例

（2006 年 12 月 11 日中华全国总工会第十四届执行委员会第四次全体会议通过）

第一章　总　则

第一条　为加强和改进企业工会工作，发挥企业工会作用，根据《工会法》《劳动法》和《中国工会章程》，制定本条例。

第二条　企业工会是中华全国总工会的基层组织，是工会的重要组织基础和工作基础，是企业工会会员和职工合法权益的代表者和维护者。

第三条　企业工会以邓小平理论和"三个代表"重要思想为指导，贯彻科学发展观，坚持全心全意依靠工人阶级根本指导方针，走中国特色社会主义工会发展道路，落实"组织起来、切实维权"的工作方针，团结和动员职工为实现全面建设小康社会宏伟目标作贡献。

第四条　企业工会贯彻促进企业发展、维护职工权益的工作原则，协调企业劳动关系，推动建设和谐企业。

第五条　企业工会在本企业党组织和上级工会的领导下，依照法律和工会章程独立自主地开展工作，密切联系职工群众，关心职工群众生产生活，热忱为职工群众服务，努力建设成为组织健全、维权到位、工作活跃、作用明显、职工信赖的职工之家。

第二章　企业工会组织

第六条　企业工会依法组织职工加入工会，维护职工参加工会的权利。

第七条　会员二十五人以上的企业建立工会委员会；不足二十五人的可以单独建立工会委员会，也可以由两个以上企业的会员按地域或行业联合建立基层工会委员会。同时按有关规定建立工会经费审查委员会、工会女职工委员会。

企业工会具备法人条件的，依法取得社会团体法人资格，工会主席是法定代表人。企业工会受法律保护，任何组织和个人不得随意撤销或将工会工作机构合并、归属到其他部门。

企业改制须同时建立健全工会组织。

第八条　会员大会或会员代表大会是企业工会的权力机关，每年召开一至两次会议。经企业工会委员会或三分之一以上会员提议可临时召开会议。

会员代表大会的代表由会员民主选举产生，会员代表实行常任制，任期与企业本届工会委员会相同，可连选连任。

会员在一百人以下的企业工会应召开会员大会。

第九条　会员大会或会员代表大会的职权：

（一）审议和批准工会委员会的工作报告。

（二）审议和批准工会委员会的经费收支情况报告和经费审查委员会的工作报告。

（三）选举工会委员会和经费审查委员会。

（四）听取工会主席、副主席的述职报告，并进行民主评议。

（五）撤换或者罢免其所选举的代表或者工会委员会组成人员。

（六）讨论决定工会工作其他重大问题。

第十条　会员大会或会员代表大会与职工代表大会或职工大会须分别行使职权，不得相互替代。

第十一条　企业工会委员会由会员大会或会员代表大会差额选举产生，选举结果报上一级工会批准，每届任期三年或者五年。

大型企业工会经上级工会批准，可设立常务委员会，负责工会委员会的日常工作，其下属单位可建立工会委员会。

第十二条　企业工会委员会是会员大会或会员代表大会的常设机构，对会员大会或会员代表大会负责，接受会员监督。在会员大会或会员代表大会闭会期间，负责日常工作。

第十三条　企业工会委员会根据工作需要，设立相关工作机构或专门工作委员会、工作小组。

工会专职工作人员一般按不低于企业职工人数的千分之三配备，具体人数由上级工会、企业工会与企业行政协商确定。

根据工作需要和经费许可，工会可从社会聘用工会工作人员，建立专兼职相结合的干部队伍。

第十四条 企业工会委员会实行民主集中制，重要问题须经集体讨论作出决定。

第十五条 企业工会委员（常委）会一般每季度召开一次会议，讨论或决定以下问题：

（一）贯彻执行会员大会或会员代表大会决议和党组织、上级工会有关决定、工作部署的措施。

（二）提交会员大会或会员代表大会的工作报告和向党组织、上级工会的重要请示、报告。

（三）工会工作计划和总结。

（四）向企业提出涉及企业发展和职工权益重大问题的建议。

（五）工会经费预算执行情况及重大财务支出。

（六）由工会委员会讨论和决定的其他问题。

第十六条 企业生产车间、班组建立工会分会、工会小组，会员民主选举工会主席、工会小组长，组织开展工会活动。

第十七条 建立工会积极分子队伍，发挥工会积极分子作用。

第三章 基本任务和活动方式

第十八条 企业工会的基本任务：

（一）执行会员大会或会员代表大会的决议和上级工会的决定。

（二）组织职工依法通过职工代表大会或职工大会和其他形式，参加企业民主管理和民主监督，检查督促职工代表大会或职工大会决议的执行。

（三）帮助和指导职工与企业签订劳动合同。就劳动报酬、工作时间、劳动定额、休息休假、劳动安全卫生、保险福利等与企业平等协商、签订集体合同，并监督集体合同的履行。调解劳动争议。

（四）组织职工开展劳动竞赛、合理化建议、技术革新、技术攻关、技术协作、发明创造、岗位练兵、技术比赛等群众性经济技术创新活动。

（五）组织培养、评选、表彰劳动模范，负责做好劳动模范的日常管理工作。

（六）对职工进行思想政治教育，组织职工学习文化、科学和业务知识，提高职工素质。办好职工文化、教育、体育事业，开展健康的文化体育活动。

（七）协助和督促企业做好劳动报酬、劳动安全卫生和保险福利等方面的工作，监督有关法律法规的贯彻执行。参与劳动安全卫生事故的调查处理。协助企业办好职工集体福利事业，做好困难职工帮扶救助工作，为职工办实事、做好事、解难事。

（八）维护女职工的特殊利益。

（九）加强组织建设，健全民主生活，做好会员会籍管理工作。

（十）收好、管好、用好工会经费，管理好工会资产和工会企（事）业。

第十九条　坚持群众化、民主化，实行会务公开。凡涉及会员群众利益的重要事项，须经会员大会或会员代表大会讨论决定；工作计划、重大活动、经费收支等情况接受会员监督。

第二十条　按照会员和职工群众的意愿，依靠会员和职工群众，开展形式多样的工会活动。

第二十一条　工会召开会议或者组织职工活动，需要占用生产时间的，应当事先征得企业的同意。企业行政应积极支持工会开展活动。

工会非专职委员占用生产或工作时间参加会议或者从事工会工作，在法律规定的时间内工资照发，其他待遇不受影响。

第二十二条　开展建设职工之家活动，建立会员评议建家工作制度，增强工会凝聚力，提高工会工作水平。

推动企业关爱职工，引导职工热爱企业，创建劳动关系和谐企业。

第四章　工会主席

第二十三条　职工二百人以上的企业工会依法配备专职工会主席。由同级党组织负责人担任工会主席的，应配备专职工会副主席。

第二十四条　国有、集体及其控股企业工会主席候选人，应由同级党组织和上级工会在充分听取会员意见的基础上协商提名。工会主席按企业党政同级副职级条件配备，是共产党员的应进入同级党组织领导班子。专职工会副主席按不低于企业中层正职配备。

私营企业、外商投资企业、港澳台商投资企业工会主席候选人，由会员民主推荐，报上一级工会同意提名；也可以由上级工会推荐产生。已建党组织的企业工会主席候选人须经党组织审核。工会主席享受企业行政副职待遇。

企业行政负责人、合伙人及其近亲属不得作为本企业工会委员会成员的人选。

第二十五条 工会主席、副主席可以由会员大会或会员代表大会直接选举产生，也可以由企业工会委员会选举产生。工会主席出现空缺，须按民主程序及时进行补选。

第二十六条 工会主席应当具备下列条件：

（一）政治立场坚定，热爱工会工作。

（二）具有与履行职责相应的文化程度、法律法规和生产经营管理知识。

（三）作风民主，密切联系群众，热心为会员和职工服务。

（四）有较强的协调劳动关系和组织活动能力。

第二十七条 企业工会主席的职权：

（一）负责召集工会委员会会议，主持工会日常工作。

（二）参加企业涉及职工切身利益和有关生产经营重大问题的会议，反映职工的意愿和要求，提出工会的意见。

（三）以职工方首席代表的身份，代表和组织职工与企业进行平等协商、签订集体合同。

（四）代表和组织职工参与企业民主管理。

（五）代表和组织职工依法监督企业执行劳动安全卫生等法律法规，要求纠正侵犯职工和工会合法权益的行为。

（六）担任劳动争议调解委员会主任，主持企业劳动争议调解委员会的工作。

（七）向上级工会报告重要信息。

（八）负责管理工会资产和经费。

第二十八条　按照法律规定，企业工会主席、副主席任期未满时，不得随意调动其工作。因工作需要调动时，应征得本级工会委员会和上一级工会的同意。

罢免工会主席、副主席必须召开会员大会或会员代表大会讨论，非经会员大会全体会员或者会员代表大会全体代表无记名投票过半数通过，不得罢免。

工会专职主席、副主席或者委员自任职之日起，其劳动合同期限自动延长，延长期限相当于其任职期间；非专职主席、副主席或者委员自任职之日起，其尚未履行的劳动合同期限短于任期的，劳动合同期限自动延长至任期期满。任职期间个人严重过失或者达到法定退休年龄的除外。

第二十九条　新任企业工会主席、副主席，应在一年内参加上级工会举办的上岗资格或业务培训。

第五章　工作机制和制度

第三十条　帮助和指导职工签订劳动合同。代表职工与企业协商确定劳动合同文本的主要内容和条件，为职工签订劳动合同提供法律、技术等方面的咨询和服务。监督企业与所有职工签订劳动合同。

工会对企业违反法律法规和有关合同规定解除职工劳动合同的，应提出意见并要求企业将处理结果书面通知工会。工会应对企业经济性裁员事先提出同意或否决的意见。

监督企业和引导职工严格履行劳动合同，依法督促企业纠正违反劳动合同的行为。

第三十一条　依法与企业进行平等协商，签订集体合同，并可就劳动报酬、劳动安全卫生、女职工特殊权益保护等签订专项集体合同。

工会应将劳动报酬、工作时间、劳动定额、保险福利、劳动安全卫生等问题作为协商重点内容。

工会依照民主程序选派职工协商代表，可依法委托本企业以外的专业人士作为职工协商代表，但不得超过本方协商代表总数的三分之一。

小型企业集中的地方，可由上一级工会直接代表职工与相应的企业组织或企业进行平等协商，签订县以下区域性、行业性集体合同或专项集体合同。

劳务派遣工集中的企业，工会可与企业、劳务公司共同协商签订集体合同。

第三十二条 工会发出集体协商书面要约二十日内，企业不予回应的，工会可要求上级工会协调；企业无正当理由拒绝集体协商的，工会可提请县级以上人民政府责令改正，依法处理；企业违反集体合同规定的，工会可依法要求企业承担责任。

第三十三条 企业工会是职工代表大会或职工大会的工作机构，负责职工代表大会或职工大会的日常工作。

职工代表大会的代表经职工民主选举产生。职工代表大会中的一线职工代表一般不少于职工代表总数的百分之五十。女职工、少数民族职工代表应占相应比例。

第三十四条 国有企业、国有控股企业职工代表大会或职工大会的职权：

（一）听取审议企业生产经营、安全生产、重组改制等重大决策以及实行厂务公开、履行集体合同情况报告，提出意见和建议。

（二）审议通过集体合同草案、企业改制职工安置方案。审查同意或否决涉及职工切身利益的重要事项和企业规章制度。

（三）审议决定职工生活福利方面的重大事项。

（四）民主评议监督企业中层以上管理人员，提出奖惩任免建议。

（五）依法行使选举权。

（六）法律法规规定的其他权利。

集体（股份合作制）企业职工代表大会或职工大会的职权：

（一）制定、修改企业章程。

（二）选举、罢免企业经营管理人员。

（三）审议决定经营管理以及企业合并、分立、变更、破产等重大事项。

（四）监督企业贯彻执行国家有关劳动安全卫生等法律法规、实行厂务公开、执行职代会决议等情况。

（五）审议决定有关职工福利的重大事项。

私营企业、外商投资企业和港澳台商投资企业职工代表大会或职工大会的职权：

（一）听取企业发展规划和年度计划、生产经营等方面的报告，提出意见和建议。

（二）审议通过涉及职工切身利益重大问题的方案和企业重要规章制度、集体合同草案等。

（三）监督企业贯彻执行国家有关劳动安全卫生等法律法规、实行厂务公开、履行集体合同和执行职代会决议、缴纳职工社会保险、处分和辞退职工的情况。

（四）法律法规、政策和企业规章制度规定及企业授权和集体协商议定的其他权利。

第三十五条　职工代表大会或职工大会应有全体职工代表或全体职工三分之二以上参加方可召开。职工代表大会或职工大会进行选举和作出重要决议、决定，须采用无记名投票方式进行表决，经全体职工代表或全体职工过半数通过。

小型企业工会可联合建立区域或行业职工代表大会，解决本区域或行业涉及职工利益的共性问题。

公司制企业不得以股东会取代职工代表大会或职工大会。

第三十六条　督促企业建立和规范厂务公开制度。

第三十七条　凡设立董事会、监事会的公司制企业，工会应依法督促企业建立职工董事、职工监事制度。

职工董事、职工监事人选由企业工会提名，通过职工代表大会或职工大会民主选举产生，表达职工意愿和诉求，接受职工监督。企业工会主席、副主席一般应分别作为职工董事、职工监事的候选人。

第三十八条　建立劳动法律监督委员会，职工人数较少的企业应设立工会劳动法律监督员，对企业执行有关劳动报酬、劳动安全卫生、工作时间、休息休假、女职工和未成年工保护、保险福利等劳动法律法规情况进行群众监督。

第三十九条　建立劳动保护监督检查委员会，生产班组中设立工会小组劳动保护检查员。建立完善工会监督检查、重大事故隐患和职业危害建档跟踪、群众举报等制度，建立工会劳动保护工作责任制。依法参加职工因工伤亡事故和其他严重危害职工健康问题的调查处理。协助与督促企业落实法律赋予工会与职工安全生产方面的知情权、参与权、监督权和紧急避险权。开展群众性安全生产活动。

依照国家法律法规对企业新建、扩建和技术改造工程中的劳动条件和安全卫生设施与主体工程同时设计、同时施工、同时使用进行监督。

发现企业违章指挥、强令工人冒险作业，或者生产过程中发现明显重大事故隐患和职业危害，工会应提出解决的建议；发现危及职工生命安全的情况，工会有权组织职工撤离危险现场。

第四十条　依法建立企业劳动争议调解委员会，劳动争议调解委员会由职工代表、企业代表和工会代表组成，办事机构设在企业工会。职工代表和工会代表的人数不得少于调解委员会成员总数的三分之二。

建立劳动争议预警机制，发挥劳动争议调解组织的预防功能，建立企业劳动争议信息员制度，做好劳动争议预测、预报、预防工作。

企业发生停工、怠工事件，工会应当积极同企业或者有关方面协商，反映职工的意见和要求并提出解决意见，协助企业做好工作，尽快恢复生产、工作秩序。

第四十一条　开展困难职工生活扶助、医疗救助、子女就学和职工互助互济等工作。有条件的企业工会建立困难职工帮扶资金。

第六章　女职工工作

第四十二条　企业工会有女会员十名以上的，应建立工会女职工委员会，不足十名的应设女职工委员。

女职工委员会在企业工会委员会领导和上一级工会女职工委员会指导下开展工作。

女职工委员会主任由企业工会女主席或副主席担任。企业工会没有女主席或副主席的，由符合相应条件的工会女职工委员担任，享受同级工会副主席待遇。

女职工委员会委员任期与同级工会委员会委员相同。

第四十三条　女职工委员会依法维护女职工的合法权益，重点是女职工经期、孕期、产期、哺乳期保护，禁忌劳动、卫生保健、生育保险等特殊利益。

第四十四条　女职工委员会定期研究涉及女职工特殊权益问题，向企业工会委员会和上级女职工委员会报告工作，重要问题应提交企业职工代表大会或职工大会审议。

第四十五条　企业工会应为女职工委员会开展工作与活动提供必要的经费。

第七章　工会经费和资产

第四十六条　督促企业依法按每月全部职工工资总额的百分之二向工会拨缴经费、提供工会办公和开展活动的必要设施和场所等物质条件。

第四十七条　工会依法设立独立银行账户，自主管理和使用工会经费、会费。工会经费、会费主要用于为职工服务和工会活动。

第四十八条　督促企业按国家有关规定支付工会会同企业开展的职工教育培训、劳动保护、劳动竞赛、技术创新、职工疗休养、困难职工补助、企业文化建设等工作所需费用。

第四十九条　工会经费审查委员会代表会员群众对工会经费收支和财产管理进行审查监督。

建立经费预算、决算和经费审查监督制度，经费收支情况接受同级工会经费审查委员会审查，接受上级工会审计，并定期向会员大会或会员代表大会报告。

第五十条　企业工会经费、财产和企业拨给工会使用的不动产受法律保护，任何单位和个人不得侵占、挪用和任意调拨。

企业工会组织合并，其经费财产归合并后的工会所有；工会组织撤销或解散，其经费财产由上级工会处置。

第八章　工会与企业党组织、行政和上级工会

第五十一条　企业工会接受同级党组织和上级工会双重领导，以同级党组织领导为主。未建立党组织的企业，其工会由上一级工会领导。

第五十二条　企业工会与企业行政具有平等的法律地位，相互尊重、相互支持、平等合作，共谋企业发展。

企业工会与企业可以通过联席会、民主议事会、民主协商会、劳资恳谈会等形式，建立协商沟通制度。

第五十三条　企业工会支持企业依法行使经营管理权，动员和组织职工完成生产经营任务。

督促企业按照有关规定，按职工工资总额的百分之一点五至百分之二点五、百分之一分别提取职工教育培训费用和劳动竞赛奖励经费，并严格管理和使用。

第五十四条　企业行政应依法支持工会履行职责，为工会开展工作创造必要条件。

第五十五条　上级工会负有对企业工会指导和服务的职责，为企业工会开展工作提供法律、政策、信息、培训和会员优惠等方面的服务，帮助企业工会协调解决工作中的困难和问题。

企业工会在履行职责遇到困难时，可请上级工会代行企业工会维权职责。

第五十六条　县以上地方工会设立保护工会干部专项经费，为维护企业工会干部合法权益提供保障。经费来源从本级工会经费中列支，也可以通过其他渠道多方筹集。

建立上级工会保护企业工会干部责任制。对因履行职责受到打击报复或不公正待遇以及有特殊困难的企业工会干部，上级工会应提供保护和帮助。

上级工会与企业工会、企业行政协商，可对企业工会兼职干部给予适当补贴。

第五十七条　上级工会应建立对企业工会干部的考核、激励机制，对

依法履行职责作出突出贡献的工会干部给予表彰奖励。

工会主席、副主席不履行职责，上级工会应责令其改正；情节严重的可以提出罢免的建议，按照有关规定予以罢免。

第九章　附　则

第五十八条　本条例适用于中华人民共和国境内所有企业和实行企业化管理的事业单位工会。

第五十九条　本条例由中华全国总工会解释。

第六十条　本条例自公布之日起施行。

4. 企业民主管理规定

第一章　总　则

第一条　为完善以职工代表大会为基本形式的企业民主管理制度，推进厂务公开，支持职工参与企业管理，维护职工合法权益，构建和谐劳动关系，促进企业持续健康发展，加强基层民主政治建设，依据宪法和相关法律制定本规定。

第二条　企业民主管理工作应当坚持党的领导，以邓小平理论和"三个代表"重要思想为指导，深入贯彻落实科学发展观，坚定不移地贯彻落实党的全心全意依靠工人阶级的根本指导方针。

企业党组织应当加强对民主管理工作的领导和支持。

第三条　职工代表大会（或职工大会，下同）是职工行使民主管理权力的机构，是企业民主管理的基本形式。

企业应当按照合法、有序、公开、公正的原则，建立以职工代表大会为基本形式的民主管理制度，实行厂务公开，推行民主管理。公司制企业

（以下简称公司）应当依法建立职工董事、职工监事制度。

企业应当尊重和保障职工依法享有的知情权、参与权、表达权和监督权等民主权利，支持职工参加企业管理活动。

第四条 企业职工应当尊重和支持企业依法行使管理职权，积极参与企业管理。

第五条 企业工会应当组织职工依法开展企业民主管理，维护职工合法权益。

上级工会应当指导和帮助企业工会和职工依法开展企业民主管理活动，对企业实行民主管理的情况进行监督。

第六条 企业代表组织应当推动企业实行民主管理，促进企业健康发展。

第七条 各级党委纪检部门、组织部门，各级人民政府国有资产监督管理机构和监察机关等有关部门应当依照各自职责，对企业民主管理工作进行指导、检查和监督。

第二章　职工代表大会制度

第一节　职工代表大会组织制度和职权

第八条 企业可以根据职工人数确定召开职工代表大会或者职工大会。

企业召开职工代表大会的，职工代表人数按照不少于全体职工人数的百分之五确定，最少不少于三十人。职工代表人数超过一百人的，超出的代表人数可以由企业与工会协商确定。

第九条 职工代表大会的代表由工人、技术人员、管理人员、企业领导人员和其他方面的职工组成。其中，企业中层以上管理人员和领导人员一般不得超过职工代表总人数的百分之二十。有女职工和劳务派遣职工的企业，职工代表中应当有适当比例的女职工和劳务派遣职工代表。

第十条 职工代表大会每届任期为三年至五年。具体任期由职工代表大会根据本单位的实际情况确定。

职工代表大会因故需要提前或者延期换届的，应当由职工代表大会或者其授权的机构决定。

第十一条 职工代表大会根据需要，可以设立若干专门委员会（小组），负责办理职工代表大会交办的事项。专门委员会（小组）成员人选必须经职工代表大会审议通过。

第十二条 职工代表按照基层选举单位组成代表团（组），并推选团（组）长。可以设立职工代表大会团（组）长和专门委员会（小组）负责人联席会议，根据职工代表大会授权，在职工代表大会闭会期间负责处理临时需要解决的重要问题，并提请下一次职工代表大会确认。

联席会议由企业工会负责召集，联席会议可以根据会议内容邀请企业领导人员或其他有关人员参加。

第十三条 职工代表大会行使下列职权：

（一）听取企业主要负责人关于企业发展规划、年度生产经营管理情况，企业改革和制定重要规章制度情况，企业用工、劳动合同和集体合同签订履行情况，企业安全生产情况，企业缴纳社会保险费和住房公积金情况等报告，提出意见和建议；

审议企业制定、修改或者决定的有关劳动报酬、工作时间、休息休假、劳动安全卫生、保险福利、职工培训、劳动纪律以及劳动定额管理等直接涉及劳动者切身利益的规章制度或者重大事项方案，提出意见和建议；

（二）审议通过集体合同草案，按照国家有关规定提取的职工福利基金使用方案、住房公积金和社会保险费缴纳比例和时间的调整方案，劳动模范的推荐人选等重大事项；

（三）选举或者罢免职工董事、职工监事，选举依法进入破产程序企业的债权人会议和债权人委员会中的职工代表，根据授权推荐或者选举企业经营管理人员；

（四）审查监督企业执行劳动法律法规和劳动规章制度情况，民主评议企业领导人员，并提出奖惩建议；

（五）法律法规规定的其他职权。

第十四条 国有企业和国有控股企业职工代表大会除按第十三条规定

行使职权外，行使下列职权：

（一）听取和审议企业经营管理主要负责人关于企业投资和重大技术改造、财务预决算、企业业务招待费使用等情况的报告，专业技术职称的评聘、企业公积金的使用、企业的改制等方案，并提出意见和建议；

（二）审议通过企业合并、分立、改制、解散、破产实施方案中职工的裁减、分流和安置方案；

（三）依照法律、行政法规、行政规章规定的其他职权。

第十五条　县级以下一定区域内或者性质相近的行业内的若干尚不具备单独建立职工代表大会制度条件的中小企业，可以通过选举代表联合建立区域（行业）职工代表大会制度，开展企业民主管理活动。

工会负责组织建立区域（行业）职工代表大会制度。区域（行业）工会作为区域（行业）职工代表大会的工作机构承担日常工作。

第十六条　集团企业的总部机关和各分公司、分厂、车间以及其他分支机构可以按照一定比例选举产生职工代表，召开集团企业职工代表大会，实行企业民主管理。

集团企业的总部机关和各分公司、分厂、车间以及其他分支机构，按照本规定建立职工代表大会制度，在各自的职权范围内分别开展民主管理活动。

第二节　职工代表大会工作制度

第十七条　职工代表大会每年至少召开一次。职工代表大会全体会议必须有三分之二以上的职工代表出席。

第十八条　职工代表大会议题和议案应当由企业工会听取职工意见后与企业协商确定，并在会议召开七日前以书面形式送达职工代表。

第十九条　职工代表大会可以设主席团主持会议。主席团成员由企业工会与职工代表大会各团（组）协商提出候选人名单，经职工代表大会预备会议表决通过。其中，工人、技术人员、管理人员不少于百分之五十。

第二十条　职工代表大会选举和表决相关事项，必须按照少数服从多数的原则，经全体职工代表的过半数通过。对重要事项的表决，应当采用无记名投票的方式分项表决。

第二十一条　职工代表大会在其职权范围内依法审议通过的决议和事项具有约束力，非经职工代表大会同意不得变更或撤销。

企业应当提请职工代表大会审议、通过、决定的事项，未按照法定程序审议、通过或者决定的无效。

第二十二条　企业工会委员会是职工代表大会的工作机构，负责职工代表大会的日常工作，履行下列职责：

（一）提出职工代表大会代表选举方案，组织职工选举职工代表和代表团（组）长；

（二）征集职工代表提案，提出职工代表大会议题的建议；

（三）负责职工代表大会会议的筹备和组织工作，提出职工代表大会的议程建议；

（四）提出职工代表大会主席团组成方案和组成人员建议名单；提出专门委员会（小组）的设立方案和组成人员建议名单；

（五）向职工代表大会报告职工代表大会决议的执行情况和职工代表大会提案的办理情况、厂务公开的实行情况等；

（六）在职工代表大会闭会期间，负责组织专门委员会（小组）和职工代表就企业职工代表大会决议的执行情况和职工代表大会提案的办理情况、厂务公开的实行情况等，开展巡视、检查、质询等监督活动；

（七）受理职工代表的申诉和建议，维护职工代表的合法权益；

（八）向职工进行民主管理的宣传教育，组织职工代表开展学习和培训，提高职工代表素质；

（九）建立和管理职工代表大会工作档案。

第三节　职工代表的产生和权利义务

第二十三条　与企业签订劳动合同建立劳动关系以及与企业存在事实劳动关系的职工，有选举和被选举为职工代表大会代表的权利。

依法终止或者解除劳动关系的职工代表，其代表资格自行终止。

第二十四条　职工代表应当以班组、工段、车间、科室等为基本选举单位由职工直接选举产生。规模较大、管理层次较多的企业的职工代表，可以由下一级职工代表大会代表选举产生。

第二十五条　选举、罢免职工代表，应当召开选举单位全体职工会议，会议应有三分之二以上职工参加。选举、罢免职工代表的决定，应经全体职工的过半数通过方为有效。

第二十六条　职工代表实行常任制，职工代表任期与职工代表大会届期一致，可以连选连任。

职工代表出现缺额时，原选举单位应按规定的条件和程序及时补选。

第二十七条　职工代表向选举单位的职工负责并报告工作，接受选举单位职工的监督。

第二十八条　职工代表享有下列权利：

（一）选举权、被选举权和表决权；

（二）参加职工代表大会及其工作机构组织的民主管理活动；

（三）对企业领导人员进行评议和质询；

（四）在职工代表大会闭会期间对企业执行职工代表大会决议情况进行监督、检查。

第二十九条　职工代表应当履行下列义务：

（一）遵守法律法规、企业规章制度，提高自身素质，积极参与企业民主管理；

（二）依法履行职工代表职责，听取职工对企业生产经营管理等方面的意见和建议，以及涉及职工切身利益问题的意见和要求，并客观真实地向企业反映；

（三）参加企业职工代表大会组织的各项活动，执行职工代表大会通过的决议，完成职工代表大会交办的工作；

（四）向选举单位的职工报告参加职工代表大会活动和履行职责情况，接受职工的评议和监督；

（五）保守企业的商业秘密和与知识产权相关的保密事项。

第三十条　职工代表履行职责受法律保护，任何组织和个人不得阻挠和打击报复。

职工代表在法定工作时间内依法参加职工代表大会及其组织的各项活动，企业应当正常支付劳动报酬，不得降低其工资和其他福利待遇。

第三章　厂务公开制度

第三十一条　企业应当建立和实行厂务公开制度，通过职工代表大会和其他形式，将企业生产经营管理的重大事项、涉及职工切身利益的规章制度和经营管理人员廉洁从业相关情况，按照一定程序向职工公开，听取职工意见，接受职工监督。

第三十二条　企业主要负责人是实行厂务公开的责任人。企业应当建立相应机构或者确定专人负责厂务公开工作。

第三十三条　企业实行厂务公开应当遵循合法、及时、真实、有利于职工权益维护和企业发展的原则。

实行厂务公开应当保守企业商业秘密以及与知识产权相关的保密事项。

第三十四条　企业应当向职工公开下列事项：

（一）经营管理的基本情况；

（二）招用职工及签订劳动合同的情况；

（三）集体合同文本和劳动规章制度的内容；

（四）奖励处罚职工、单方解除劳动合同的情况以及裁员的方案和结果，评选劳动模范和优秀职工的条件、名额和结果；

（五）劳动安全卫生标准、安全事故发生情况及处理结果；

（六）社会保险以及企业年金的缴费情况；

（七）职工教育经费提取、使用和职工培训计划及执行的情况；

（八）劳动争议及处理结果情况；

（九）法律法规规定的其他事项。

第三十五条　国有企业、集体企业及其控股企业除公开第十三条、第十四条和第三十四条规定的相关事项外，还应当公开下列事项：

（一）投资和生产经营管理重大决策方案等重大事项，企业中长期发展规划；

（二）年度生产经营目标及完成情况，企业担保、大额资金使用、大额资产处置情况，工程建设项目的招投标，大宗物资采购供应，产品销售和盈亏情况，承包租赁合同履行情况，内部经济责任制落实情况，重要规章制度制定等重大事项；

（三）职工提薪晋级、工资奖金收入分配情况；专业技术职称的评聘情况；

（四）中层领导人员、重要岗位人员的选聘和任用情况，企业领导人员薪酬、职务消费和兼职情况，以及出国出境费用支出等廉洁自律规定执行情况，职工代表大会民主评议企业领导人员的结果；

（五）依照国家有关规定应当公开的其他事项。

第四章　职工董事和职工监事制度

第三十六条　公司制企业应当依法建立职工董事和职工监事制度，支持职工代表大会选举产生的职工代表作为董事会、监事会成员参与公司决策、管理和监督，代表和维护职工合法权益，促进企业健康发展。

第三十七条　公司应当依法在公司章程中明确规定职工董事、职工监事的具体比例和人数。

第三十八条　职工董事、职工监事候选人由公司工会根据自荐、推荐情况，在充分听取职工意见的基础上提名，经职工代表大会全体代表的过半数通过方可当选，并报上一级工会组织备案。

工会主席、副主席应当作为职工董事、职工监事候选人人选。

第三十九条　公司高级管理人员和监事不得兼任职工董事；公司高级管理人员和董事不得兼任职工监事。

第四十条　职工董事、职工监事的任期与公司其他董事、监事的任期相同，可以连选连任。

第四十一条　职工董事、职工监事不履行职责或者有严重过错的，经三分之一以上的职工代表联名提议，职工代表大会全体代表的过半数通过可以罢免。

职工董事、职工监事出现空缺时，由公司工会依照本规定第三十八条的规定提出替补人选，提请职工代表大会民主选举产生。

第四十二条　职工董事依法行使下列权利：

（一）参加董事会会议，行使董事的发言权和表决权；

（二）就涉及职工切身利益的规章制度或者重大事项，提请召开董事会会议，反映职工的合理要求，维护职工合法权益；

（三）列席与其职责相关的公司行政办公会议和有关生产经营工作的重要会议；

（四）要求公司工会、公司有关部门和机构通报有关情况并提供相关资料；

（五）法律法规和公司章程规定的其他权利。

第四十三条　职工监事依法行使下列权利：

（一）参加监事会会议，行使监事的发言权和表决权；

（二）就涉及职工切身利益的规章制度或者重大事项，提议召开监事会会议；

（三）监督公司的财务情况和公司董事、高级管理人员执行公司职务的行为；监督检查公司对涉及职工切身利益的法律法规、公司规章制度贯彻执行情况；劳动合同和集体合同的履行情况；

（四）列席董事会会议，并对董事会决议事项提出质询或者建议；列席与其职责相关的公司行政办公会议和有关生产经营工作的重要会议；

（五）要求公司工会、公司有关部门和机构通报有关情况并提供相关资料；

（六）法律法规和公司章程规定的其他权利。

第四十四条　职工董事、职工监事应当履行下列义务：

（一）遵守法律法规，遵守公司章程及各项规章制度，保守公司秘密，认真履行职责；

（二）定期听取职工的意见和建议，在董事会、监事会上真实、准确、全面地反映职工的意见和建议；

（三）定期向职工代表大会述职和报告工作，执行职工代表大会的有关决议，在董事会、监事会会议上，对职工代表大会作出决议的事项，应当按照职工代表大会的相关决议发表意见，行使表决权；

（四）法律法规和公司章程规定的其他义务。

第四十五条　公司应当保障职工董事、职工监事依照法律法规和公司章程开展工作，为职工董事、职工监事履行职责提供必要的工作条件。

第四十六条　职工董事、职工监事在任职期间，除法定情形外，公司不得与其解除劳动合同。

第四十七条　职工董事、职工监事与公司的其他董事、监事享有同等的权利，承担相应的义务。

第五章　附　则

第四十八条　各地区、各有关部门和各企业根据本规定制定实施办法，推进企业民主管理工作。

第四十九条　集体企业依照《城镇集体所有制企业条例》等有关法律法规规定实行民主管理。

第五十条　本规定自发布之日起施行。

中共中央纪委　　　　　　　　　　　　　　　中共中央组织部

国务院国有资产监督管理委员会　　　　　　　　　　　监　察　部

中华全国总工会　　　　　　　　　　　　中华全国工商业联合会

2012 年 2 月 13 日

5. 集体合同规定

目　录

第一章　总　　则

第一条　为规范集体协商和签订集体合同行为，依法维护劳动者和用人单位的合法权益，根据《中华人民共和国劳动法》和《中华人民共和国工会法》，制定本规定。

第二条　中华人民共和国境内的企业和实行企业化管理的事业单位（以下统称用人单位）与本单位职工之间进行集体协商，签订集体合同，适用本规定。

第三条　本规定所称集体合同，是指用人单位与本单位职工根据法律、法规、规章的规定，就劳动报酬、工作时间、休息休假、劳动安全卫生、职业培训、保险福利等事项，通过集体协商签订的书面协议；所称专项集体合同，是指用人单位与本单位职工根据法律、法规、规章的规定，就集体协商的某项内容签订的专项书面协议。

第四条　用人单位与本单位职工签订集体合同或专项集体合同，以及确定相关事宜，应当采取集体协商的方式。集体协商主要采取协商会议的形式。

第五条　进行集体协商，签订集体合同或专项集体合同，应当遵循下列原则：

（一）遵守法律、法规、规章及国家有关规定；

（二）相互尊重，平等协商；

（三）诚实守信，公平合作；

（四）兼顾双方合法权益；

（五）不得采取过激行为。

第六条　符合本规定的集体合同或专项集体合同，对用人单位和本单位的全体职工具有法律约束力。

用人单位与职工个人签订的劳动合同约定的劳动条件和劳动报酬等标准，不得低于集体合同或专项集体合同的规定。

第七条 县级以上劳动保障行政部门对本行政区域内用人单位与本单位职工开展集体协商、签订、履行集体合同的情况进行监督，并负责审查集体合同或专项集体合同。

第二章 集体协商内容

第八条 集体协商双方可以就下列多项或某项内容进行集体协商，签订集体合同或专项集体合同：

（一）劳动报酬；

（二）工作时间；

（三）休息休假；

（四）劳动安全与卫生；

（五）补充保险和福利；

（六）女职工和未成年工特殊保护；

（七）职业技能培训；

（八）劳动合同管理；

（九）奖惩；

（十）裁员；

（十一）集体合同期限；

（十二）变更、解除集体合同的程序；

（十三）履行集体合同发生争议时的协商处理办法；

（十四）违反集体合同的责任；

（十五）双方认为应当协商的其他内容。

第九条 劳动报酬主要包括：

（一）用人单位工资水平、工资分配制度、工资标准和工资分配形式；

（二）工资支付办法；

（三）加班、加点工资及津贴、补贴标准和奖金分配办法；

（四）工资调整办法；

（五）试用期及病、事假等期间的工资待遇；

（六）特殊情况下职工工资（生活费）支付办法；

（七）其他劳动报酬分配办法。

第十条　工作时间主要包括：

（一）工时制度；

（二）加班加点办法；

（三）特殊工种的工作时间；

（四）劳动定额标准。

第十一条　休息休假主要包括：

（一）日休息时间、周休息日安排、年休假办法；

（二）不能实行标准工时职工的休息休假；

（三）其他假期。

第十二条　劳动安全卫生主要包括：

（一）劳动安全卫生责任制；

（二）劳动条件和安全技术措施；

（三）安全操作规程；

（四）劳保用品发放标准；

（五）定期健康检查和职业健康体检。

第十三条　补充保险和福利主要包括：

（一）补充保险的种类、范围；

（二）基本福利制度和福利设施；

（三）医疗期延长及其待遇；

（四）职工亲属福利制度。

第十四条　女职工和未成年工的特殊保护主要包括：

（一）女职工和未成年工禁忌从事的劳动；

（二）女职工的经期、孕期、产期和哺乳期的劳动保护；

（三）女职工、未成年工定期健康检查；

（四）未成年工的使用和登记制度。

第十五条　职业技能培训主要包括：

（一）职业技能培训项目规划及年度计划；

（二）职业技能培训费用的提取和使用；

（三）保障和改善职业技能培训的措施。

第十六条 劳动合同管理主要包括：

（一）劳动合同签订时间；

（二）确定劳动合同期限的条件；

（三）劳动合同变更、解除、续订的一般原则及无固定期限劳动合同的终止条件；

（四）试用期的条件和期限。

第十七条 奖惩主要包括：

（一）劳动纪律；

（二）考核奖惩制度；

（三）奖惩程序。

第十八条 裁员主要包括：

（一）裁员的方案；

（二）裁员的程序；

（三）裁员的实施办法和补偿标准。

第三章 集体协商代表

第十九条 本规定所称集体协商代表（以下统称协商代表），是指按照法定程序产生并有权代表本方利益进行集体协商的人员。

集体协商双方的代表人数应当对等，每方至少3人，并各确定1名首席代表。

第二十条 职工一方的协商代表由本单位工会选派。未建立工会的，由本单位职工民主推荐，并经本单位半数以上职工同意。

职工一方的首席代表由本单位工会主席担任。工会主席可以书面委托其他协商代表代理首席代表。工会主席空缺的，首席代表由工会主要负责人担任。未建立工会的，职工一方的首席代表从协商代表中民主推举产生。

第二十一条　用人单位一方的协商代表，由用人单位法定代表人指派，首席代表由单位法定代表人担任或由其书面委托的其他管理人员担任。

第二十二条　协商代表履行职责的期限由被代表方确定。

第二十三条　集体协商双方首席代表可以书面委托本单位以外的专业人员作为本方协商代表。委托人数不得超过本方代表的三分之一。

首席代表不得由非本单位人员代理。

第二十四条　用人单位协商代表与职工协商代表不得相互兼任。

第二十五条　协商代表应履行下列职责：

（一）参加集体协商；

（二）接受本方人员质询，及时向本方人员公布协商情况并征求意见；

（三）提供与集体协商有关的情况和资料；

（四）代表本方参加集体协商争议的处理；

（五）监督集体合同或专项集体合同的履行；

（六）法律、法规和规章规定的其他职责。

第二十六条　协商代表应当维护本单位正常的生产、工作秩序，不得采取威胁、收买、欺骗等行为。

协商代表应当保守在集体协商过程中知悉的用人单位的商业秘密。

第二十七条　企业内部的协商代表参加集体协商视为提供了正常劳动。

第二十八条　职工一方协商代表在其履行协商代表职责期间劳动合同期满的，劳动合同期限自动延长至完成履行协商代表职责之时，除出现下列情形之一的，用人单位不得与其解除劳动合同：

（一）严重违反劳动纪律或用人单位依法制定的规章制度的；

（二）严重失职、营私舞弊，对用人单位利益造成重大损害的；

（三）被依法追究刑事责任的。

职工一方协商代表履行协商代表职责期间，用人单位无正当理由不得调整其工作岗位。

第二十九条　职工一方协商代表就本规定第二十七条、第二十八条的规定与用人单位发生争议的，可以向当地劳动争议仲裁委员会申请仲裁。

第三十条　工会可以更换职工一方协商代表；未建立工会的，经本单位半数以上职工同意可以更换职工一方协商代表。

用人单位法定代表人可以更换用人单位一方协商代表。

第三十一条　协商代表因更换、辞任或遇有不可抗力等情形造成空缺的，应在空缺之日起 15 日内按照本规定产生新的代表。

第四章　集体协商程序

第三十二条　集体协商任何一方均可就签订集体合同或专项集体合同以及相关事宜，以书面形式向对方提出进行集体协商的要求。

一方提出进行集体协商要求的，另一方应当在收到集体协商要求之日起 20 日内以书面形式给予回应，无正当理由不得拒绝进行集体协商。

第三十三条　协商代表在协商前应进行下列准备工作：

（一）熟悉与集体协商内容有关的法律、法规、规章和制度；

（二）了解与集体协商内容有关的情况和资料，收集用人单位和职工对协商意向所持的意见；

（三）拟定集体协商议题，集体协商议题可由提出协商一方起草，也可由双方指派代表共同起草；

（四）确定集体协商的时间、地点等事项；

（五）共同确定一名非协商代表担任集体协商记录员。记录员应保持中立、公正，并为集体协商双方保密。

第三十四条　集体协商会议由双方首席代表轮流主持，并按下列程序进行：

（一）宣布议程和会议纪律；

（二）一方首席代表提出协商的具体内容和要求，另一方首席代表就对方的要求作出回应；

（三）协商双方就商谈事项发表各自意见，开展充分讨论；

（四）双方首席代表归纳意见。达成一致的，应当形成集体合同草案或专项集体合同草案，由双方首席代表签字。

第三十五条　集体协商未达成一致意见或出现事先未预料的问题时，经双方协商，可以中止协商。中止期限及下次协商时间、地点、内容由双方商定。

第五章　集体合同的订立、变更、解除和终止

第三十六条　经双方协商代表协商一致的集体合同草案或专项集体合同草案应当提交职工代表大会或者全体职工讨论。

职工代表大会或者全体职工讨论集体合同草案或专项集体合同草案，应当有三分之二以上职工代表或者职工出席，且须经全体职工代表半数以上或者全体职工半数以上同意，集体合同草案或专项集体合同草案方获通过。

第三十七条　集体合同草案或专项集体合同草案经职工代表大会或者职工大会通过后，由集体协商双方首席代表签字。

第三十八条　集体合同或专项集体合同期限一般为 1 至 3 年，期满或双方约定的终止条件出现，即行终止。

集体合同或专项集体合同期满前 3 个月内，任何一方均可向对方提出重新签订或续订的要求。

第三十九条　双方协商代表协商一致，可以变更或解除集体合同或专项集体合同。

第四十条　有下列情形之一的，可以变更或解除集体合同或专项集体合同：

（一）用人单位因被兼并、解散、破产等原因，致使集体合同或专项集体合同无法履行的；

（二）因不可抗力等原因致使集体合同或专项集体合同无法履行或部分无法履行的；

（三）集体合同或专项集体合同约定的变更或解除条件出现的；

（四）法律、法规、规章规定的其他情形。

第四十一条　变更或解除集体合同或专项集体合同适用本规定的集体协商程序。

第六章　集体合同审查

第四十二条　集体合同或专项集体合同签订或变更后，应当自双方首席代表签字之日起 10 日内，由用人单位一方将文本一式三份报送劳动保障行政部门审查。

劳动保障行政部门对报送的集体合同或专项集体合同应当办理登记手续。

第四十三条　集体合同或专项集体合同审查实行属地管辖，具体管辖范围由省级劳动保障行政部门规定。

中央管辖的企业以及跨省、自治区、直辖市的用人单位的集体合同应当报送劳动保障部或劳动保障部指定的省级劳动保障行政部门。

第四十四条　劳动保障行政部门应当对报送的集体合同或专项集体合同的下列事项进行合法性审查：

（一）集体协商双方的主体资格是否符合法律、法规和规章规定；

（二）集体协商程序是否违反法律、法规、规章规定；

（三）集体合同或专项集体合同内容是否与国家规定相抵触。

第四十五条　劳动保障行政部门对集体合同或专项集体合同有异议的，应当自收到文本之日起 15 日内将《审查意见书》送达双方协商代表。《审查意见书》应当载明以下内容：

（一）集体合同或专项集体合同当事人双方的名称、地址；

（二）劳动保障行政部门收到集体合同或专项集体合同的时间；

（三）审查意见；

（四）作出审查意见的时间。

《审查意见书》应当加盖劳动保障行政部门印章。

第四十六条　用人单位与本单位职工就劳动保障行政部门提出异议的事项经集体协商重新签订集体合同或专项集体合同的，用人单位一方应当根据本规定第四十二条的规定将文本报送劳动保障行政部门审查。

第四十七条　劳动保障行政部门自收到文本之日起 15 日内未提出异议的，集体合同或专项集体合同即行生效。

第四十八条　生效的集体合同或专项集体合同，应当自其生效之日起由协商代表及时以适当的形式向本方全体人员公布。

第七章　集体协商争议的协调处理

第四十九条　集体协商过程中发生争议，双方当事人不能协商解决的，当事人一方或双方可以书面向劳动保障行政部门提出协调处理申请；未提出申请的，劳动保障行政部门认为必要时也可以进行协调处理。

第五十条　劳动保障行政部门应当组织同级工会和企业组织等三方面的人员，共同协调处理集体协商争议。

第五十一条　集体协商争议处理实行属地管辖，具体管辖范围由省级劳动保障行政部门规定。

中央管辖的企业以及跨省、自治区、直辖市用人单位因集体协商发生的争议，由劳动保障部指定的省级劳动保障行政部门组织同级工会和企业组织等三方面的人员协调处理，必要时，劳动保障部也可以组织有关方面协调处理。

第五十二条　协调处理集体协商争议，应当自受理协调处理申请之日起 30 日内结束协调处理工作。期满未结束的，可以适当延长协调期限，但延长期限不得超过 15 日。

第五十三条　协调处理集体协商争议应当按照以下程序进行：

（一）受理协调处理申请；

（二）调查了解争议的情况；

（三）研究制定协调处理争议的方案；

（四）对争议进行协调处理；

（五）制作《协调处理协议书》。

第五十四条　《协调处理协议书》应当载明协调处理申请、争议的事实和协调结果，双方当事人就某些协商事项不能达成一致的，应将继续协商的有关事项予以载明。《协调处理协议书》由集体协商争议协调处理人员和争议双方首席代表签字盖章后生效。争议双方均应遵守生效后的《协调处理协议书》。

第八章 附 则

第五十五条 因履行集体合同发生的争议，当事人协商解决不成的，可以依法向劳动争议仲裁委员会申请仲裁。

第五十六条 用人单位无正当理由拒绝工会或职工代表提出的集体协商要求的，按照《工会法》及有关法律、法规的规定处理。

第五十七条 本规定于 2004 年 5 月 1 日起实施。原劳动部 1994 年 12 月 5 日颁布的《集体合同规定》同时废止。

6. 职工代表大会操作指引

为规范职工代表大会操作流程，完善职工代表大会运作机制，充分发挥职工代表大会积极作用，推动企业民主管理工作高质量发展，依照相关法律法规和政策文件规定，制定本指引。

本指引中所指"企业"，主要是指国有、集体及其控股企业、私营、港澳台投资、外商投资等企业。事业单位、民办非企业组织等其他单位可参照执行。

一、建章立制

（一）建立制度。

企业应当按照合法、有序、公开、公正的原则，建立以职工代表大会为基本形式的民主管理制度，实行厂务公开，推行民主管理。

企业行政管理方与企业工会委员会应根据法律法规政策的规定，结合实际，制定职工代表大会的实施办法（细则），明确其组织制度、职权内容和工作制度等，提交职工代表大会审议通过，并将其纳入本单位管理制度体系，同时报同级党组织，并报上一级工会备案。

（二）确定组织形式。

职工大会和职工代表大会是职工代表大会制度的两种形式，二者在性质、任务、职权等方面没有区别，职工代表大会在具体工作制度方面增加了职工代表大会代表的选举、罢免等内容。

企业行政管理方与企业工会委员会可以根据企业的职工人数，实际需要和客观条件协商选择召开职工大会或职工代表大会。根据规定，企业职工人数在五十人以下的，应当召开职工大会。

（三）确定职工代表大会届期。

职工代表大会每届任期为三年至五年，具体任期由职工代表大会根据本单位实际情况确定。职工代表大会应当按期换届，遇到需要提前或延期换届的情况，应当经企业行政管理方与企业工会委员会协商一致，并将提前或延期换届理由向上一级工会书面报告，同时将具体情况通过公开渠道让全体职工知晓。

（四）开展筹备工作。

企业首次召开职工代表大会或换届前，应当成立由企业党组织、企业行政管理方、企业工会委员会等方面人员组成的筹备机构。筹备机构主要任务是：起草本单位职工代表大会实施办法（细则）；组织选举职工代表；起草职工代表大会筹备工作情况报告；研究确定本次职工代表大会主要议题和议程；听取职工的意见和建议等等。非首次召开职工代表大会或换届，由企业工会委员会牵头完成各项大会筹备工作。

二、会前筹备

（一）组织选举职工代表。

1. 确定职工代表人数。企业工会委员会按照不少于全体职工人数的百分之五的比例确定职工代表人数，同时确保职工代表的人数不少于三十人；如果按此比例计算出的职工代表人数超过一百人，超出部分的代表人数可以由企业行政管理方与企业工会委员会协商确定。

职工代表在一届任期内实行常任制，职工代表大会换届时，职工代表经过民主选举可以连选连任，不受任期次数的限制。

2. 确定职工代表构成和比例。职工代表大会的代表要具有广泛性、代表性，其中，企业中层以上管理人员和领导人员一般不得超过职工代表总人数的百分之二十。所属单位多、分布广的企业集团，中层以上管理人员和领导人员一般不超过代表总数的百分之三十五。促进女职工代表比例与企业女职工比例相适应，有被派遣劳动者的企业，职工代表中应有被派遣劳动者代表。

3. 确定选区分配名额。职工代表应以分公司（厂）、部门、班组、车间、科室等为基本选举单位，企业工会委员会综合考虑职工代表人数总额、各选区职工人数、职工代表构成和比例要求等，确定各选区的职工代表名额。

4. 开展选举工作。企业工会委员会组织开展选举工作，企业行政管理方应予以支持配合。选举、罢免职工代表，应当召开选举单位全体职工会议，会议应有三分之二以上职工参加。选举、罢免职工代表的决定，应经全体职工的过半数通过方为有效。

参加集团职工代表大会的职工代表可以在企业集团总部和各所属基层单位职工代表大会的职工代表中选举产生，也可以在企业集团全体职工中直接选举产生。

选区一般应当场公布选举结果，企业工会委员会及时汇总选举结果，提交职工代表资格审查委员会（小组）审查，审查无误后，及时将职工代表名单通过厂务公开栏等形式向全体职工公布。

5. 职工代表的罢免、补选。职工代表因岗位变动、离职退休、解除或终止劳动合同等原因无法履行代表职责，代表资格自行终止。对无故不履行代表职责，或严重失职失去选区职工信任、严重违反本单位规章制度或因违法犯罪受到刑事处罚等原因难以胜任职工代表的，应当予以罢免。

企业工会委员会应及时掌握职工代表动态信息，发现需要罢免的情况，及时调查核实，并组织原选区履行罢免程序，一般为：

（1）组织原选区对需要被罢免的职工代表的情况进行讨论，视情况需要，被罢免的职工代表可参加会议并进行申辩；

（2）经原选区全体职工半数以上同意，可以作出罢免决定；

（3）原选区将罢免职工代表的决定报告企业工会委员会。

职工代表因罢免、岗位变动、离职退休、解除或终止劳动合同等原因出现缺额时，企业工会委员会依照规定的民主程序，组织原选区，按原比例结构补选职工代表，补选的民主程序与选举的民主程序相同。

6. 成立职工代表资格审查委员会（小组）。职工代表资格审查委员会（小组）成员一般由工会、干部管理部门或人力资源部门、纪委监察等相关部门人员组成。

审查的主要事项包括：

（1）职工代表结构比例是否符合相应规定；

（2）职工代表是否具备当选资格和条件；

（3）职工代表的产生是否履行规范民主程序；

（4）选举时是否存在作弊、贿选等不正当行为等。

7. 确认职工代表资格。与企业建立劳动关系的职工及被派遣劳动者，有选举和被选举为职工代表大会代表的权利。

8. 组成代表团（组）并选出代表团（组）长。企业工会委员会根据企业职工人数、分布情况和实际需要来确定是否组成职工代表团（组）并选举代表团（组）长。如有需要，则将职工代表按照所属基层选举单位组成代表团（组）并推举团（组）长。

9. 邀请列席代表。企业工会委员会可以根据实际情况和职工代表大会会议内容的需要，邀请一些未当选职工代表的企业领导人员、有关部门负责人和相关人员等参会。列席代表可以在职工代表大会或代表团（组）会议发言，提出意见建议，但没有选举权和表决权。

（二）设立职工代表大会专门机构。

企业工会委员会主要根据企业职工人数、分布情况和实际需要来确定是否设立职工代表大会专门机构，即专门委员会（小组）。如有需要，可结合职工代表大会的职权内容和实际需要设立职工代表大会专门机构，负责办理职工代表大会交办的事项。

一般可以设立职工代表提案、集体合同、劳动法律监督、劳动保护、薪酬福利、评议监督等常设的专门委员会（小组）。规模较小的企业可以设立一个综合性的民主管理专门委员会（小组）。企业还可以根据工作需要，设立一些临时性的专门委员会（小组），待承担的特定工作结束后予以撤销。

专门委员会（小组）负责人一般在职工代表中提名，成员可以聘请熟悉相关业务的非职工代表，但必须经职工代表大会审议通过。实践中，企业的相关职能部门负责人不担任对口专门委员会（小组）的负责人，以确保专门委员会（小组）的监督作用落到实处。

一般设立专门委员会（小组）的流程包括：

（1）企业工会委员会拟定组建专门委员会（小组）及确定其组成人员的具体方案；

（2）由职工代表团（组）提出具体候选人（名单）；

（3）经职工代表大会主席团审议后，正式提出各专门委员会（小组）候选人名单，提请职工代表大会审议通过。

（三）征集职工代表提案，确定职工代表大会议题。

1. 职工代表提案的征集和处理。企业工会委员会发出征集职工代表提案的通知，职工代表在征集选区职工意见，充分调研的基础上提出提案。提案专门委员会（小组）对提案进行审核、筛选、分类、整理、合并、汇总，予以立案的提案提交企业行政管理方讨论审批，确定相关承办和协办部门，由相关承办和协办部门进行处理和书面答复提案人；已经落实或暂时解决不了的提案，由相关职能部门书面答复提案人；不符合条件的提案退还提案人并进行解释说明。提案专门委员会（小组）汇总提案审理及落实情况，向职工代表大会报告，并对提案落实情况进行整理、登记和归档。

2. 确定职工代表大会议题。一般程序包括：

（1）通知征集。企业工会委员会通过各种途径广泛征求、充分听取职工群众的意见和建议。

（2）提出草案。企业工会委员会依据职工代表大会职权，与企业行政管理方协商，初步形成议题和议案的草案。

（3）形成正式意见。企业工会委员会将议题和议案的草案补充修改后形成正式意见，书面报同级党组织同意。

（4）提前送达职工代表，征集意见建议。职工代表大会议题和议案应当在会议召开七日前以书面形式送达职工代表。职工代表在收到材料后，应及时征求所在选区职工的意见和建议，在审议讨论过程中将这些意见和建议反映出来，认真参与团（组）讨论。企业工会委员会要做好职工代表讨论审议意见的收集、整理并反馈相关职能部门。对分歧较大的事项，企业行政管理方和企业工会委员会应当根据职工代表意见进行协商修改后，交由职工代表重新组织讨论。

（5）职工代表大会预备会议审议通过。由企业工会委员会向职工代表大会预备会议提出议题和议案建议稿，经预备会议审议通过后作为职工代表大会正式议题和议案。

（四）确定大会议程。

根据职工代表大会讨论的事项和对该事项行使的职权设置职工代表大会的议程。一般包括：

（1）会议主持人报告职工代表出席情况（含应到人数、实到人数），确定会议召开的合法性；

（2）听取需要职工代表大会审议、审查事项的报告；

（3）组织职工代表充分讨论和审议；

（4）召开主席团会议；

（5）组织职工代表对需要职工代表大会审议通过的事项进行投票表决；

（6）组织职工代表对有关人员进行民主选举；

（7）组织职工代表对有关人员进行民主评议；

（8）形成决议，大会总结。

（五）向同级党组织、上一级工会报告。

企业召开职工代表大会前，须由职工代表大会筹备机构或企业工会委员会就会议筹备情况向同级党组织报告，并向上一级工会报备。

三、会前审议

（一）预备会议。

1. 预备会议职责。职工代表大会预备会议一般由企业工会委员会主持召开，全体职工代表参加，对召开本次职工代表大会需要确认的事项履行民主程序，确保正式会议合法、有效。

具体职责主要包括：

（1）选举产生大会主席团；

（2）听取本届（次）职工代表大会的筹备情况汇报，提出大会议题和议程的建议；

（3）通过职工代表资格审查委员会（小组）作的职工代表资格审查情况的报告；

（4）通过本届（次）职工代表大会的议题和议程；

（5）决定大会其他准备事项。

2. 设立主席团。职工代表大会根据实际情况确定是否设立主席团。规模较大、管理层级较多、职工人数较多的企业召开职工代表大会可以选举大会主席团主持会议。

主席团成员产生的程序是：

（1）企业工会委员会与职工代表大会的各代表团（组）协商，提出主席团成员候选人名单，其中，工人、技术人员、普通管理人员不少于百分之五十；

（2）职工代表大会预备会议审议主席团成员候选人名单，表决通过后主席团正式成立。没有设立职工代表大会主席团的，应当由企业工会委员会与企业行政管理方协商，在职工代表中推举职工代表大会的会议主持人，负责主持会议，一般由企业工会主要负责人担任。

（二）主席团会议。

主席团会议表决通过大会日程和议程、大会执行主席等。

四、正式会议

（一）宣布开会。

大会执行主席或者主持人核实出席大会的职工代表人数。到会职工代表必须超过全体职工代表总数的三分之二，会议方为有效。

宣布开会后，主持人应简要讲明本次大会的中心议题和主要任务，宣布大会议程。

（二）向职工代表大会作各项报告。

1. 企业主要负责人作企业工作报告。工作报告已经在会前发给职工代表进行充分讨论的，可针对职工代表提出的意见作出说明。

2. 行政有关负责人作专题议案情况报告，就提交职工代表大会审查或审议的专题议案，说明专题议案制定的依据、目的和具体实施办法；针对职工代表提出的意见作出具体说明。

审议建议的议案可包括：企业改革改制方案、发展规划、年度生产经营管理情况，企业用工、劳动合同和集体合同签订履行情况，企业安全生产情况，企业缴纳社会保险费和住房公积金情况，企业制定、修改或者决定有关劳动报酬、工作时间、休息休假、劳动安全卫生、保险福利、职工培训、劳动纪律以及劳动定额管理等直接涉及职工切身利益的规章制度或者重大事项情况等的报告或方案。审议并提出意见和建议。

审议通过的议案可包括：集体合同草案，按照国家有关规定提取职工福利基金使用方案、住房公积金和社会保险费缴纳比例和时间的调整方案，劳动模范推荐人选等重大事项。审议并进行表决，形成同意或不同意的决议。国有及其控股企业中职工的裁减、分流和安置方案也应当经职工代表大会审议通过。

地方法规有相关规定，从其规定。

3. 企业工会主席、职工代表大会专门委员会（小组）负责人就上届（次）职工代表大会决议落实情况、职工代表提案处理情况、集体合同执行情况等作报告。

4. 企业工会主席就职工代表大会闭会期间，职工代表团（组）长和专门委员会（小组）负责人联席会议处理的重大事项向大会作出说明，提请大会确认。

5. 其他相关草案或情况说明。

（三）民主评议。

民主评议一般程序为：

1. 被评议人员在职工代表大会上作述职述廉报告，接受职工代表质询；

2. 组织职工代表进行无记名测评；

3. 汇总测评结果和评议意见；

4. 向职工代表和被评议人员反馈测评结果；

5. 按照干部管理权限将民主测评结果报送人事主管部门。

民主评议对象包括：职工董事、职工监事，国有、集体及其控股企业领导班子成员，法律法规规定或企业行政管理方与企业工会委员会协商确定应当接受职工代表大会民主评议的其他人员。

国有、集体及其控股企业可根据实际情况，制定切实可行的实施方案或办法，与干部人事制度、企业领导班子考核紧密结合，用好民主评议结果，将其按一定权重纳入干部考核体系。

（四）分组讨论并发言。

以职工代表团（组）为单位，就以上报告、议案、草案进行分组讨论，同时对大会的各项决议草案和需要经过大会选举的候选人进行酝酿。大会主席团成员分别参加本代表团（组）的讨论。

各代表团（组）应指定专人认真记录职工代表的讨论发言，整理归纳后将讨论意见向主席团汇报。

（五）主席团会议。

职工代表大会主席团会议听取各代表团（组）讨论情况，研究需要审议决定的相关事项，草拟大会决议。

（六）选举和表决。

1. 选举。职工代表大会依据职权，选举或者罢免职工董事、职工监事，选举依法进入破产程序企业的债权人会议和债权人委员会中的职工代表，根据授权推荐或者选举企业经营管理人员。

2. 表决。一般包括：

（1）职工代表根据大会主席团的提名，表决通过职工代表大会专门委员会（小组）的人选；

（2）表决通过其他需要经过职工代表大会选举的人员；

（3）表决大会决议、决定和有关议案的草案。

选举、表决需要最大限度保证职工代表真实意愿的表达。对于程序性的问题，可采用举手表决或鼓掌通过等方式；对涉及职工切身利益的重大事项必须采用无记名投票的方式分项表决。其中要注意：一是表决事项须获得全体职工代表过半数赞成方为通过；二是如果对多个事项进行表决，应当分项表决，以确保职工代表对每一事项都能准确行使民主权力。

（七）致闭幕词，宣布大会结束。

大会执行主席或者主持人宣布大会结束。

五、会后工作

（一）公示审议通过事项和决议。

企业工会委员会应当在闭会后将审议通过的事项和决议向全体职工公布。

注意：公布的范围应覆盖全体职工；公布的时间要有时效性，一般要求在闭会后七日内公布；公布形式可以多样，保证信息的完整和真实。

（二）报告同级党组织、上一级工会。

闭会后七日内，企业工会委员会将会议有关情况向同级党组织、上一级工会报告。

（三）职工代表大会质量评估。

企业工会委员会设计职工代表大会工作质量评估表，在职工代表大会结束后，组织职工代表填写，汇总数据；召开职工代表座谈会，了解掌握情况；召开党政工专题会议，研究提出整改意见和措施；向下一次职工代表大会报告测评结果及实施整改措施情况，接受职工代表审议，并将有关档案整理归档。

（四）整理归档会议材料。

企业工会委员会应及时梳理、妥善保存会议筹备和召开的相关材料，包括职工代表选举的相关文件，企业主要负责人、工会主席等所作的会议报告，职工代表讨论和发言的记录，选举和表决的程序文件等。

（五）临时职工代表大会。

职工代表大会每年至少召开一次，闭会期间，有职工代表大会职权范畴内的重大事项，企业行政管理方、企业工会委员会或三分之一以上职工代表联名提议，可召开职工代表大会临时会议。临时会议具体时间和议题由双方协商确定，程序等要求与正常召开职工代表大会的规定一致。

（六）职工代表团（组）长和专门委员会（小组）负责人联席会议。

职工代表大会闭会期间，有需要临时解决涉及企业改革发展、职工切身利益的重要问题时，可由企业工会委员会组织召集职工代表团（组）长和专门委员会（小组）负责人联席会议协商处理。联席会议可由职工代表团（组）长、专门委员会（小组）负责人、主席团成员、企业工会委员会委员参加。根据会议内容，还可以邀请党组织领导、相关经营管理人员、有关职能部门负责人等参加，便于联席会议更加妥当并顺利地对相关事项进行协商处理。协商讨论解决属于职工代表大会职权范围内的事项必须由职工代表大会授权，联席会议对有关事项的处理结果应当提请下一次职工代表大会确认。

（七）职工代表巡视检查。

企业工会委员会可建立职工代表巡视检查制度，充分发挥职工代表在职工代表大会闭会期间的参政议政作用，保证职工代表大会决议、决定的落实。根据企业实际情况，定期组织职工代表对职工代表大会决议、决定贯彻落实情况，提案办理情况，企业安全生产、经营管理及为群众办实事情况，集体合同履行情况，职工群众关心的其他热点问题等进行巡视检查。职工代表就检查中发现的问题，及时提出意见建议，督促被检查单位或部门整改，跟踪整改情况。企业工会委员会汇总巡视检查情况，形成年度巡视检查总结报告报企业行政管理方，并在下一次职工代表大会民主管理工作报告中提报，接受职工代表审议监督。

参考资料及说明

［1］《中华人民共和国宪法》（2018 年修正文本），本书中简称《宪法》

［2］《中华人民共和国民法典》（2020 年 5 月 28 日第十三届全国人民代表大会第三次会议通过），本书中简称《民法典》

［3］《中华人民共和国工会法》（根据 2021 年 12 月 24 日第十三届全国人民代表大会常务委员会第三十二次会议《关于修改〈中华人民共和国工会法〉的决定》第三次修正），本书中简称《工会法》

［4］《中华人民共和国劳动法》（根据 2018 年 12 月 29 日第十三届全国人民代表大会常务委员会第七次会议《关于修改〈中华人民共和国劳动法〉等七部法律的决定》第二次修正），本书中简称《劳动法》

［5］《中华人民共和国劳动合同法》（根据 2012 年 12 月 28 日第十一届全国人民代表大会常务委员会第三十次会议《关于修改〈中华人民共和国劳动合同法〉的决定》修正），本书中简称《劳动合同法》